DIE RICHTIGE AKTIE ZUR RICHTIGEN ZEIT

LARRY WILLIAMS

Die Originalausgabe erschien unter dem Titel
THE RIGHT STOCK AT THE RIGHT TIME
Prospering in the Coming Good Years
im Wiley & Sons Verlag, New Jersey.

Übersetzt aus dem Amerikanischen von Egbert Neumüller.

Druck: Ebner & Spiegel GmbH

1. Auflage 2004, 2. Auflage 2005
(Original-ISBN 0-471-43051-X)
ISBN 3-938350-04-0

BÖRSEN MEDIEN
AKTIENGESELLSCHAFT
Postfach 1449 · 95305 Kulmbach
Tel. 09221-90510 · Fax 09221-67953

Inhalt

Danksagungen

Ohne frühere Bücher und Researchmaterial wäre dieses Buch nicht möglich gewesen. Besonders danken möchte ich Yale Hirsch vom Stock Traders Almanac und Steve Moore sowie Nick Colley von Moore Research.

Die Strategie der hohen Rendite hätte ohne die Bemühungen von Bill Aronin, Joe Getts und Lisa Liang von Qualitative Analytics nicht zusammengestellt werden können. Ohne meine fähige Assistentin Jennifer Wells hätte ich weder dieses Buch noch meine sonstige Arbeit geschafft. Auch hätte das Buch ohne die Unterstützung und Aufmerksamkeit von Pamela Van Geissen niemals das Licht der Welt erblickt. Tom DeMark war ein großartiger Diskussionspartner für viele Ideen und mein bester Antreiber. Und schließlich gilt mein persönlicher Dank Harvey Levine, der mich in mehr als einer Hinsicht am Laufen hielt, sowie Louis Stapleton für die Titelidee.

All diesen wunderbaren Menschen – vor allem Carla – schulde ich Dank. Sie haben mich bei dem Versuch unterstützt, das darzustellen, was in den nächsten Jahren passieren wird.

Und schließlich möchte ich auf meine fünf besten Investitionen hinweisen: Meine Kinder, Kelly, Jason, Sara, Michelle und Paige. Ich danke der Rasselbande für die besten langjährigen Erträge meines Lebens.

Vorwort

Die Geschichte beginnt im Jahre 1962, dem Jahr, in dem ich anfing, Börsenkurse zu studieren. Ich wusste nichts anderes über die Ursachen des Börsencrashs in jenem Jahr als das, was in den Zeitungen stand: Präsident Kennedy hatte die Stahlindustrie attackiert und jegliche Erhöhung der Stahlpreise verboten. Diese eine schlechte Wirtschaftsnachricht prügelte den Aktienmarkt Hunderte von Punkten nach unten. Damals wie heute waren die Zeitungen voll von Horrorgeschichten über Menschen, die Geld verloren und darüber, wie schlecht die Wirtschaft lief. Viele riefen, es würde ein zweites 1929 kommen.

Rückblickend betrachtet war das jedoch keine Zeit, Aktien zu verkaufen; es war eine Zeit für den Aktienkauf. Im Oktober 1962 begann eine riesige Aufwärtsbewegung, die erst im Februar 1966 in einem Hoch gipfeln sollte. Damals überschritt der Dow Jones Industrial Average zum ersten Mal in seiner Geschichte 1.000 Punkte. So mancher empfand das als „astronomisches Niveau". Es ist ehrlich gesagt schwierig, sich an Dinge zu erinnern, die so lange her sind, aber ich weiß noch, dass im Herbst 1962 niemand dazu riet, Aktien zu kaufen oder in irgendeiner Weise etwas an der Börse zu riskieren. Rückblickend hätten aber alle genau das tun sollen. Damals bestand eine der größten Kaufgelegenheiten, die ich das Glück hatte zu erleben.

Zehn Jahre später, 1972, gab es eine ähnliche Situation: Die Aktien standen niedrig, die Wirtschaft war schwach und es sah trübe aus. Aber siehe da, eines schönen Tages begann sich der Aktienmarkt (gemessen am Dow Jones Industrial Average) zu erholen. Wie üblich begrüßten die Wissenden und Weisen von der Wall Street diesen Kaufpunkt überhaupt nicht. Aber 1972 war nicht ganz so bedeutend wie 1962, denn das war ein Zeitpunkt, der fest in das Gedächtnis jedes Anlegers eingebrannt sein sollte.

Selten gleicht eine Erholung oder ein Jahr exakt der vorangegangenen Periode. Zwar kam es im Herbst 1972 zu einer gewaltigen Kurssteigerung, aber sie wich schnell dem Niedergang der Jahre 1973 und 1974, bevor die nächste bedeutende Hausse begann.

Meine Suche nach Börsenwahrheiten, die 1962 begann, beinhaltete eine interessante Auswahl von Büchern, darunter auch *Tides in the Affairs of Men* von Anthony Gaubis und Edgar Lawrence Smith (Macmillan 1939). Die Hauptthese der Autoren besagt, dass es am amerikanischen Aktienmarkt und in der amerikanischen Konjunktur ein Zehnjahresmuster gibt. Ihr schlagendstes Argument dafür ist die Tatsache, dass die meisten Börsenhochs gegen Ende von Jahrzehnten auftreten. Deshalb waren sie der Meinung, man finde Höhepunkte am Aktienmarkt am ehesten in Jahren, die mit einer 6 oder 9 enden, so wie 1966 oder 1929. Gaubis und Smith verfolgten diesen Zyklus bis zum Anfang des 20. Jahrhunderts zurück und stellten ihre These in dem genannten Buch vor.

Als junger Mensch hatte ich einfach noch keinen rechten Überblick und auch sehr wenig Zutrauen, dass dieses langfristige Muster (oder dieser Zyklus) wirklich funktioniert. Ich fragte mich, ob es wohl auch für die Zukunft gelten würde. Damals wusste ich es noch nicht, aber jetzt weiß ich es sicher. Gewiss sagt das Zehnjahresmuster nicht alle bedeutenden Börsenhochs- und -tiefs voraus, aber es hat sich sehr, sehr gut darin bewährt, die Anleger auf die wahrscheinlichsten, logischsten und besten Zeiten hinzuweisen, zu denen der Aktienmarkt steigen oder fallen könnte.

Die folgenden Jahre, in denen ich die Märkte und die Konjunkturzyklen studierte, gaben mir vieles zu denken. Zum Beispiel traten die Börsendebakel, die wir im späten 20. Jahrhundert erlebten, im Einklang mit den Schriften von Gaubis und Smith auf: Die Aktien erlitten 1987 und 1989 schwere Schläge. Und natürlich wird niemand je das Jahr 1999 vergessen. Es war der Höhepunkt für die Überfliegeraktien der Nasdaq und der Beginn einer 76-prozentigen Abwärtskorrektur der Hightech-Werte – einer Korrektur, die viele Privatanleger, Profis und Investmentfonds ruinierte.

War es denn möglich, dass das Jahrzehnt-Muster zumindest teilweise die wirtschaftlichen Auf- und Abschwünge ab 1962 im Voraus anzeigte? Das ist eine interessante Frage, und ich werde mich in diesem Buch mit ihr beschäftigen. Ich glaube, dass Sie mir zustimmen werden, wenn Sie die Zahlen gesehen haben: Die Jahre 2002 und 2005 bieten vorzügliche Kaufgelegenheiten. Dass ich mich je aufgemacht habe und nach Aktienmarkt-Zyklen gesucht habe, ist vor allem Gaubis und Smith zu verdanken. Aber im Unterschied zu vielen anderen, die Zyklen untersuchen, messe ich den meisten Zyklen nicht viel Bedeutung bei. Auf jeden Fall halte ich sie nicht für präzise. Die meisten Marktzyklen, zum Beispiel der 18-Tage-Zyklus, der 200-Tage-Zyklus und so weiter sind für Trader und Anleger schwer auszunutzen, wenn überhaupt. Jedoch gibt es mehrere sehr dominierende Zyklen, die anscheinend wasserdicht sind und – was noch wichtiger ist – das vermutlich auch künftig bleiben werden. Davon handelt ein großer Teil des vorliegenden Buches.

Außerdem möchte ich den Lesern einige Methoden, Gedanken und Anlagetechniken mitteilen, die ich entdeckt habe und die meiner Erfahrung nach dem Durchschnittsanleger Erfolg versprechen. Sie sind leicht anzuwenden und einfach zu befolgen. Sie dringen bis zum innersten Kern der Märkte vor. Welche Produkte und Dienstleistungen ein Unternehmen anbietet, ist nicht annähernd so wichtig wie die Frage, ob es profitabel arbeitet und welche Wachstumsaussichten es hat. Das war das Problem der rauschenden Hausse der Hightech-Aktien: Sie waren fundamental nicht solide, und als irgendwelche Storys sie auf erstaunliche Preisniveaus getragen hatten, konnten sie das Niveau nicht halten. Ihr Zusammenbruch war unvermeidlich.

Ich hoffe Ihnen zeigen zu können, dass hinter den Kursbewegungen in der Vergangenheit Fundamentaldaten standen und auch in Zukunft stehen werden, unabhängig davon, was das Unternehmen macht. Am Ende läuft es immer auf die Fundamentaldaten hinaus; es läuft immer auf den Wert hinaus. Der große Baseball-Manager Tommy Lasorda hat einmal gesagt: „Gott lässt manchmal lange auf sich warten, aber er lässt einen nie im Stich." Im Spekulationsgeschäft kann es schon passieren, dass der Wert in Form von Wachstum und Profitabilität eine Zeitlang übersehen wird, aber am Ende siegt er doch noch.

Im Jahre 1982 habe ich ein Buch mit dem Titel *How to Prosper in the Coming Good Years* geschrieben. Es war eine Widerlegung der Negativität, die die Berufspessimisten zu jener Zeit über das Land ausgestreut hatten. Aus zwei Gründen nahm ich eine unverschämt bullische Haltung für die Zukunft ein. Erstens betraten Ronald Reagan und die angebotsorientierte Wirtschaft die Bühne. Meine Studien der Vergangenheit hatten mir gezeigt, dass die Märkte jedesmal nach oben gingen, wenn solche anreizgesteuerten Wirtschaftsprogramme und Wirtschaftssysteme eingeführt wurden.

Dazu kam noch eine einfache Tatsache, die mir schon seit 1962 im Kopf herumspukte: Jahre, die auf 2 enden, markieren normalerweise den Beginn von Haussen. Jahre, die auf 2 enden, kurbeln normalerweise die Wirtschaft an. Das vorliegende Buch ist großenteils eine Fortsetzung des Buches von 1982. Die Großartigkeit unseres Wirtschaftssystems liegt vor uns, nicht hinter uns. Es ist nicht alles vorbei; die guten Zeiten kommen jetzt und werden auch in Zukunft bleiben. Dieses Buch hilft Ihnen festzustellen, wann diese Zeiten am wahrscheinlichsten anfangen werden.

Ich möchte Sie persönlich willkommen heißen in meiner Welt der Spekulation, zu der Kunst, die Zukunft zu lesen, zu der Kunst, nicht in der Vergangenheit, sondern im Morgen der heutigen Welt des Hier und Jetzt zu leben.

LARRY WILLIAMS

RANCHO SANTA FE, KALIFORNIEN
IM FEBRUAR 2003

1. KAPITEL

Das Zehnjahresmuster am Aktienmarkt der Vereinigten Staaten

„ZEIT IST ALLES."
-MEIN WAHLKAMPFSLOGAN ALS SENATSKANDIDAT 1978

Was bedeutet die Kaufgelegenheit im Herbst 2002 wirklich?
Kommen in den Jahren 2005, 2006, 2007 und 2008 noch mehr Zeitpunkte zum Reichwerden?

In diesem Buch werde ich im Einzelnen erklären, welche Zeitpunkte der nächsten zehn Jahre ich für die besten Kaufgelegenheiten halte. Das ist ein gewagter Anspruch. Geht das überhaupt, und wenn ja, wie?

Zuerst möchte ich Ihre Aufmerksamkeit auf Folgendes lenken: Wenn man die besten Kaufzeitpunkte des 20. Jahrhunderts sucht, dann kommt man um die Feststellung nicht umhin, dass diese Sternstunden in den Jahren 1903, 1912, 1913 und 1920 bis 1923 zu finden sind. Der ultimative Zeitpunkt kam dann 1932. Darauf folgten die wunderbaren Gelegenheiten 1942, 1952 und 1962; 1972 war auch nicht schlecht (auch wenn 1973 noch besser war), und 1982 war möglicherweise der zweitbeste Kaufzeitpunkt im 20. Jahrhundert. Darauf folgte ein weiterer herrlicher Kaufpunkt im Jahre 1992. Beachten Sie, dass diese idealen Kaufzeitpunkte der letzten 100 Jahre in Jahren kamen, die mit einer 2 oder 3 enden.

Wenn man nur in jenen Jahren investiert hätte, dann stünde man jetzt wesentlich besser da als diejenigen Anleger, die ständig Aktien gekauft haben. Ich finde das ziemlich erstaunlich, und was noch mehr ist, ich sehe darin einen schlagenden Beweis dafür, dass am US-Aktienmarkt

etwas im Busch ist – etwas, das uns sagt, wann normalerweise die besten Kaufgelegenheiten auftreten. Man findet sie meistens im ersten Teil des jeweiligen Jahrzehnts – namentlich in Jahren, die mit einer Zwei oder Drei enden.
Die Abbildungen 1.1 bis 1.6 sind historische Börsencharts und verdienen eine genauere Untersuchung. Der erste, der Axe-Houghton-Index der Markt-Durchschnitte von 1854 bis 1935, stammt aus meinen persönlichen Unterlagen. Die nachfolgenden Abbildungen zeigen die Preisbewegungen des Dow Jones in den 101 Jahren von 1900 bis 2001 und stammen von Moore Research Centers, Inc.

Die Vergangenheit ist die Zukunft

Das 19. Jahrhundert war nicht anders als das 20. Jahrhundert, sondern zeigt ein sehr ähnliches Bild. Der Aktienmarkt brummte in den Jahren 1862 und 1872; 1883 liegt dicht an der wunderbaren Kaufgelegenheit, die 1884 kam. Dann ist da noch das Jahr 1893, das eine weitere gute Kaufgelegenheit bot. Ich will damit nicht sagen, dass man als Anleger nichts weiter zu tun braucht als alle zehn Jahre Aktien zu kaufen. Ich wünschte, es wäre so einfach! Aber es ist auf jeden Fall hilfreich, wenn man ein Konzept und einen zeitlichen Bereich dafür hat, wann man einen beträchtlichen Einsatz an der Börse platzieren will. Mein Konzept besteht darin, dass sich Jahre, die auf 2 oder 3 enden, am wahrscheinlichsten als gigantische Kaufzeitpunkte entpuppen. Es ist fast so einfach!

Die Wegbeschreibung zum Börsenerfolg

Als sehr junger Mann verfolgte ich die Arbeit von Edson Gould, der damals einen Beratungsdienst namens „Finding and Forecasts“ herausgab. Ich wünschte, ich hätte mehr auf das gehört, was Edson zu sagen hatte. Es stimmt zwar, dass viele seiner Vorhersagemethoden mysteriös waren, aber er berief sich auch regelmäßig auf die Maßnahmen des Federal Reserve Board und auf das, was er als Zehnjahresmuster der Aktienkurse bezeichnete.

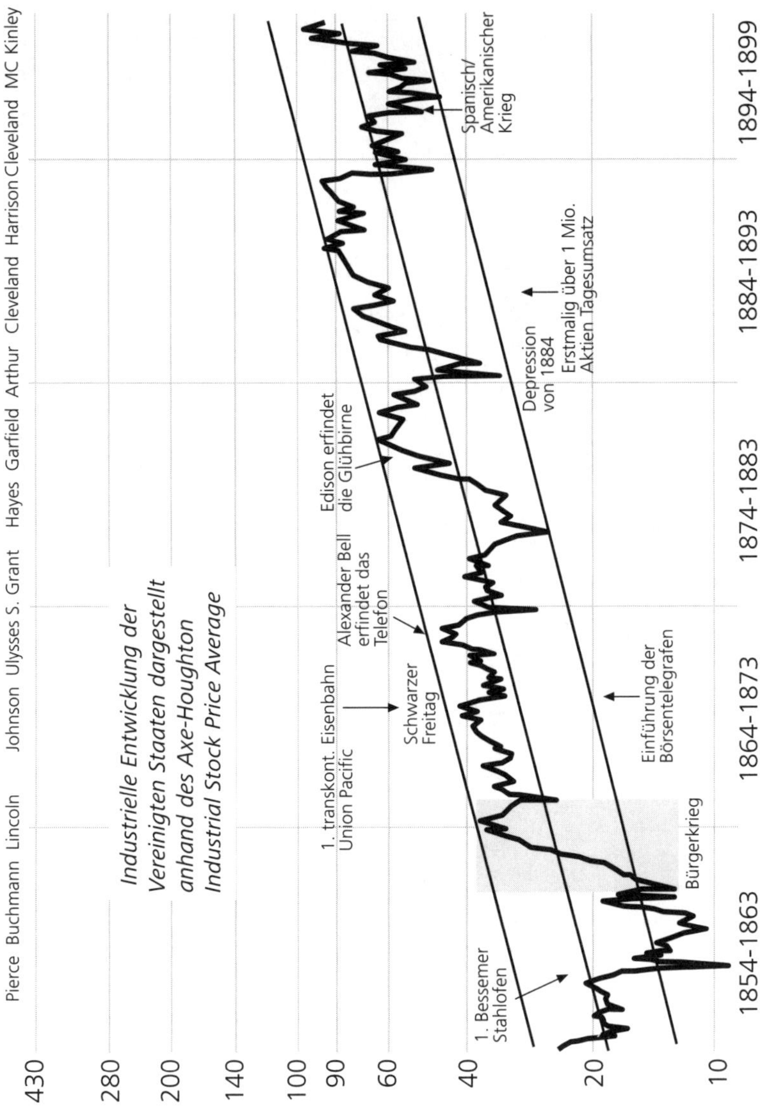

ABB. 1.1A

Axe-Houghton Industrial Stock Price Average von 1854 bis 1899

Quelle: Axe-Houghton

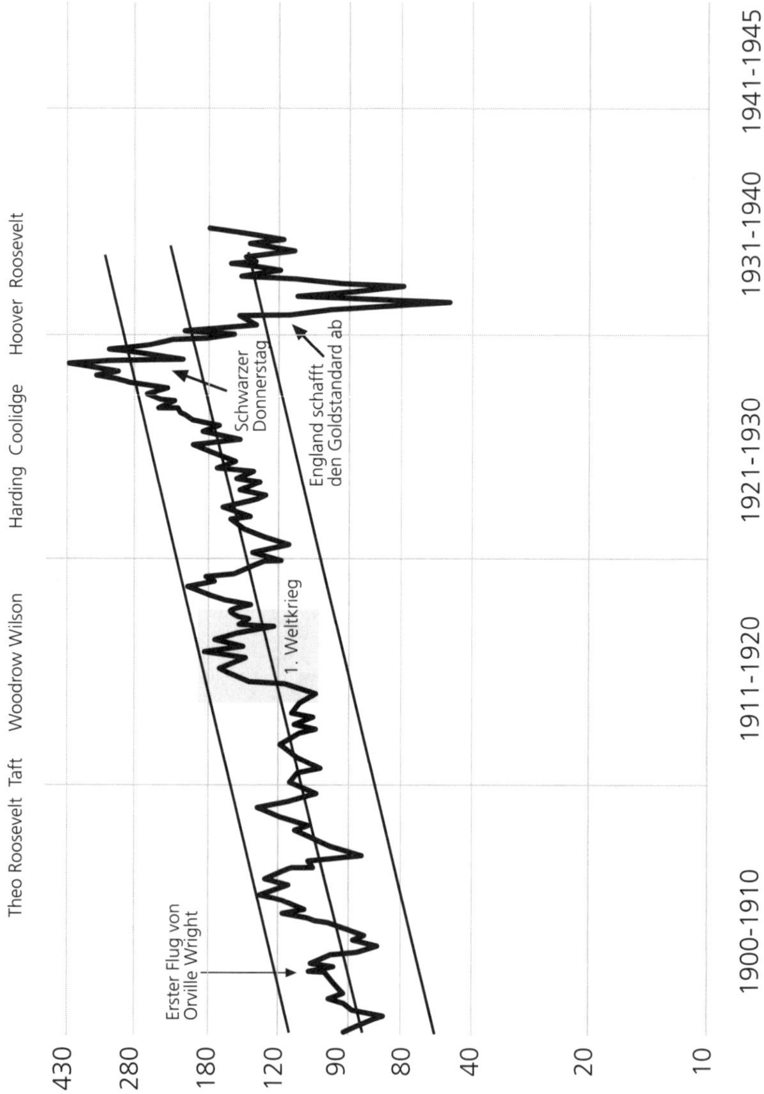

ABB. 1.1B

Axe-Houghton Industrial Stock Price Average von 1900 bis 1935

Quelle: Axe-Houghton

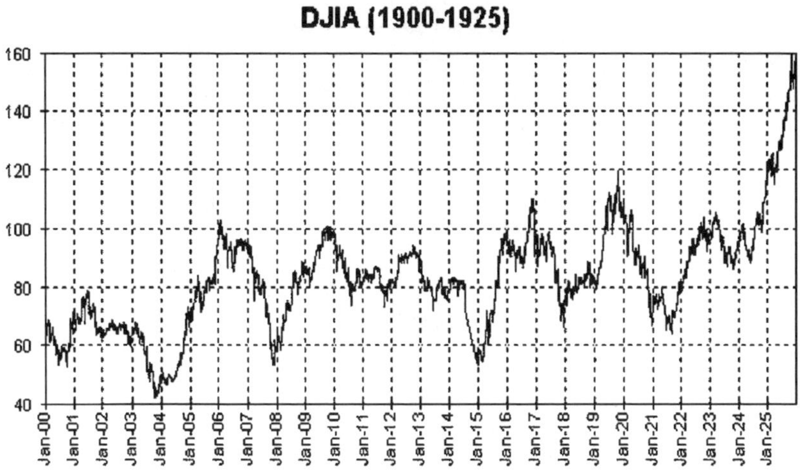

ABB. 1.2

Dow Jones Industrial Average von 1900 bis 1925

Quelle: Moore Research Center, Inc.

ABB. 1.3

Dow Jones Industrial Average von 1920 bis 1945

Quelle: Moore Research Center, Inc.

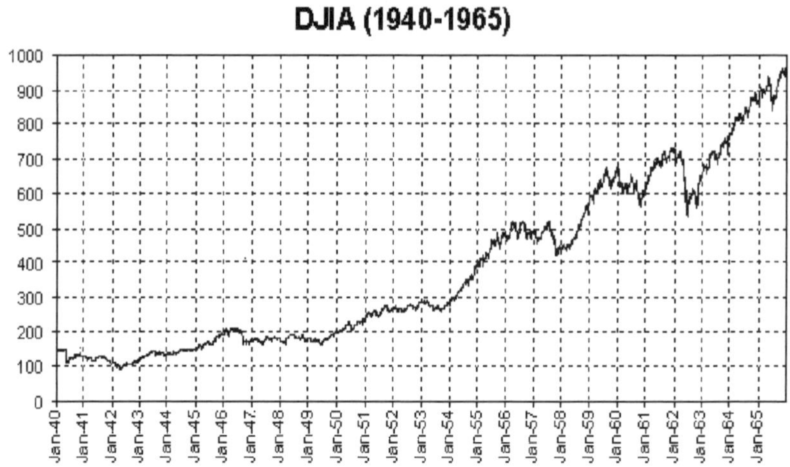

ABB. 1.4

Dow Jones Industrial Average von 1940 bis 1965

Quelle: Moore Research Center, Inc.

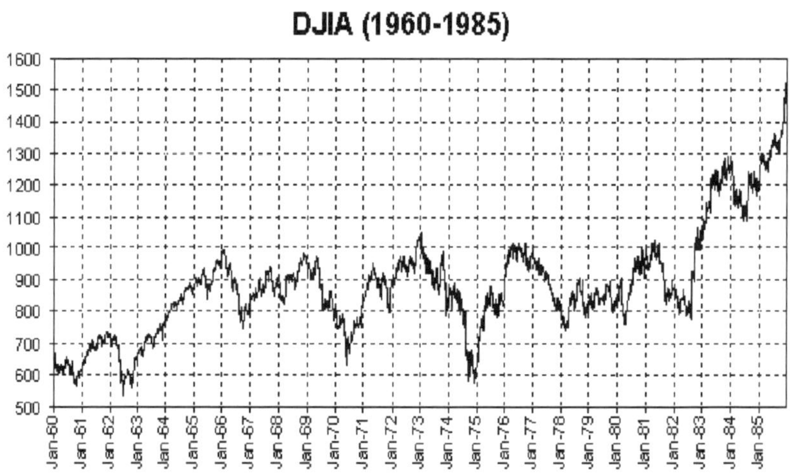

ABB. 1.5

Dow Jones Industrial Average von 1960 bis 1985

Quelle: Moore Research Center, Inc.

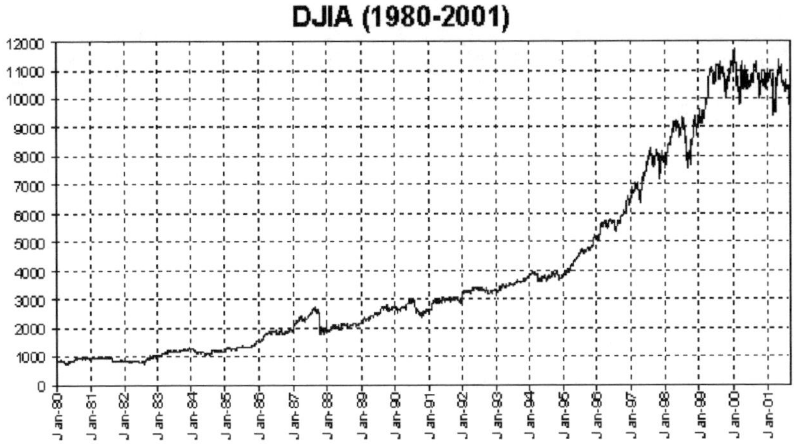

ABB. 1.6
Dow Jones Industrial Average von 1980 bis 2001
Quelle: Moore Research Center, Inc.

Ich wusste es zu der damaligen Zeit noch nicht, aber ich hatte damit bildlich gesprochen den Schlüssel zum Reich der Börsenprognose in der Hand. Ironischerweise verbrachte ich die nächsten sieben Jahre mit dem Versuch herauszufinden, wie man künftige Aktienkurse voraussagen kann. Ich studierte die Werke von W. D. Gann und von R. N. Elliott, von führenden Astrologen und anderen Autoren. Alle entpuppten sich als Zeitverschwendung. Ich hatte das Glück, Ganns Sohn kennen zu lernen, der in New York City als Broker arbeitete. Er erklärte mir, sein Vater sei einfach Charttechniker. Er fragte mich, warum wohl er, der Sohn, immer noch „am Telefon lächelnd" Kunden anrief, wenn sein Vater denn wirklich so gut war wie alle sagten. Mir schien, dass es ihn störte, wie sein Vater die Werbetrommel rührte, denn deshalb kamen viele Menschen zu ihm, die den Heiligen Gral suchten. Wenn es denn je einen Gral gegeben hatte, dann war er jedenfalls nicht auf den Sohn übergegangen.
In jener Zeit traf ich auch auf F. B. Thatcher, der Ganns Promoter und Wahlhelfer gewesen war. In einem Briefwechsel über die letzten fünf Lebensjahre versicherte er mir, dass Gann eigentlich nur ein guter Promoter gewesen war, aber nicht unbedingt ein guter Trader. F. B. stellte

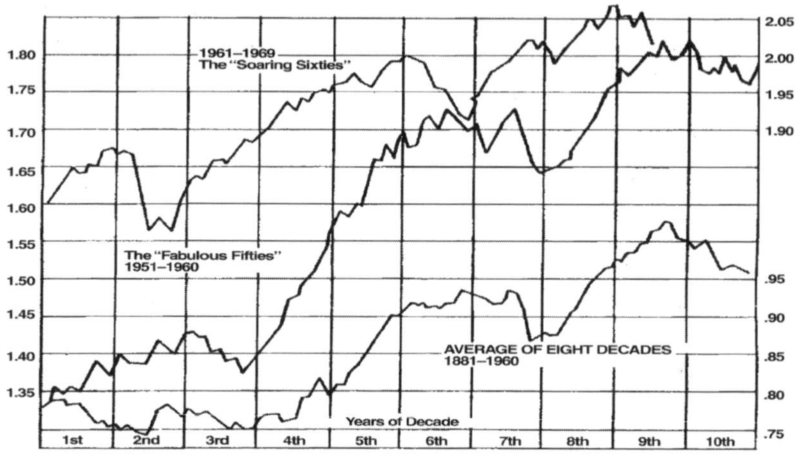

ABB. 1.7

Zehnjahresmuster der Kurse von Industrieaktien

Quelle: 1881-1917, Cowles Commission Industrials; 1918-1969, Standard & Poors's 425 Industrial Stock Price Index.

Nachgedruckt aus: Yale Hirsch: Don't Sell Stocks on Monday

seine Prognosen selbst, und die waren nicht schlecht, aber mit Sicherheit auch nicht großartig.

Er erzählte mir seine Version davon, wie die Legende von Gann als großem Visionär entstanden war. Seiner Aussage nach hatte alles mit einem Artikel im *Ticker* and *Investment Digest* angefangen, der später immer und immer wieder abgedruckt wurde. Darin hieß es, Gann habe Weizen zum Tageshöchstpreis verkauft. Thatcher sagte, sie hätten damals einfach einen guten Presseagenten engagiert, der die Story für sie in einer Zeitschrift unterbringen sollte. Die Platzierung in der Zeitschrift wurde während eines Essens ausgemacht, bei dem nicht wenig getrunken wurde und bei dem unter dem Tisch ein Geldbetrag den Besitzer wechselte, zusammen mit der Bezahlung für eine große Anzeige in der Zeitschrift.

Als ich meine Suche nach einer Möglichkeit begann, die Zukunft vorherzusagen, wusste ich all das noch nicht. Wie alle anderen auch, glaubte ich das, was ich über die großen Propheten gelesen hatte. Jetzt wünschte ich,

ich wäre bei den Vorhersagemethoden geblieben, die sich Gould ausgedacht hatte. Seine Methoden waren nicht nur genauer als die von Gann, sondern auch ein ganzes Stück einfacher zu befolgen. Abbildung 1.7 entspricht dem Diagramm von Gould und stammt aus dem Buch *Don't Sell Stocks on Monday* von Yale Hirsch (Facts on File Publications 1986). Die unterste Linie zeigt die Marktentwicklung von 1881 bis 1960.

Gould hatte sich die Mühe gemacht, die Monatsdurchschnitte der Aktienkurse von 1881 bis 1960 von Hand auszurechnen. In der heutigen Zeit macht ein Computer das schneller, als man mit den Augen zwinkern kann. Ich bin sicher, dass Gould ein Jahr daran gearbeitet hat. Er hat alle Monatsdurchschnitte von 1881 bis 1960 errechnet. Das heißt, er hat alle Januarbewegungen dieser 80 Jahre mit allen anderen Januarbewegungen verglichen. Dadurch entstand ein Muster, das Gould als grobe Wegbeschreibung betrachtete, die der Aktienmarkt seiner Erwartung nach befolgen würde. Das Faszinierende daran ist, dass er seine Arbeit im Jahre 1960 fertigstellte und dass die wilde Hausse der 1960er-Jahre fast aufs Wort in sein Muster passte. Dann kamen die schleppenden 1970er-Jahre, und wieder richteten sich die Märkte weitgehend nach der Wegbeschreibung. Es ist schon fast unheimlich, wie sehr die 1980er-Jahre der Wegbeschreibung folgten, die Gould für uns aufgezeichnet hatte; der Crash 1987 kam exakt an dem Punkt, für den Goulds Prognosen ihn vorausgesehen hatten. Der ungeheuer günstige Kaufzeitraum Ende 1987 und 1988 war auf dem Chart, den er 1960 erstellt hatte, ebenfalls zu erkennen. Ich finde das höchst bemerkenswert.

Noch verblüffender ist es, dass das Ende des Nasdaq-Runs in den letzten Wochen des 20. Jahrhunderts ebenfalls im zehnten Jahr des Jahrzehnts kam, dort wo nach Goulds Behauptungen Höhepunkte am wahrscheinlichsten zu finden sind.

Für den hier gezeigten Chart verwendete Gould zunächst den Cowles Commission Industrials von 1881 bis 1917; dieser Aktienindex geht dann von 1918 bis 1969 in den Standard & Poor's Index über. Wie Sie sehen, deutet der Chart an, dass das jeweils erste Jahr eines Jahrzehnts, zum Beispiel 1981, 1991 und 2001, dem Anleger einen schleppenden bis sinkenden Markt beschert. Manchmal starten die Märkte in Jahren durch, die mit einer 2 enden, zum Beispiel 1982 oder 1932. Und wenn das dritte Jahr herannaht, so wie 1983 und 1993, dann beginnt die

Hausse. Ich schlage vor, dass Sie diese Wegbeschreibung der Aktienkurse in ein Schließfach stecken und Ihren Kindern als Erbe hinterlassen. Sie ist mehr wert als Geld, und ich glaube nicht, dass sie in den kommenden Inflationszeiten an Wert verlieren wird. Abbildung 1.8, die ich Moore Research verdanke, zeigt so genannte „nicht erhobene" Daten. Das heißt, der Chart gibt Informationen wieder, die zu jener Zeit noch nicht relevant waren. Das funktioniert kurz ausgedrückt so, dass man aus der Betrachtung eines bestimmten Zeitraums eine Idee oder eine Schlussfolgerung gewinnt und dann diese These auf die Zahlen aus einem anderen Zeitraum überträgt, entweder vor oder nach dem Test-Zeitraum. Aber die Anwendung einer aufgrund von Daten gewonnenen Hypothese auf nicht erhobene Daten funktioniert nur selten.

In diesem Fall haben wir die Durchschnitte für die 1980er- und 1990er-Jahre ausgerechnet, um die von Gould für die früheren Zahlen benutzte Methode fortzuschreiben. Das Muster greift, und das bedeutet, dass das Konzept konsistent ist. Die Karten, in denen die Zukunft steht, sind weitgehend die gleichen wie in der Vergangenheit.

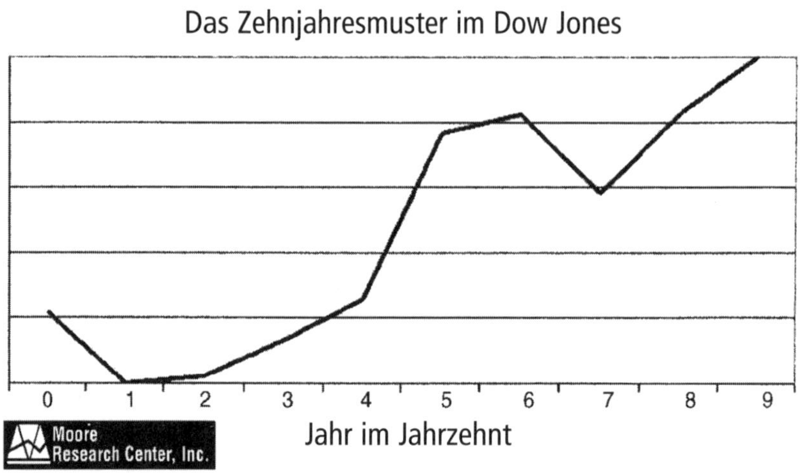

ABB. 1.8

Das Zehnjahresmuster des Dow Jones Industrial Average, 1900 bis 1999

Quelle: Moore Research Center, Inc.

Ich will Ihnen nun erklären, wie ungewöhnlich das ist. Von den vielen Trading-Systemen, und -Strategien, die ich in gut 40 Jahren entwickelt habe, bringt die überwiegende Mehrheit nach dem Test eine Effizienz von etwa 40 Prozent. Anders gesagt kann man nicht sehr häufig damit rechnen, dass die vergangene Leistung wiederholbar ist. Tatsächlich ist es so, dass ein System oder eine Technik, die auf unbekannte Zahlen angewendet wird, der Prüfung nur selten standhält oder auch nur annähernd an die Originaluntersuchung heranreicht.

Als ich im Sommer 2001 mit der Arbeit an diesem Buch begann, erschien es mir ziemlich klar, dass ich eine Landkarte vor mir hatte, die Mitte oder Ende des Jahres 2002 sowie Ende 2003 drei Kaufzeitpunkte anzeigte. In meinen Reden erzählte ich den Anlegern quer durch die Vereinigten Staaten von dem, was ich als seltene Kaufgelegenheit für Aktien betrachtete.

Abbildung 1.9 zeigt, was nach der Veröffentlichung von Goulds Chart passiert ist. Das Kursmuster der Jahre 1881 bis 1960 setzte sich fort. Abbildung 1.7 zeigt schon, dass die rauschende Hausse der 1950er- und

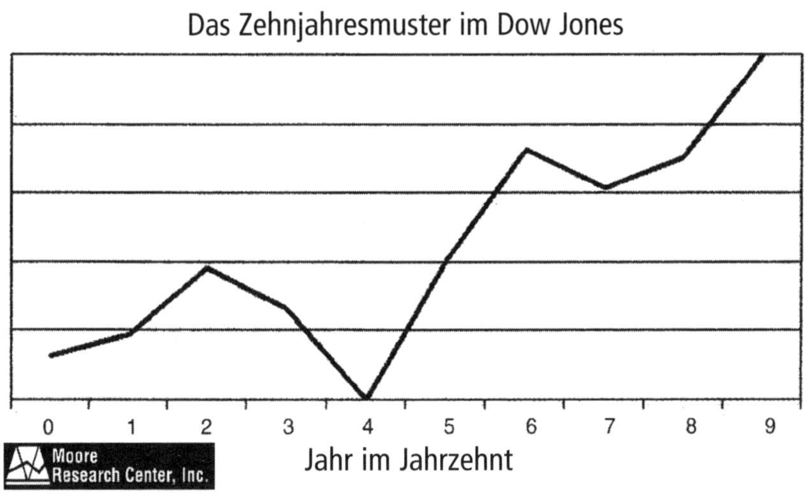

ABB. 1.9

Das Zehnjahresmuster des Dow Jones Industrial Average, 1970 bis 1999

Quelle: Moore Research Center, Inc.

1960er-Jahre gut in das Muster passt, und Abbildung 1.8 legt zusätzlich noch die 1980er- und 1990er-Jahre über die Grundvoraussage, die vor mehr als 40 Jahren getroffen wurde.

Es ist egal, ob Sie die Märkte seit 30 Jahren oder seit 30 Minuten verfolgen; Sie sehen, dass da mehr am Werk ist als nur ein „interessantes Muster". Denn weit gefehlt: Was Sie hier sehen, ist die ultimative Erkenntnis des Weges, dem die Aktien mit allergrößter Wahrscheinlichkeit folgen. In der Tat steigen und fallen die Gezeiten der Aktienkurse seit mehr als 150 Jahren regelmäßig mit Anfang und Ende von Jahrzehnten. Beachten Sie, dass das kein Zehnjahresmuster ist; die Basis sind Anfang und Ende jedes Jahrzehnts. In diesem Sinne werden zwar die Zahlen von zehn Jahren betrachtet, aber es handelt sich nicht um einen Zehnjahreszyklus.

Als Langzeitbeobachter der Marktbewegungen kann ich Ihnen sagen, dass es auf der Erdoberfläche nichts gibt, das sich für die Angabe der Zeiträume besser bewährt hat, in denen man grundsätzlich bärisch oder bullisch eingestellt sein sollte, als die Aufwärtsspur, die die Aktien Jahrzehnt für Jahrzehnt ziehen.

Die „phänomenalen fünften" Jahre

Vieles über die Aktienmärkte habe ich von meinem langjährigen guten Freund Yale Hirsch gelernt (er dagegen hat von mir nichts anderes gelernt als Forellen zu angeln). Yale hat innerhalb des umfassenden Musters von Preisumschwüngen einen zweiten interessanten Punkt gefunden. In seinem Buch *Don't Sell Stocks on Monday* legt er dar, dass das Jahr in der Mitte des Zehnjahresmusters tendenziell wahre Jubelanstiege bringt. Tabelle 1.1 zeigt den durchschnittlichen Gewinn für jedes einzelne Jahr der Jahrzehnte. Als dieses Buch geschrieben wurde, hatten wir Aufzeichnungen über elf Jahrzehnte vorliegen, die wir untersuchen konnten. Und wir sahen, dass in allen elf Fällen das fünfte Jahr eine Erholung oder einen Anstieg brachte, wodurch es zum stärksten Jahr des Zehnjahresmusters wurde. Jahre, die mit einer 8 enden, brachten in acht von zehn Fällen Gewinn. Die Jahre minderer Leistung waren die Jahre auf 7 und auf 0, wie schon die Untersuchungen von Edgar Lawrence Smith angedeutet hatten.

	Jahr im Jahrzehnt									
Jahrzehnt	1.	2.	3.	4.	5.	6.	7.	8.	9.	10.
1881-1890	–	–	–	–	20	9	-7	-2	3	-14
1891-1900	18	1	-20	-3	1	-2	13	19	7	14
1901-1910	16	1	-19	25	16	3	-33	37	14	-12
1911-1920	1	3	-14	-9	32	3	-31	16	13	-24
1921-1930	7	20	-3	19	23	5	26	36	-15	-29
1931-1940	-47	-18	48	-2	39	28	-34	13	0	-12
1941-1950	-15	6	21	14	33	-10	-2	-2	11	20
1951-1960	15	7	-3	39	23	4	-13	33	11	-4
1961-1970	27	-13	18	13	9	-11	17	12	-14	-1
1971-1980	10	12	-19	-32	32	18	-10	2	11	26
1981-1990	-7	13	18	0	26	–	–	–	–	–
Plus Jahre	7	8	4	6	11	7	3	8	8	3
Minus Jahre	3	2	6	4	0	3	7	2	2	7
Total in %	25	32	27	64	254	47	-74	164	41	-36

Basis: durchschnittliche Dezemberpreise

TABELLE I.I
Der Zehnjahreszyklus des Aktienmarktes: Jährliche prozentuale Veränderungen des Standard & Poor's Composite Index in den letzten 100 Jahren.

Das ist zwar gut und schön, aber weitaus wichtiger für den Anleger ist doch die Frage, wie viel Geld in einem Jahr verdient wurde, und nicht nur ob das Jahr positiv oder negativ war. Die fünften Jahre der Jahrzehnte sind ohne Zweifel die Jahre, in denen der Großteil des Reichtums gewonnen wurde. Yales Untersuchungen zeigen, dass die Fünfer-Jahre einen Gesamtgewinn von 254 Prozent gebracht haben. Damit sind sie den zweitplatzierten Achter-Jahren um Längen voraus, denn diese erbrachten einen Gewinn von „nur“ 164 Prozent.
Yale konnte allerdings auf keinen Fall wissen, was in den 1990er-Jahren geschehen würde. Damals wusste man nicht, welche Performance das

Jahr 1995 bringen würde. Würde es die Tradition fortführen? Oder würde es die ununterbrochene Serie von elf Gewinn-Jahren beenden, die mit einer 5 enden? Und was ist mit dem Achter-Jahr in dem Muster – würde es ähnliche Gewinne bringen wie in der Vergangenheit?

Die Jahre, die mit einer 5 enden, brachten von 1885 bis 1985 einen durchschnittlichen Gewinn von 23 Prozent. Die Jahre, die mit einer 8 enden, brachten einen durchschnittlichen Gewinn von 14,9 Prozent. Bedenken Sie dabei, dass laut den Zahlen von 1881 bis 1990 die fünften Jahre einen Gesamtgewinn von 254 Prozent beziehungsweise durchschnittlich 19,5 Prozent gebracht hatten.

Das Jahr 1995 erbrachte im Dow Jones Industrial Average einen spektakulären Gewinn von 33,5 Prozent, und das Jahr 1998 einen Gewinn von 14,9 Prozent. Somit waren diese beiden Jahre die besten der 1990er-Jahre. Kaum zu glauben, aber die Gewinne der Jahre 1995 und 1998 entsprachen planmäßig dem Muster, das Generationen vorher gefunden worden war. Vergessen Sie dabei nicht, dass diese Prognose bereits 1960 den Anlegern die profitabelsten Jahre der Hausse 1990 bis 2000 korrekt anzeigte. Vielleicht, aber nur vielleicht, ist der Aktienmarkt ein bisschen leichter zu begreifen als Sie je gedacht hätten.

Ich schlage vor, dass Sie sich viel Zeit nehmen, um die Langzeitcharts in diesem Buch zu betrachten und noch einmal zu studieren, damit Sie ein Gefühl für dieses Phänomen bekommen und vielleicht den Rhythmus erfassen, dem der Markt in seinen Bewegungen folgt.

Eine „sichere Sache“: das Jahr Sieben

Manche Jahre sind eindeutig besser für den Kauf geeignet als andere. Der Schwerpunkt meiner Arbeit besteht im Aufspüren der besten Jahre, der explosivsten mit den größten Chancen auf bedeutsame Aufwärtsbewegungen. Man kann natürlich auch Aktien kaufen, sie einfach 20 Jahre halten und damit Gewinn machen – aber das ist keine besondere Leistung. Ich will meinen Einsatz machen, während die Würfel geschüttelt werden. Die intensive Beschäftigung mit dem Zehnjahresmuster hat ergeben, dass es noch eine zweite Stelle gibt, an der man nach Kaufaktien Ausschau halten kann. Ist es etwa purer Zufall, dass die Wegbeschreibung von 1960, die einen bedeutenden Kaufpunkt für alle Jahre angab, die auf 7 enden, in den Jahren 1977, 1987 und 1997 große Gewinne bescherte? Jedes dieser Jahre brachte den Anlegern gegen Jahresende hervorragende Kaufgelegenheiten. Ich glaube nicht, dass das Zufall ist. Ich vermute, dass in der Wirtschaft im Allgemeinen oder in den Konjunkturzyklen irgendetwas am Werk ist – nennen Sie es wie Sie wollen –, denn dieses Muster wiederholt sich ganz einfach zu oft, als dass es sich dabei nur um zufällige Fluktuationen handeln kann.

Jetzt ist der Moment, in dem Sie sich den Axe-Houghton-Aktienindex ab 1854 (Abb. 1.1) noch einmal ansehen sollten. Denn dort finden Sie das gleiche Phänomen: Ende 1857 erreichten die Aktien den Boden und verdoppelten dann fast ihren Preis. Der Herbst 1867 brachte eine fast ebenso spektakuläre Erholung hervor, die bis zu dem Börsenhoch 1869 reichte.

Und wer hätte das gedacht? Das Jahr 1877 kam heran, Mitte des Jahres erreichten die Aktien ein Tief und im weiteren Verlauf des Jahres begann eine zweijährige Hausse. Im Jahre 1887 erreichten die Aktienkurse ebenfalls im Herbst den Boden und begannen dann eine zwei Jahre lange bullische Bewegung.

Im Jahre 1897 passierte so ziemlich das Gleiche: Die Kurse erreichten recht früh im Jahr einen Tiefststand, worauf ein sommerlicher Anstieg folgte. Im Herbst kam dann ein Rücksetzer (die Sieben-Jahres-Kaufzone) und schließlich eine weitere zweijährige Hausse. Das Jahr 1917 war fast eine Kopie von 1907; wieder kamen die Preise gegen Jahresende unter den Hammer, bevor sie zu einer weiteren zweijährigen Hausse abhoben.

Und dann kam 1927. Was soll ich sagen? Da gab es anscheinend kein Tief von Bedeutung – die Preise stiegen geradlinig an. Aber wenn man genauer hinschaut, sieht man, dass sich die Preise im Herbst 1927 kurz stabilisierten und sich von dem Jahreshoch zurückzogen, bevor sie in einer weiteren Hausse zu dem Höhepunkt 1929 anstiegen.

Das bringt uns zu den Zahlen von Moore Research und zu dem Jahr 1937, in dem die Aktienkurse rasant fielen und im ersten Quartal 1938 den Boden erreichten, bevor eine weitere zweijährige Hausse begann (dieses Mal war das Siebener-Jahr-Phänomen um etwa drei Monate verschoben). Und tatsächlich war es zehn Jahre später, 1947 fast genauso:

Der Index bewegte sich den größten Teil des Jahres seitwärts, begann im Herbst zu sinken und kam Mitte Februar 1948 am Boden an. Allerdings folgte darauf keine zweijährige Hausse, sondern die Preise liefen nur während des Jahres 1948 nach oben.

Im Jahre 1957 entsprachen die Aktien dem Muster vollkommen. Im ersten Teil des Jahres liefen die Preise nach oben und brachen zusammen, um dann eine weitere erhebliche Aufwärtsbewegung des US-Aktienmarktes zu beginnen. Das stimmt perfekt mit dem Kursmuster für das siebte Jahr überein.

Zehn Jahre danach bot sich wieder ein wunderbarer Kaufzeitpunkt. In der ersten Jahreshälfte 1967 erholten sich die Aktien, gerieten im Herbst des Jahres ins Trudeln und gelangten im Februar 1968 am Boden an. Danach begannen sie zwar keine zweijährige Aufwärtsbewegung, aber eine kräftige Erholung während des restlichen Jahres 1968. Die Geschichte zeigt eindeutig, dass Ende 1967/Anfang 1968 ein wunderbarer Kaufzeitraum war.

Kommt es Ihnen so vor, als sei an diesem Phänomen etwas dran? Mir schon. Gibt es dafür eine Erklärung? Ich habe zwar Erklärungen anzubieten, aber ich bin nicht sicher, ob ich damit irgendetwas überzeugender beweise als mit einer historischen Untersuchung der Fünfer-Jahre und der Siebener-Jahre sowie der Zweier- und Dreier-Jahre. Charts lügen nicht. Das Phänomen existiert, und wir müssen lernen, die Vergangenheit so auszubeuten, dass es unseren Geldanlagen in Zukunft vielleicht besser geht.

Natürlich reden wir bisher nur über Zeitpunkte. Wir müssen später noch zu der Frage der Auswahl kommen – welche Aktien man kaufen sollte. Aber die meisten Anleger wissen ziemlich genau, welche Aktien sie kaufen wollen; sie wissen bloß nicht, wann der richtige Zeitpunkt dafür ist. Es macht einen großen Unterschied, ob man zum richtigen Zeitpunkt kauft (beziehungsweise verkauft) oder nicht. Ein Beispiel: Wenn jemand am Anfang des sechsten Jahres eines Jahrzehnts Aktien gekauft hat, dann brauchte er nur bis zum achten Jahr zu warten, bis er damit Geld verdiente. Wenn man die Aktien in den Jahren gekauft hat, die mit einer 9 enden, dann musste man im Schnitt knapp fünf Jahre warten, bevor die Aktien Gewinn brachten. Also ist das Timing des Einstiegs und Ausstiegs am Aktienmarkt entscheidend. Ich glaube, dass die

Orientierung am Zehnjahresmuster eine Möglichkeit ist, in diesem spekulativen Geschäft einen Vorteil zu gewinnen.

Es wäre wohl unvernünftig zu erwarten, dass die Aktienkurse auf ewig einer mythischen und vielleicht auch mystischen Wegbeschreibung folgen, die in den 1960er-Jahren gefunden wurde. Und doch ist das im Großen und Ganzen genau das, was stattfindet; das wirft die Frage auf, ob die Märkte diesem Plan auch im 21. Jahrhundert folgen werden. Diese Frage kann jedoch erst beantwortet werden, wenn dieser Zeitraum vorüber ist. Aber immerhin können wir die ersten zehn Jahre von 2001 bis 2010 beobachten und schauen, wie exakt sich das Muster wiederholt. Ich vermute, dass es sich wiederholt, und zwar genauer als Sie es sich vorstellen können. Die Feuerprobe kommt irgendwann nach 2005. Wenn 2005 wieder ein rauschendes Bullenjahr wird und die Preise insgesamt dem Zehnjahresplan folgen, dann verleiht das dem Konzept noch mehr Gültigkeit, und die Anleger sollten auf Jahre oder gar Jahrzehnte hinaus noch mehr Zutrauen in das Konzept als allgemeine Richtschnur für die Entwicklung von Investments haben.

Die Entwicklung des Marktes neigt über längere Zeiträume offenbar zur Wiederholung. Der Bezugsrahmen dafür scheint tatsächlich das Jahrzehnt-Muster zu sein. Innerhalb dieses Rahmens gibt es besondere Zeiten, die man als optimale Kauf- (und Verkaufs-)Punkte anstreben sollte. Als Erstes kommen die Jahre auf 2 und 3, gefolgt von den unglaublich starken fünften Jahren. Die nächstbesten Gelegenheiten für den Aktienkauf sind die Herbstzeiten aller Jahre, die auf 7 enden.

Und schließlich sollte man als langfristig orientierter Anleger nicht vergessen, dass die meisten bedeutenden Börsenhochs in Jahren auftreten, die auf 9 oder 0 enden, zum Beispiel 1929, 1969, 1999 und natürlich 2000. Ich betrachte dieses Jahrzehnt-Muster als den logischsten Plan, dem die Preise folgen. Ich erwarte sicherlich nicht, dass die Preise dieses Muster in jedem Jahr oder in jedem Jahrzehnt präzise befolgen. Der Aktienhandel würde ja überhaupt keinen Spaß machen, wenn es so einfach wäre. Aber wir haben immerhin hervorragende Richtlinien dafür, welche Abzweigung wir nehmen sollten und wann wir sie nehmen sollten.

2. KAPITEL

Das Vier-Jahres-Phänomen

KÜNFTIGEN REICHTUM ERWIRBT MAN DURCH EXAKTE BEOBACHTUNG DER VERGANGENHEIT.

Dank der Schriften von Edson Gould, Edgar Lawrence Smith, Anthony Gaubis und Yale Hirsch haben wir eine ziemlich gute Vorstellung davon, wann wir innerhalb des Zehnjahresmusters wesentliche Börsenhochs- und -tiefs erwarten können. Das ist eine wunderbare grobe Beschreibung des wahrscheinlichen künftigen Geschehens, und es macht uns auf die Kaufgelegenheiten im fünften und siebten Jahr aufmerksam. Aber wir brauchen noch etwas Spezifischeres. Schließlich wollen wir ja nicht nur die Woche und den Tag wissen, wann wir eine Aktie kaufen oder verkaufen sollen, sondern auch die genaue Uhrzeit. Ich glaube, das ist viel verlangt, aber mit diversen Markt-Werkzeugen können wir der Bestimmung der rechten Zeit für den Kauf beziehungsweise Verkauf bedeutend näher kommen.

Über die nächste Markt-Erkenntnis, die ich mit Ihnen teilen möchte, bin ich im Jahre 1970 gestolpert, und sie ist ein entscheidender Bestandteil meiner Prognose für 2002. Die Baisse des Jahres 1970 war gut für mich gewesen. Ich hatte mein erstes so genanntes Vermögen an der Börse gemacht, etwa 300.000 Dollar. Das ist heute nicht viel, aber damals war das für einen 28-jährigen schon etwas und machte aus mir einen recht großspurigen jungen Mann.

Da ich mich für sehr schlau hielt, weil ich die Baisse erkannt hatte und Aktien geshortet hatte, blieb ich auch nach dem Tief short. Ich musste einen Teil des Geldes wieder zurückgeben und lungerte immer noch auf der Short-Seite herum, als die Kurse im Oktober jenes Jahres durch die Decke gingen. Aua! Das verletzte meinen Stolz genauso wie meine Brieftasche. Schließlich ließ ich mich bekehren und kaufte Aktien. Eines Nachts, als ich meine Wunden leckte und mir alte Charts anschaute, sah ich etwas, das meine gesamte Sichtweise der langfristigen zeitlichen Abstimmung veränderte.

Mir fiel in den Charts der Vier-Jahres-Abstand zwischen den Tiefs 1962, 1966 und 1970 auf. Deshalb fragte ich mich, ob hier ein wiederkehrendes Muster am Werk war, von dem mir niemand etwas gesagt hatte. Mein Vater hatte mir immer gesagt, wenn ich es im Leben je zu etwas bringen sollte, dann würde es mehr mit harter Arbeit und Glück als mit Intelligenz zu tun haben. Mit diesem Gedanken im Kopf begann ich, alle alten Charts genau zu überprüfen, die ich gesammelt hatte.

Und da war es auch: Von 1962 aus vier Jahre zurück, also im Jahre 1958, gab es ein bedeutendes Börsentief. Ich war ganz aufgeregt und ging nochmals vier Jahre zurück in das Jahr 1954; und da war es wieder: der Beginn einer neuen Hausse. Mein Herz raste. Hatte ich da etwas gefunden? Was war 1950 passiert? Wieder zu den Charts und wieder zum Beginn einer neuen Hausse.

Ich war beeindruckt. Aber es ergab für mich keinen Sinn, dass sich Börsentiefs derart exakt wiederholen sollten. Und außerdem, warum hatte mir das auf dem College keiner beigebracht und warum hatte ich davon in keinem Buch etwas gelesen? Ich hatte so etwas noch nie schwarz auf weiß gesehen. Ich hatte eine schlaflose Nacht – ich konnte nicht aufhören, an die mächtige Wirkung der Börsentiefs alle vier Jahre zu denken. Das war eins dieser Dinge, die einfach zu gut erschienen, um wahr zu sein. War es möglich, dass dieses Phänomen auch in Zukunft funktionieren würde?

Angst macht sich breit

Marktinformationen dieser Art verwirren das Denken. Ich hatte die Macht des Vier-Jahres-Phänomens eigentlich zu meiner Zufriedenheit überprüft, aber dann überlegte ich: Wenn ich das wusste, dann würde es in Zukunft nicht mehr funktionieren. Und dazu brachte mein empfänglicher Geist noch den Gedanken, dass ich noch mehr Beispiele aus der gro-

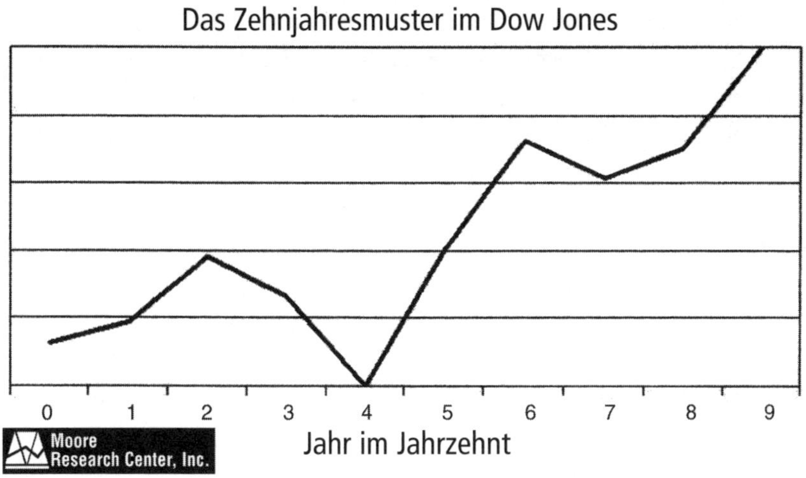

ABB. 2.1A

Das Zehnjahresmuster des Dow Jones Industrial Average, 1970 bis 1999

Quelle: Moore Research Center, Inc.

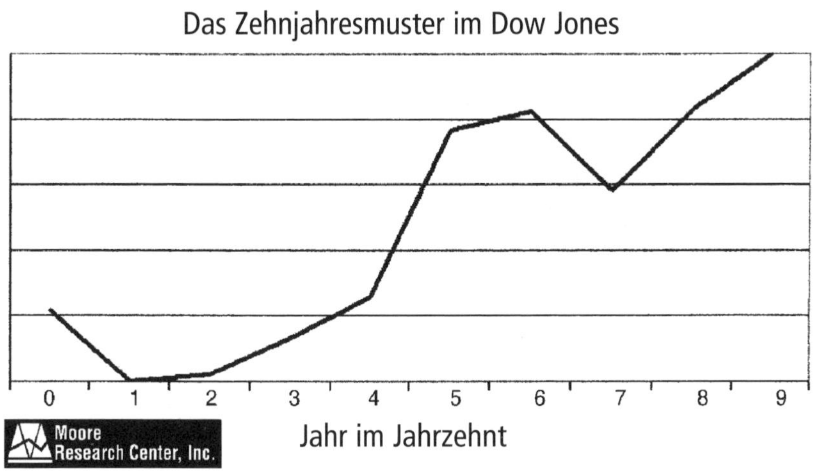

ABB. 2.1B

Das Zehnjahresmuster des Dow Jones Industrial Average, 1900 bis 1999

Quelle: Moore Research Center, Inc.

ßen, unbekannten Zukunft bräuchte, um meine Entdeckung zu erproben. Also wartete ich zitternd und voller Angst. Ich hoffte, dass niemand mein „schmutziges Geheimnis“ kannte, und wollte sehen, was aus diesem Vier-Jahres-„Etwas“ in Zukunft entstehen würde. Es kam das Börsentief 1974, und auch 1978 gab es einen anständigen Kaufpunkt, wenn man die damals herrschende stagnierende Marktlage betrachtet.

Jetzt hatte ich also zwei neue Fälle gesammelt, in denen das Phänomen aufgetreten war. Auf geradezu unheimliche Weise hatten die Aktien weiterhin synchron zu dem Vierjahreszyklus Böden gebildet.

Wenn man im Jahre 1978 nichts weiter über den Aktienmarkt gewusst hätte, dann hätte man darauf gewartet, dass vier Jahre später, also 1982, der nächste Kaufpunkt kommen würde. Und genau zu diesem Zeitpunkt begann die langlebigste Hausse in der Geschichte der Menschheit. Wenn man zu 1982 vier Jahre dazuzählt, erhält man als nächste Prognose 1986. Und schon ein flüchtiger Blick auf die Charts zeigt im Herbst jenes Jahres einen weiteren wunderbaren Kaufpunkt.

Mein Zutrauen zu diesem Phänomen hatte bemerkenswert zugenommen. Die Tatsache, dass Beobachtungen aus dem Jahre 1970 noch 16 Jahre später ungeheure Markterfolge ergaben, war für mich ein hinreichender Beweis für die Gültigkeit dessen, was ich spät nachts gesehen hatte, als ich meine Wunden leckte, weil ich zu lange bärisch eingestellt gewesen war. Not macht auf jeden Fall erfinderisch.

Die Abbildungen 2.1 A und 2.1 B (wieder von Moore Research) teilen die Marktbewegungen so auf, dass man besser erkennen kann, was seit dem Jahre 1900 passiert ist. Sie erkennen deutlich die Vier-Jahres-Phänomene und die Tiefpunkte in den Charts. Wenn ich mir diese Charts anschaue, dann geht es mir wie einem 14-jährigen, der seinen ersten *Playboy* durchblättert. Die Charts können das Verständnis für größere zyklische Bewegungen stark verbessern und Ihnen mehr Selbstvertrauen verschaffen, so dass Sie handeln können, wenn die Zeit gekommen ist.

Es ist kinderleicht

Das Vierjahresphänomen ist so einfach, dass sogar ein Kind damit zurecht kommt. Wir zählen zu dem Kaufzeitpunkt im Oktober 1986 einfach vier Jahre dazu, und unser imaginäres 14-jähriges Kind kann im Herbst 1990 mit einem Börsentief rechnen. Im reifen Alter von 18 Jahren erlebt es den Beginn einer viereinhalb Jahre dauernden Hausse. Stellen Sie sich das einmal vor – Kinder übertreffen die Profis mit einem dermaßen einfachen Timing-System, dass man nur seine Finger braucht, um es zu befolgen. Werfen Sie Ihre Raumfahrt-Mathematik weg und lassen Sie Ihren Laptop zu Hause – Sie brauchen keinen Computer!

Unser hypothetisches Kind zählt dann zu dem Tief 1990 wieder vier Jahre dazu und trifft die unverschämte Voraussage, dass die Aktien im Herbst 1994 wieder am Boden ankommen. Das Kind ist inzwischen kein Kind mehr – es ist jetzt 22 und haut die Experten von der Wall Street aus den Socken, sobald im Herbst jenes Jahres der dramatischste Preisanstieg beginnt, den die Menschheit je gesehen hat – eine exponentielle Erholung ähnlich derjenigen, die zu dem Hoch des Jahres 1929 geführt hat. Nicht nur der Dow Jones Industrial Average geht nach oben, sondern quasi alles – Junk Stocks, Technologiewerte, Bluechips, Smallcaps. Jeder, der der Prognose des kindlichen Anlegers folgt und 1994 Aktien kauft, verdient damit Geld.

Während sich unser jugendlicher Investor dem fortgeschrittenen Alter von 26 nähert, hält er nach dem nächsten Börsentief nach dem Boden von 1994 Ausschau. In der nachfolgenden Erholungsphase hat er einen guten Schnitt gemacht und hat daher mehr als genug Geld, das er in eine Kaufgelegenheit stecken kann. Zum Glück hat er weder die Harvard Business School noch die Wharton School of Finance besucht. Er ist klug genug, nicht auf Analysten zu hören, sich keine Börsensendungen im Fernsehen anzusehen und nicht das Wall Street Journal zu lesen. Er hat nur das Wissen, dass alle vier Jahre ein Börsenboden auftreten sollte.

Im Laufe des Jahres 1998 ist unser hypothetischer Anleger ein wenig irritiert. Er hat mitbekommen, dass die überwiegende Mehrheit der Analysten einen größeren Börsencrash voraussagt. Irgendwie denkt er, dass das durchaus passieren könnte (denn er hat alle vier Jahre beobachtet, dass die Schwäche am Anfang und in der Mitte des Jahres zu einem Tief geführt hat).

Im Sommer jenes Jahres stecken die Preise fürchterliche Schläge ein. Viele Anleger halten das für den Rutsch, der in Wahrheit erst zwei Jahre später kommen sollte. Die Luft ist so dick von Bärendunst, dass man sie im Oktober 1998 schon fast schneiden kann. Genau zu diesem Zeitpunkt beschließt unser Investorkid, alles auf eine Karte zu setzen und noch einmal Aktien zu kaufen. Der Einstiegspunkt ist schnell bestimmt; einfach vier Jahre nach seinem letzten lohnenden Raubzug durch den Markt. Seine Unwissenheit und mangelnde Marktkenntnis, sein fehlender Collegeabschluss – all das zahlt sich säckeweise aus, weil die Aktien erneut einen fast senkrechten 18-monatigen Aufstieg beginnen. Der Zeitpunkt könnte kaum perfekter gewählt sein! Und wieder hat unser unerfahrener, ungebildeter aber jetzt märchenhaft reicher Kinder-Investor den Nagel auf den Kopf getroffen.

Er hat das fertiggebracht, was die Profis – die Fondsmanager, Broker und Anlageberater – nicht geschafft haben. Mit seiner Vierjahresprognose war er schlauer als sie alle zusammen.

Was das Jahr 2002 bedeutet

Dann wollen wir einmal sehen, ob das jetzt klar ist; wir rechnen alle vier Jahre mit einem Börsenboden. Der letzte war 1998; wenn wir einfach vier Jahre zu 1998 dazuzählen, können wir mit der nächsten Kaufgelegenheit im Jahre 2002 rechnen. Da im Jahre 1998 das Tief im Oktober auftrat, würde ich damit rechnen, dass etwa um die gleiche Zeit wieder ein Börsentief eintritt – im Herbst 2002.

Diese Zeilen stammen aus dem Originalmanuskript zu diesem Buch, das im Herbst 2001 geschrieben wurde. Und natürlich kam der Punkt im Jahre 2002. Aber war das vielleicht nur eine Erholung innerhalb der Baisse? Die Geschichte der Kaufgelegenheiten alle vier Jahre lässt mich vermuten, dass es im Jahre 2002 eine große Kaufzone gab, und nicht nur einen Piepser vor dem Crash auf niedrigere Kurse.

Und nebenbei gesagt sollte man auch in den Jahren 2006, 2010, 2014, 2018, 2022, 2026, 2030, 2034, 2038, 2042, 2046 und 2050 signifikante Börsentiefs erwarten.

Ja, das ist sie, meine Prognose für die Marktbewegungen der nächsten 50 Jahre. In den kommenden 50 Jahren werden viele Dinge geschehen.

Es wird enorme Veränderungen in der Gesellschaft, im Geschäftsleben, in der Kommunikation, ja sogar in Religion und Politik geben, aber ich vermute, dass das Vier-Jahres-Phänomen weiterhin das Uhrwerk des Marktes bleiben wird.

Ich sage das nicht nur, weil sich das Vierjahresphänomen seit 1962 so außerordentlich gut für die Prognose der Preisbewegungen eignet, sondern weil es schon vor 1962 zu solch guten Prognosen geführt hat.

Ich habe diesen Zyklus für alle Börsenjahre seit 1858 nachgerechnet. Ich fand, dass die Aktien in 86 Prozent der Fälle in vollkommenem Einklang mit diesem alle vier Jahre wiederkehrenden Muster einen Boden erreichten. Eine derartige Genauigkeit ist am Aktienmarkt äußerst selten, und sie deutet mit Sicherheit darauf hin, dass dahinter mehr steckt als nur zufällige Bewegungen.

Die schiere Tatsache, dass sich das Vierjahresphänomen über so viele Jahre so stark ausgewirkt hat, bringt mich zu der starken Vermutung, dass es auch noch viele weitere Jahre gelten wird. Es birgt schon eine gewisse Ironie, dass so etwas Simples wie das Vierjahresmuster Börsentiefs besser voraussagt als die ausgefallensten Indikatoren und Investmentstrategien, die mit ausgeklügelter Mathematik und ökonometrischen Modellen zusammengebraut werden.

Manche glauben, das habe etwas mit den Amtszeiten der US-Präsidenten zu tun, die sich ziemlich sauber zu dem Vierjahresphänomen fügen. Andere, mit denen ich darüber gesprochen habe, glauben, das habe etwas mit dem Mars zu tun (ich habe sehr unterschiedliche Freunde). Manche halten das auch für einen Teil des Jahrzehnt-Musters. Die wenigen Menschen, die von dem Muster wissen, halten es entweder für eine natürliche zyklische Reaktion auf die Aktivitäten der Menschheit oder glauben, dass es irgendwie von den Aktivitäten der Federal Reserve beeinflusst wird.

Ich weiß es wirklich nicht. Ich kann Schlüsse ziehen und Gründe für das Auftreten des Phänomens vorbringen, aber ändert das etwas? Der Markt hat viel zu oft viel zu viele Böden zur rechten Zeit gebildet, als dass ich mit den Zahlen groß herumspielen will. Lieber akzeptiere ich sie einfach. Es ist, wie es ist. So einfach ist das.

142 Jahre Börsenerfolg

Ich habe Aufzeichnungen über Aktienkurse, die bis in das Jahr 1854 zurückreichen (wie in Kapitel 1 gezeigt). Offenbar begann die Wirkung des Vierjahresphänomens 1858, als sich der Markt einem bedeutenden Tief näherte (das dann im Jahre 1859 kam). Das nächste Anzeichen findet sich 1862, im Frühstadium einer der größten Haussen des gesamten Jahrhunderts. Schneller Vorlauf zum Jahr 1866: Dort finden wir im Herbst einen Tiefpunkt, der den Beginn einer zweieinhalbjährigen Hausse markiert.

Sie kennen das Spiel jetzt: Wir zählen zu dem Jahr 1866 vier Jahre dazu und landen bei 1870 als Kaufzeitpunkt am Aktienmarkt, und so ist es auch zielgenau eingetroffen (Michael Jordan war nie präziser). Noch einmal vier Jahre dazu ergibt 1874, den Beginn einer hübschen Aufwärtsbewegung in das Jahr 1875 hinein, die in eine jener lang anhaltenden Haussen mündete, von denen Anleger träumen. Unsere nächste Kaufzone wäre dann natürlich 1878, und die war spektakulär; der Aktienmarkt tanzte im Takt der Bullenmelodie unseres Vierjahresphänomens.

Das bedeutet natürlich, dass wir die nächste Kaufgelegenheit im Jahre 1882 suchen müssten. Doch diesmal funktioniert das überhaupt nicht, denn die Preise fielen bis 1884 weiter. Aber alles Geld, das man an diesem Punkt verloren hätte – wenn man Stop-Loss-Orders verwendet hätte –, hätte man vier Jahre später wieder gewonnen, denn das Jahr 1886 läutete eine weitere Hausse ein, die erst 1893 ihren Höhepunkt erreichte.

Der nächste planmäßige Kaufzeitpunkt gemäß dem Vierjahresphänomen wäre 1890 gewesen. Der Herbst jenes Jahres bot einen wunderbaren Kaufpunkt innerhalb einer Hausse, die bis zum Winter 1893 dauerte. Wieder errang das Vierjahresphänomen einen großen Sieg. Die Indizes zogen an.

Als Nächstes hätte im Jahre 1894 ein Tief kommen sollen. Das war diesmal aber etwas verfrüht. Die Preise erholten sich nach dem Tief des Jahres 1894 zwar tatsächlich wieder, aber das wahre Tief kam erst 1896. Unser geduldiger Anleger wartete darauf, dass die nächste Kaufgelegenheit 1898 auftreten würde. Diese Geduld wurde mit erheblichen Anlagegewinnen belohnt, denn wieder einmal hob der Markt im Einklang mit unserem Vierjahresphänomen ab.

Aber dann kam die Jahrhundertwende! Konnte und würde das nette kleine Muster in beiden Jahrhunderten funktionieren? Für unseren damaligen Investor hätte das bedeutet, im Jahre 1902 Aktien zu kaufen, vier Jahre nach dem Kaufpunkt 1898. Diesmal war der Wendepunkt aber leider nicht so spektakulär – die Preise erholten sich gegen Ende jenes Jahres durchaus, aber im Jahre 1903 fielen sie wieder ziemlich steil ab. Vier Jahre danach hätten wir als Käufer dann wieder Positionen aufgebaut, also 1906. Belohnung? Fehlanzeige.

Das Jahr 1910 hätte die nächste Gelegenheit geboten zu sehen, ob sich die Aktienkurse parallel zu dem Vierjahresphänomen entwickelt haben. Ich bin sicher, dass wir nach den zwei vorangegangenen Fehlschlägen weiche Knie bekommen und uns gefragt hätten, ob das Muster ins Stocken geraten war – denn die Preise erholten sich zwar auch diesmal, aber das dauerte eine Weile, und gewiss gab es keinen spektakulären Aufstieg.

Danach aber schlug das Vier-Jahres-Phänomen wie ein Überfallkommando mit der Präzision einer Digitaluhr zu – Börsentiefs in den Jahren 1914, 1918, 1922 und 1926. Im Jahre 1930 trat kein Tief auf, aber dann erschienen die Tiefs wieder in den Jahren 1934, 1938, 1942, 1946, 1950, 1954, 1958 und so weiter bis heute. Nach vier Jahren und wieder vier Jahren schlug das Phänomen zu, fast roboterartig funktionierte es in den zweiten Hundert Jahren genauso gut wie es in den ersten funktioniert hatte.

Man kann also eindeutig aus der Vergangenheit lernen. Die Lektion, die ich hier erkenne, besagt, dass man gemäß dem Vier-Jahres-Phänomen mit regelmäßigen Aktientiefs rechnen kann. Das Börsentief 2002 (1998 + 4) passt somit genau zu dem Jahrzehnt-Fahrplan, der für den Zeitraum 2002-2003 ein bedeutendes Börsentief verzeichnet.

Anders gesagt haben wir hier eine Art zweifache Bestätigung vor uns – beide langfristigen zyklischen Bezugsrahmen sagen uns, dass wir zu diesem Zeitpunkt eine Aufwärtsbewegung der Aktienkurse erwarten sollten. Das Jahrzehntmuster hat eher allgemeinen Charakter, aber mithilfe des Vier-Jahres-Phänomens können wir den Chancenbereich wesentlich verengen und so die besten der besten Gelegenheiten auswählen.

Nebenbei bemerkt erkennen wir in diesem Sinne auch, dass das Vier-Jahres-Phänomen für das Jahr 2006, also vier Jahre nach dem Tief 2002, einen Börsenboden voraussagt, der sich mit dem fünften Jahr des Jahrzehntmusters verzahnt. Für mich bedeutet das, dass sich die Börse im Jahre 2005 erholen wird und dass auch das Jahr 2006 einen Kaufzeitpunkt bietet, denn auf uns wartet eine erhebliche Kurserholung, aus der wir Nutzen ziehen können.

Noch besser könnte das Börsentief 2014 werden, das aufgrund des Vier-Jahres-Phänomens zu erwarten ist, denn es mündet in die Erholung des Fünfer-Jahres, die gemäß dem Zehnjahresmuster zu erwarten ist. Wenn Sie und ich das Glück haben sollten, auch dann noch traden zu können, dann wissen Sie, auf welcher Seite des Marktes ich stehen werde, und Sie wissen, dass ich bis dahin meine Shorts eingedeckt haben werde.

Die Benutzung des Jahrzehntmusters und meines Vier-Jahres-Phänomens ist nicht meine eigene Einbildung oder irgendeine Art von Numerologie, die ich auf Aktienkurse anwende. In einem früheren Buch habe ich diesen Aspekt schon vor 20 Jahren angesprochen. Irgendwann im Jahre 1981, als ich im Supermarkt an der Kasse stand, sah ich den Bestseller von Howard Ruff mit dem Titel *How to Prosper in the Coming Bad Years*. Schlagartig wurde mir klar, dass die Anleger unbedingt eine gute Portion schönen, altmodischen Optimismus brauchten. Es war Zeit für ein neues Buch, für eine neue Betrachtungsweise der Wirtschaft. Mit meinem Buch *How to Prosper in the Coming Good Years war* trat ich den Berufspessimisten entgegen.

Das Buch basierte in hohem Maße auf dem, was ich bisher besprochen habe. Ich wusste, dass das Jahrzehntmuster im Jahre 1982 oder 1983 ein Tief bringen musste. Außerdem wusste ich, dass mein Vier-Jahres-Phänomen für den gleichen Zeitpunkt wie das Jahrzehntmuster ebenfalls auf ein Tief deutete.

Als im Winter 1982 die Werbekampagne für das Buch begann, sah es sehr düster aus. Die meisten Menschen, die mich interviewten, waren von meinem Optimismus schockiert – von meiner Voraussage guter Zeiten und von meiner Ablehnung der Pessimisten.

Die bemerkenswertesten Ausnahmen waren die Merv Griffin Show, ein Interview von Dan Dorfman und eine unvergessliche Radio-Talksendung in Detroit.

Die Talksendung sollte 30 Minuten dauern. Sie begann mit einer kurzen Einführung, in der ich meinen extremen Optimismus darlegte und sagte, dass ziemlich schnell wieder gute Zeiten kommen würden. Dann setzten wir uns vor die Telefone, die flackerten wie die Lichter am Unabhängigkeitstag. Die Anrufer waren wütend und verärgert über meinen

Optimismus. Sie wollten nicht über die politische und wirtschaftliche Lage diskutieren oder streiten, und auch nicht über die Gründe, warum sie sich bessern könnte. Sie wollten einfach nur schreien und brüllen und ließen ihre Frustration an meinem Optimismus aus. In den 1970er-Jahren hatten die Anleger viel Geld verloren. Das war auch kein Wunder, denn die Aktien hatten sich über Jahre nur seitwärts oder abwärts entwickelt; während Jimmy Carters Amtszeit grassierte die Inflation, und die Anleger – sogar diejenigen, die Gold gekauft hatten – konnten kaum Profite vorweisen.

Lange Zeit hatten langfristig orientierte Anleger für ihre Mühen und Risiken nur Verluste geerntet. Solche Umstände fördern den Unglauben und die Missachtung von Haussen. Solche Umstände sind genau das, was große Kaufgelegenheiten hervorbringt. Wieso? Die meisten Anleger glauben, die nächsten sechs Monate des Jahres würden ziemlich genau den ersten sechs Monaten gleichen. Sie lassen sich von dem aktuellen Trend übermäßig beeinflussen. Sie blicken zurück, nicht nach vorne.

Die 30-minütige Interviewsendung weitete sich zu einem dreistündigen Telefonmarathon aus, auf den Jerry Lewis stolz gewesen wäre. Die Menschen konnten den Gedanken einfach nicht akzeptieren, dass es besser werden könnte und dass die Zukunft Amerikas vielleicht doch nicht finster, sondern leuchtend hell sein könnte.

Im Rückblick war das eine der besten Börsenprognosen aller Zeiten. An allen Orten der Vereinigten Staaten, die ich bereiste – 32 Städte in 28 Tagen –, verkündete ich eine eindeutige Botschaft: „Nehmen Sie eine Hypothek auf, kaufen Sie Aktien, nehmen Sie eine zweite Hypothek auf, und kaufen Sie noch mehr Aktien."

Und jetzt, 20 Jahre später, stehen wir vor einem Zweier- und einem Dreier-Jahr, nach denen am gleichen Punkt wie damals ein Vier-Jahres-Phänomen ansteht.

Die „Achter-Serie"

Ich habe ja schon auf das Phänomen der Siebener-Jahre-Tiefs hingewiesen, aber in diesem Zyklus oder Muster gibt es noch einen anderen Teil, der wichtig ist.

Jahr	Märzpreis	Dezemberpreis	Gewinn in %
1878	3,24	3,45	6,0
1888	5,08	5,24	16,0
1898	4,65	5,26	21,0
1908	6,87	9,03	21,0
1918	7,28	7,90	9,0
1928	18,25	24,80	26,0
1938	10,31	12,69	12,0
1948	14,30	15,10	7,0
1958	42,11	53,49	27,0
1968	89,09	106,50	19,0
1978	88,82	96,11	8,0
1988	265,70	276,50	4,0
1998	1.023,70	1.190,00	16,0
Durchschnittlicher Gewinn			15,6

TABELLE 2.1

Performance bei Kauf im März und Verkauf im Dezember (1878 bis 1998)

Quelle der Zahlen: Robert J. Shiller (http://aida.econ.yale.edu/shiller/data.html).

Einfach gesagt ist es so: Jahre, die auf 2 oder 8 enden, weisen eine besondere Fähigkeit auf, Börsenerholungen zu starten. Normalerweise beginnt das in den ersten drei Monaten des Jahres. Es ist fast so, als wäre der Tiefpunkt des Siebener-Jahres, so wie der, mit dem die Anleger im Jahre 1987 konfrontiert waren, so überverkauft bzw. unterbewertet, dass die Preise im nächsten Jahr, das mit einer 8 endet, Rückenwind haben.

Wieder einmal bin ich nicht sicher, warum dieses Phänomen existiert. Manche sagen, das liege an den Sonnenflecken; andere sagen, es liege am Luftdruck. Ich würde sagen, es liegt an den Maßnahmen der Federal Reserve. Man kann zwar ausgiebig über die Ursachen des Phänomens diskutieren, aber es kann keine Diskussion über seine Existenz geben.

Als ich die Kurse bis in das Jahr 1850 zurück studierte, stellte ich fest, dass dieses Muster 15-mal aufgetreten ist. Das bedeutet, wir haben 150 Jahre Erfahrung mit dieser faszinierenden Jahr-Acht-Gelegenheit, und ich glaube, dass das auch Ihrer Meinung nach eine prächtige Kaufgelegenheit bietet.

Einige der steilsten Aufwärtsbewegungen in der gesamten Geschichte des Aktienmarktes begannen in Jahren, die mit einer 8 enden, zum Beispiel 1888, 1928, 1938 und dem unvergesslichen 1998. Dieses Jahr war so stark, dass jedermann anfing, alle Arten von Aktien zu kaufen, gute und schlechte – und das kurz vor dem Börsendesaster, das in den Jahren 1999 und 2000 ans Licht kam, genau zur erwarteten Zeit.

Die 1940er-Jahre waren das einzige Jahrzehnt, das im achten Jahr keine wesentliche Hausse hervorbrachte. Das Jahr 1948 war trotzdem keine schlechte Zeit für den Aktienkauf, nur eben keine phänomenale. Nach den Märztiefs jenes Jahres kam eine große Erholungsphase. Das Märztief des Dow Jones Industrial Average lag bei 165 Punkten und bot die Basis für eine Erholung auf 195 Punkte sowie 18 Prozent Jahresgewinn (der Dow Jones schloss das Jahr mit 177 Punkten ab).

Gemäß dem Achtjahresmuster sollte man etwa in der achten Woche des Jahres kaufen. In den Jahren 1928, 1938, 1948, 1958 und 1968 wirkte das Wunder. Wenn man im Jahre 1978 die achte Woche abgewartet hätte, dann hätte man eine Woche vom Jahrestief entfernt gekauft, wohingegen das Tief in den Jahren 1988 und 1998 ein paar Wochen früher kam, nämlich schon im Januar.

Die Untersuchung des Jahr-Acht-Musters sollte unsere Aufmerksamkeit auf jeden Fall auf frühe Kaufpunkte in Jahren lenken, die mit einer Acht enden. Demnach sollte man als kluger Anleger besonders auf die Jahre 2008, 2018 und – ja, wir können sogar die Vorhersage für dieses Jahr treffen – 2028 achten; für dieses Jahr erwarte ich, dass der Markt deutlich nach oben geht.

Tabelle 2.1 zeigt das Ergebnis von Märzkäufen in allen Achter-Jahren von 1878 bis 1998. Der Ausstiegspunkt ist jeweils der Schlusskurs des letzten Handelstages im Dezember. Zwar ist das nicht in jedem Jahr der ideale Kaufzeitpunkt, aber ich denke, das veranschaulicht, wie wichtig es ist, in diesen Jahren auf einen frühen Zeitpunkt für den Aktienkauf zu achten.

Jahr	Septemberpreis	Gewinn in %
1879	4,22	33,0
1889	5,50	8,6
1899	6,37	36,0
1909	10,19	48,0
1919	9,01	23,0
1929	31,30	71,0
1939	12,77	23,0
1949	15,49	9,8
1959	57,05	35,0
1969	94,51	6,0
1979	108,60	22,2
1989	347,30	30,7
1999	1.318,70	22,4
Durchschnittlicher Gewinn		28,3

TABELLE 2.2
Ausstieg im September des Neuner-Jahres, 1878 bis 1999

Ich verwende die Zahlen von Robert J. Shiller, die den Markt ab 1871 anhand des S & P Composite Stock Price Index wiedergeben. Sie finden diese monatlichen Werte auf Shillers Internetseite (http://aida.econ.-yale.edu/shiller/data.htm).

Die Tabelle zeigt eine beeindruckende Marktperformance, insbesondere wenn man bedenkt, wie weit sie zeitlich zurückreicht. Sie illustriert, dass das Jahrzehntmuster Drehungen und Wendungen beinhaltet, aus denen man als Anleger Nutzen ziehen kann.

So wie ich die Sache sehe, sucht man am besten einen Tiefpunkt im siebten Jahr und versucht bis weit in das neunte Jahr hinein zu halten. Tabelle 2.2 zeigt den gleichen Einstiegspunkt mit dem Ausstiegspunkt September.

Wir haben hier einen sehr wichtigen Zeitraum, in dem sich die Aktienkurse regelmäßig immer wieder erholt haben. Zwar habe ich keine Zahlen für die Jahre 1858/1859 und 1868/1869, aber schon ein flüchtiger Blick auf die vorher gezeigten Langzeitcharts (Abbildungen 1.1 bis 1.5) zeigt die Resultate. Diese Resultate, die fast 150 Jahre in die Vergangenheit reichen, sind denjenigen sehr ähnlich, die aus den nackten Zahlen der Tabellen 2.1 und 2.2 zu entnehmen sind.

Die Zahlen sind ziemlich eindeutig, egal wie man sie in Scheiben schneidet und durchknetet; manche Jahre sind besser als andere. Und zu diesem Punkt ist noch zu sagen, dass Jahre, die auf 3 enden, normalerweise nicht sehr anlegerfreundlich waren oder zumindest verschlafene Märkte gebracht haben. Das trifft für die jüngere Vergangenheit weniger zu als für die frühere, aber trotzdem fühle ich mich zu diesem Hinweis verpflichtet, damit Sie künftige Marktaktivitäten besser verstehen.

3. KAPITEL

Der verblüffende Oktober-Effekt

OKTOBER: EINER DER BESONDERS GEFÄHRLICHEN MONATE FÜR AKTIENSPEKULATIONEN. DIE ANDEREN SIND JULI, JANUAR, SEPTEMBER, APRIL, NOVEMBER, MAI, MÄRZ, JUNI, DEZEMBER, AUGUST UND FEBRUAR.
-MARK TWAIN, „PUDD'NHEAD WILSON"

Was Mark Twain nicht wusste: Seine scherzhafte Regel trifft tatsächlich den Punkt, an dem die Börse in den meisten Fällen den Boden erreicht. Abbildung 3.1 (mit freundlicher Genehmigung von Genesis Financial Data Service) zeigt im unteren Bereich das saisonale Muster der Aktienkurse gemessen am Dow Jones Industrial Average seit 1970. Das kleine wiederkehrende Muster ist deshalb so interessant, weil es den Durchschnitt aller Monate für diesen Zeitraum zeigt (bisher haben wir die Jahresdurchschnitte berechnet, und jetzt geht es um Monate). Auf diese Weise erzeugt der Chart ein saisonales Muster der vergangenen Aktienpreise. Der Gesamttrend ist separat dargestellt, so dass man die monatlichen Fluktuationen erkennt. Wir können schnell feststellen, dass die Aktien eine klare Tendenz aufweisen, zu bestimmten Zeiten im Jahr zu steigen oder zu fallen.

Wie Abbildung 3.2 zeigt, haben die meisten bedeutenden Kaufzeiträume der letzten 30 Jahre im Oktober angefangen. Sie mündeten jeweils in eine Erholungsphase, die sich meist bis in den Zeitraum April-Mai hinein erstreckte. Danach ist die Wahrscheinlichkeit hoch, dass der Markt stagniert oder gar fällt. In einigen Fällen bleiben die Aktienkurse einfach stecken, oder aber sie bewegen sich erheblich abwärts auf das nächste Oktobertief zu. Diese Konstellation zeigt sich am Markt regelmäßig Jahr

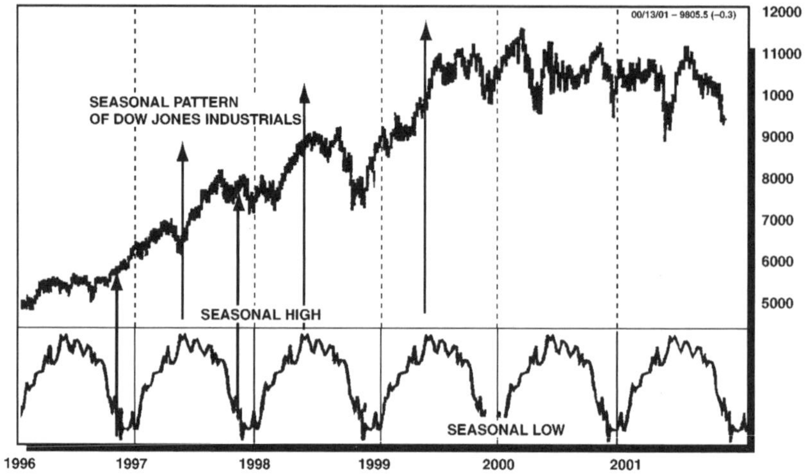

ABB. 3.1
Saisonales Muster des Dow Jones Industrial Average
Erstellt mit „Navigator Pro 2.26:
TOOLS OF THE TRADE Module" – www.GFDS.com

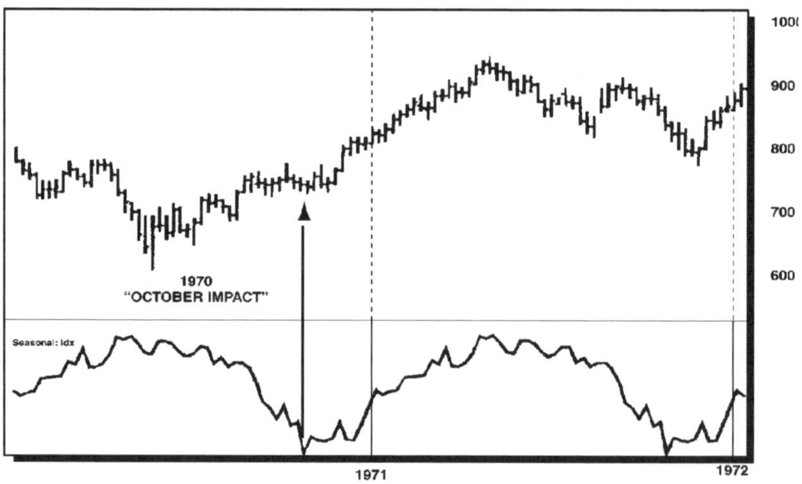

ABB. 3.2
Der Oktobereffekt
Dow Jones Industrial

für Jahr. Das ist unbestreitbar. Dieses Entwicklungsmuster der Aktienkurse gilt mindestens für die vergangenen 30 Jahre. Es fragt sich natürlich, ob sich die Kurse weiterhin auf diese Weise entwickeln werden. Und wieder glaube ich nicht, dass sich die Zukunft exakt genauso entwickelt wie die Vergangenheit. Aber es ist ebenso menschlich wie lehrreich, in die Vergangenheit zu blicken, um zu sehen, wie stark ihr Einfluss sein könnte. Anders ausgedrückt: Wenn dieser Einfluss in den Zahlen der Jahre vor 1970 existiert und sich dort deutlich bemerkbar macht, dann bedeutet das zumindest für mich, dass an diesem Oktobereffekt etwas dran ist: dass die Anleger damit tatsächlich ein Timing-Werkzeug haben. Und dieses Werkzeug ist sehr präzise.

Yale Hirsch arbeitete ebenfalls in dieser Richtung, weil er sehen wollte, in welchem Monat der Markt mit größter Wahrscheinlichkeit einen Boden ausbildet. Er untersuchte die Märkte von 1949 bis 1975. Er bestimmte ganz einfach, wie viele bedeutende Wendepunkte in den einzelnen Monaten des Jahres jeweils auftraten. Für die erwähnten 26 Jahre setzte Yale 65 Börsenböden an. Der Monat mit den wenigsten Böden und nachfolgenden Turnarounds beziehungsweise Erholungen war der April. Der Monat mit den meisten Umschwüngen nach oben war der Oktober: Zehn der 65 Böden traten in diesem Monat ein. Der Monat, der am zweithäufigsten Aufschwünge nach Tiefs brachte, war der Juni.

Yale folgerte daraus: „Der Oktober war der Bärentöter. Alle größeren Baissen nach dem Krieg (1946, 1957, 1960, 1962, 1966 und 1974) mit Ausnahme von 1970 endeten hier.“ Ich möchte dem noch hinzufügen, dass die Aktien im Jahre 1970 im Sommer den Boden erreichten, dass sie sich nach der folgenden Erholung seitwärts und scheinbar richtungslos bewegten und dass sie dann im Oktober des Jahres zu einem Carl-Lewis-Sprint auf neue Höhen ansetzten. Also beendete der Oktober zwar nicht den Abstieg zum Tief 1970, aber er war der Auslösemechanismus für einen bedeutenden Kaufpunkt. In typischer Oktobermanier sehen wir hier wieder einmal das Sprungbrett zu einer gigantischen Börsenerholung.

Es gibt noch eine andere Studie von Yale, der wir Beachtung schenken sollten. Darin hat Yale aufgezeichnet, was mit dem Standard & Poor's Index 30, 60 beziehungsweise 90 Tage nach jedem Monat passiert ist. Tabelle 3.1 zeigt die Ergebnisse. Bedenken Sie bitte, dass die Zahlen für diese Studie aus den Jahren 1949 bis 1975 stammen und dass daher alle

	Durchschnittliche prozentuale Veränderung nach							
	30 Tagen	Rang	60 Tagen	Rang	90 Tagen	Rang	6 Monaten	Rang
Januar	0,3	9	1,3	6	2,4	5	1,8	10
Februar	1,0	5	2,1	4	1,7	6	2,2	8
März	1,1	4	0,8	8	0,7	10	1,8	10
April	-0,3	11	-1,0	12	-0,3	12	1,1	12
Mai	-0,8	12	-0,1	11	0,4	11	2,2	8
Juni	0,8	8	1,2	7	1,4	8	4,4	6
Juli	0,4	8	0,6	8	1,0	9	5,3	3
August	0,2	10	0,8	10	1,8	7	5,3	3
September	0,5	7	1,8	5	2,8	4	6,3	2
Oktober	1,2	2	2,4	2	4,2	1	7,2	1
November	1,2	2	3,0	1	3,6	2	5,0	5
Dezember	1,8	1	2,3	3	3,4	3	2,9	7
	0,6% Durchschnitt aller Monate		1,2% Durchschnitt aller Monate		1,8% Durchschnitt aller Monate		3,7% Durchschnitt aller Monate	

TABELLE 3.1
Das Verhalten des Marktes in allen 1-Monats-, 2-Monats-, 3-Monats- und 6-Monats-Zeiträumen (über die 26 Jahre von 1949 bis 1975). Durchschnittliche Werte des Standard & Poor's Composite Index
Quelle: Yale Hirsch: Don't Sell Stocks on Monday.

Zahlen nach 1975 nicht zur Datenbasis gehören. Mit anderen Worten interessiert es uns auch hier wieder, wie die Sache, die wir aus der Vergangenheit kennen, in der Zukunft funktioniert.
Das Entscheidende dabei ist, dass der Oktober bei der Berechnung der Performance 30, 60 und 90 Tage später der beste Monat ist. Wenn wir sechs Monate auf den Oktober rechnen, erhalten wir einen durchschnittlichen Gewinn von 7,2 Prozent. Der zweitbeste Monat für den Kauf wäre der September gewesen, mit einem durchschnittlichen Ge-

Jahr	Die Zahlen der Hirsch-Studie prozentualer Gewinn von Oktober bis April	prozentualer Gewinn von April bis Oktober
1976	-4,0	-3,0
1977	+2,0	-11,0
1978	+8,0	-5,0
1979	0,0	-4,0
1980	+8,0	+13,0
1981	0,0	-14,0
1982	+23,0	+16,0
1983	-5,5	0,0
1984	+4,0	+3,0
1985	+29,0	+9,0
1986	+21,0	+5,0
1987	+2,0	-13,0
1988	+13,0	+5,0
1989	+0,05	-0,5
1990	+18,0	-8,0
1991	+9,0	-6,0
1992	+3,0	-4,0
1993	0,0	+10,0
1994	+10,5	+6,0
1995	+15,0	+10,0
1996	+16,0	+8,0
1997	+21,0	+6,0
1998	+25,0	-5,0
1999	0,0	-0,5
2000	-2,0	+2,2
	durchschnittlich 9,05%	durchschnittlich 1,1%

winn nach sechs Monaten von 6,3 Prozent. Der schlechteste Monat für eine Haltezeit von sechs Monaten wäre der April gewesen, denn er wies sechs Monate nach dem theoretischen Kaufzeitpunkt nur eine Performance von netto 1,1 Prozent auf. März und Januar waren auch nicht viel besser, sie zeigen jeweils nur einen Gewinn von 1,6 Prozent.

Der durchschnittliche Gewinn aller Monate betrug nach sechs Monaten 3,7 Prozent. Im Prinzip bedeutet das also, dass der Oktober den durchschnittlichen Marktgewinn zwischen 1949 und 1975 verdoppelt hat. Ich beschloss, diese Idee für den Zeitraum nach 1975 zu überprüfen und zu sehen, was sie dann für Ergebnisse gebracht hätte. Tabelle 3.2 bringt uns weitere Erkenntnisse und zusätzliches Vertrauen in diese Methode. Ich bin davon ausgegangen, dass man den Dow Jones Industrial Average am letzten Oktobertag kauft und am letzten Handelstag im April wieder verkauft.

Diese Strategie, die im Grunde die gleiche ist, die Yale in seiner Arbeit skizziert hatte, brachte einen durchschnittlichen Jahresgewinn von 9,05 Prozent. Vergessen Sie dabei nicht, dass sich die Haltezeit nicht auf zwölf, sondern nur auf sechs Monate beläuft. Ein Anleger, der seine Aktivität auf sechs Monate beschränkt, erreicht also genauso viel wie jemand, der voll investiert ist und durch seine dauerhafte Halteposition dem Risiko voll ausgesetzt ist.

Die andere Seite der Medaille wäre es, den Dow Jones Industrial Average am letzten Apriltag zu kaufen und am letzten Handelstag im Oktober wieder zu verkaufen. Die früheren Studien haben gezeigt, dass der April der schlechteste Monat für den Beginn einer sechsmonatigen Halteperiode war, und in der Zeit nach 1975 war es auch nicht besser. Trotz des allgemeinen Aufwärtstrends am Aktienmarkt hätte eine solche Strategie dem Anleger gerade einmal 1,1 Prozent pro Jahr gebracht – genau den gleichen Durchschnitt wie in den untersuchten 26 Jahren davor!

Macht es einen Unterschied, wann man am Aktienmarkt seine Käufe und Verkäufe tätigt? Oh ja, darauf können Sie wetten. Sie können und Sie sollten auch darauf wetten. Die Zahlen zeigen eindeutig, dass es eine Zeit zum Säen und eine Zeit zum Ernten gibt. Wenn es um langfristige Anlagestrategien geht, um Entscheidungen und Einstiegszeitpunkte, dann sollte man vor allem die Vorteile des Kaufs im Oktober bedenken und einen Ausstieg im April anstreben.

Der kluge Investor, der seine Aktien im Oktober gekauft und im April verkauft hat, verdiente in den vergangenen 25 Jahren neunmal so viel wie der Anleger, der im April eingestiegen und im Oktober ausgestiegen ist. Ich würde mich auf keinen Fall gegen diese Chancen stellen, denn ich will sie auf meiner Seite haben; sie sollen für mich arbeiten, nicht gegen mich. Es stimmt zwar, dass sich der Markt in Zukunft nicht exakt so wie in der Vergangenheit entwickeln wird, aber so hat es sich jedenfalls in den letzten 51 Jahren ergeben – und ich möchte mich nicht gegen diesen Trend stellen. Die Differenz ist so gewaltig, dass sie nicht durch statistische Abweichungen erklärbar ist.

Noch wichtiger aber ist es, dass diese neuen Ergebnisse auf früherem Research beruhen, das die gleiche Verschiebung zeigte. Anders gesagt hätte man als Anleger die früheren Studien verwenden können. Tabelle 3.2 zeigt, was nach der ursprünglichen Studie von Hirsch passierte.

Der Grund für den Oktober-Effekt

Wie immer, wenn man sich Börsendaten anschaut und eine signifikante Ungleichheit findet, fragt man sich, wo sie herkommt. Gibt es einen Grund dafür, dass das geschieht?

Ich glaube, dass es einen sehr guten Grund dafür gibt, weshalb die Aktien um den Oktober herum den Boden erreichen. Das liegt vor allem an einer Kombination zweier Einflüsse. Erstens geben die Unternehmen dann ihre Quartalsergebnisse bekannt, die in dieser Zeit des Jahres tendenziell etwas trübe sind. Kurz gesagt gibt es ungewöhnlich schlechte Nachrichten, die der Markt gewöhnlich in einem Oktoberrutsch verarbeitet. Die schlechten Nachrichten treiben die Verkäufer an den Markt. Und dies führt dazu, dass der Markt überverkauft ist. Der Markt verfällt immer von einem Extrem – zu viele Käufer – in das andere – zu viele Verkäufer. Schlechte Nachrichten rufen eines dieser Extreme hervor, nämlich zu viele Verkäufer.

Aber dann kommen die guten Nachrichten! Die Federal Reserve in ihrer unendlichen Weisheit beginnt entweder mit Zinssenkungen, oder sie erhöht im Hinblick auf das Weihnachtsgeschäft die Geldmenge. Das kurbelt die Wirtschaft enorm an. Eine derart starke Arznei wirkt auf die Anleger und spiegelt sich in ihren Gefühlen sowie in ihrer Kauftätigkeit wider. Einer der stärksten Einflüsse auf die Aktienkurse geht vom Anleihenmarkt aus. Wenn sich die Anleihenpreise erholen

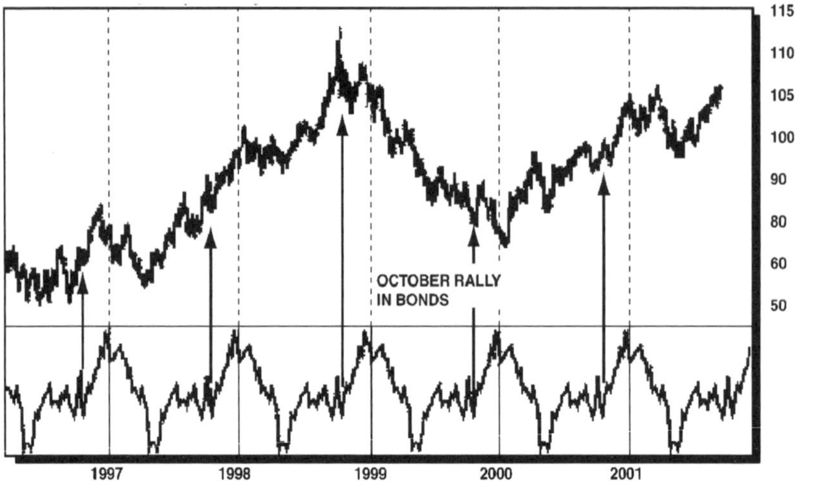

ABB. 3.3
OKtober-Erholung der Anleihen
Tages-Schatzanleihen. Erstellt mit „Navigator Pro 2.26: TOOLS OF THE TRADE Module" – www.GFDS.com

und die Zinsen fallen, erholen sich auf dem direkten Weg auch die Aktien.
Am besten hat das Hank Williams Jr. in seinem Song „A Country Boy Can Survive" zusammengefasst. In dem Text heißt es sinngemäß: „Zinsen oben, Aktien unten, wenn du in die Stadt gehst, kriegst du nur eins drauf." Hören Sie sich das einmal an; man braucht wirklich nicht die Harvard Business School besucht zu haben, um die wirtschaftlichen Zusammenhänge zu begreifen – alles steckt in diesem Song! Wenn die Zinsen hoch sind, stürzen die Aktienmärkte ab und es gibt soziale Unruhen. Wenn die Zinsen niedrig sind, erholen sich die Aktienmärkte, die Menschen können in die Welt hinaus gehen und können sich Häuser oder Autos kaufen; sie können in die Zukunft investieren – und daher sind sie glücklich. In solchen Perioden herrschen gesellschaftlicher Fortschritt und Frieden. Es ist wirklich erstaunlich, was Wohlstand den Menschen bringen kann.
Im Grunde passiert Folgendes: Wenn die Fed die Wirtschaft anregt,

erholen sich die Aktienkurse. Die Fed hat ihre Erfahrungswerte und gute Gründe, dies in der Zeit um den Oktober herum zu tun.

Ich glaube, dass dieser Punkt am deutlichsten wird, wenn ich Ihnen die saisonalen Tendenzen des Anleihenmarktes zeige. Abbildung 3.3 verwendet den Genesis Saisonindex, um das Verhaltensmuster des Marktes für Schatzanleihen von 1997 bis zum Sommer 2001 zu veranschaulichen. Wie Sie sehen, erholen sich die Anleihen (also sinken die Zinsen) gewöhnlich etwa vom 20. Oktober bis zu den Weihnachtsfeiertagen. Natürlich geschieht das nicht jedes Jahr, aber in den meisten Fällen ist es so. Das ist wie mit dem alten Tipp: „Das Rennen macht nicht immer der Stärkste und Schnellste, aber so wettet man eben." Dieses deutliche und vorhersagbare Ereignis lässt in dieser Jahreszeit Raum für bedeutende Börsenerholungen.

Neben der These, dass die Aktien steigen, wenn die Zinsen sinken, kann man seine Anlageentscheidung im Oktober zeitlich noch besser steuern, wenn man herausfindet, wie sich die Anleihenpreise entwickelt haben. Wenn die Anleihenpreise im Oktober ein Tief markiert und/oder sich gefestigt haben (wenn also die Federal Reserve Maßnahmen trifft), dann kann man sich noch bullischer verhalten oder es als Bestätigung für den Einstieg in den Aktienmarkt betrachten.

Schon der erste Blick auf das saisonale Muster des Anleihenmarktes zeigt, warum es kein Wunder ist, dass es die Aktien in der ersten Jahreshälfte so schwer haben. Die saisonalen Tendenzen zeigen, dass der Anleihenmarkt normalerweise während der ersten vier Monate des Jahres fällt, also bis April. Das Verhalten des Aktienmarktes ergibt durchaus einen Sinn. Ich möchte darauf hinweisen, dass es zwischen den Ereignissen am Anleihenmarkt und am Aktienmarkt eine variable Verzögerung gibt. Normalerweise müssen sich die Anleihen erst eine Weile erholen, vielleicht einen Monat lang, bevor dieses bullische Indiz die Aktien mit sich nach oben zieht.

Aus dem gleichen Grund treten Börsenhochs nicht exakt dann auf, wenn der Anleihenmarkt den Gipfel erreicht, sondern eine gewisse Zeit später. Im Großen und Ganzen beträgt die Vorwarnzeit des Anleihenmarktes für potenzielle Aktienhochs zwischen sechs Wochen und sechs Monaten. Das ist die schlechte Nachricht – es gibt keinen exakten Zeitpunkt, zu dem die Aktien nach Zinserhöhungen einbrechen. Aber ich kann Ihnen sagen, dass jeder einzelnen Baisse, die ich seit den 1960er-Jahren als Trader erlebt habe, steigende Zinsen und sinkende Anleihenpreise vorausgegangen sind.

Die Aktien gehen in hohem Maße dahin, wo die Anleihen hingehen. In einem Punkt ist die Geschichte eindeutig: Die Anleihen erholen sich am häufigsten im Oktober. Es ist also kein Wunder, dass die besten Kaufgelegenheiten am Aktienmarkt ebenfalls in dieser Zeit auftreten.

Und jetzt alles zusammen

Halten Sie einen Moment lang inne und denken Sie über das nach, was wir bisher gelernt haben: Langfristig betrachtet treten die meisten bedeutenden Kaufgelegenheiten in Jahren auf, die mit einer 2 oder 3 enden. Dies kann man dann noch mit dem Vierjahresphänomen kombinieren und so die Chancen noch mehr auf seine Seite ziehen. Somit wissen wir, dass die idealen Kaufzeitpunkte in Jahren liegen, die auf 2 enden und die mit einem Kaufpunkt gemäß dem Vierjahreszyklus zusammenfallen. In der Vergangenheit gehörten dazu die Jahre 1932 und 1942, und beide waren phänomenale Kaufgelegenheiten, wie man sie nur einmal erlebt.

Die nächste Gelegenheit kam mit einer Aufwärtsbewegung 1952, auf die Anfang 1953 ein Rücksetzer folgte. Und dann begann ein stetiger Börsenanstieg über den Rest des Jahres 1953 sowie die Jahre 1954 und 1955 hinweg. Als das Jahr 1962 heranrollte, hätte man denken sollen, die Anleger wären sich dieses doppelten Hakens aus Vierjahresphänomen und Jahrzehntmuster bewusst geworden. Leider war das nur bei wenigen so. Aber das Jahr 1962 war wieder das Sprungbrett in einen ständig steigenden Markt, bis zu dem alle Rekorde brechenden Hoch im Jahre 1966, das den Dow Jones Industrial Average über 1.000 Punkte hob.

Das Jahr 1972 war nicht gerade optimal für den Aktienkauf, aber es fiel eben nicht mit dem Vierjahresmuster zusammen, das Tiefs für die Jahre 1970 und 1974 anzeigte. Auf den nächsten idealen Kaufzeitpunkt mussten wir bis 1982 warten. Diesmal hatte die Kombination anscheinend enorme Auswirkungen auf die Preise, denn diese ultimative Hausse lief fast geradewegs von 1982 bis zu dem Jahr 1999. Jetzt sagen uns die Historiker, dies sei die größte Hausse aller Zeiten gewesen. Aber damals haben sie uns nicht gesagt, dass wir kaufen sollten. Und doch waren die historischen Daten sehr klar, denn das Jahr 1982 brachte den doppelten Haken, der die Bären k.o. schlug.

Noch einmal: Das war der Grund, weshalb ich *How to Prosper in the Coming Good Years* schrieb. Das war der Grund, aus dem ich mich so weit aus dem Fenster lehnte und meinen guten Ruf riskierte.

Nachdem wir jetzt gesehen haben, was nach 2002 herausgekommen ist, und nachdem wir festgestellt haben, dass das in unser Vierjahresphänomen passt, sollten jetzt auf jeden Fall die Bullenglocken läuten.

Und schließlich können wir noch den Oktobereffekt einbringen, weil wir wissen, dass die Mehrzahl der Baissen im Oktober endet. Dabei ist wichtig, dass das Ende einer Baisse gleichbedeutend mit dem Beginn einer Hausse ist. Daher glaube ich, man kann getrost davon ausgehen, dass das Jahr 2002 den Anlegern eine wunderbare Gelegenheit geboten hat, Aktien zu kaufen.

Als ich mit diesem Buch im Sommer 2001 anfing, dachte ich, ich könnte noch eine andere logische Schlussfolgerung für die Zukunft ziehen, und zwar dass die Aktienkurse von damals bis zum Oktober 2002 in eine Trading Range mit Abwärtstendenz einschwenken würden. Ob es wohl eine bedeutende Baisse geben würde? Ich wusste es wirklich nicht, aber es bestand eine gewisse Erwartung, dass es deutlich nach oben gehen könnte – natürlich nur bis zu dem dreifachen Schlag der Kaufzone im Oktober 2002, als das Vierjahresphänomen in ein Jahr fiel, das mit einer 2 endet. Die historischen Daten deuteten darauf hin, dass es eine bedeutende Verkaufswelle zwischen dem Jahre 2001 und unserem Kaufzeitpunkt geben würde. Das wäre nicht unpassend gewesen, aber es musste auch nicht zwingend so kommen. Meine Studien der Vergangenheit belegen vor allem, dass der Doppelschlag das Vorspiel zu großen Haussen ist. Manchmal werden sie durch bedeutende Niedergänge vorbereitet, aber manchmal auch nicht.

Was man als Nächstes tun sollte

Wer als Anleger das weiß, was wir jetzt wissen, steht vor mehreren Herausforderungen. Als Erstes muss man sich natürlich auf den nächsten

Kaufpunkt vorbereiten ... und dann auch noch wissen, welche Aktien man kaufen soll.
Wir wollen nicht vergessen, dass es laut diesen Prognosemethoden eine bedeutende Börsenerholung im Jahre 2005 und eine weitere im Jahre 2006 geben sollte. Diese Zeit bietet nach der Kaufgelegenheit des Jahres 2002 die nächste potenzielle große Kaufmöglichkeit.
Auf jeden Fall sollten Sie mit diesem Wissensvorsprung anfangen, nach Aktien zu suchen, die Sie auf Ihre Einkaufsliste setzen können. Der Rest des vorliegenden Buches ist den Auswahlmethoden und den Anlagestrategien gewidmet, die zu diesen prachtvollen langfristigen Kaufpunkten optimiert werden können. Natürlich kann man diese Methoden auch zu anderen Zeitpunkten benutzen, aber ich halte es für Unsinn, sie an Punkten anzuwenden, die nicht optimal sind. Und schließlich vergleiche ich Spekulanten gerne mit Spielcasinos: Die Casinos bauen gigantische Hotels, Golfplätze und so weiter, und zwar einfach nur, weil sie im Glücksspiel einen kleinen Vorteil haben, der zwischen zwei und fünf Prozent beträgt. Und mit diesem kleinen Vorteil scheffeln sie Geld.
Sie spielen ihr Spiel optimal. Sie verdienen ihr Geld auf „altmodische" Weise: Sie haben einen Vorteil im Spiel und gönnen einem keine Chance (vielleicht ein kostenloses Hotelzimmer, aber niemals einen Vorteil im Spiel).
Sollten wir nicht genau das auch tun? Das ist meine feste Überzeugung. Es ist nicht nötig, jeden Tag oder auch nur jedes Jahr zu handeln. Ein langfristig orientierter Anleger sucht sich die Zeiten aus, in denen er den größten Vorteil auf seiner Seite hat. Ein Freund von mir, ein Pilot, sagte einmal zu mir: „Es ist besser, am Boden zu sein und zu wünschen, man wäre in der Luft, als in der Luft zu sein und zu wünschen, man wäre am Boden."

4. KAPITEL

Woher man weiß, dass der Boden erreicht ist

TAURUM PER CERNUA PREHENDE.
(PACKE DEN STIER BEI DEN HÖRNERN.)

Wir haben die Zeiten herausgefunden, für die wir die nächsten größeren Börsentiefs erwarten – 2002-2003 sowie die Kaufpunkte 2005 (Fünfer-Jahr im Jahrzehntmuster) und 2006 (Vierjahresphänomen). Vergessen wir auch nicht den potenziellen Kaufzeitpunkt in der zweiten Jahreshälfte 2007. Für diesen Zeitraum rechnen wir damit, dass der letzte steigende Abschnitt des Jahrzehntmusters einsetzt, und dieser bringt uns zu den beiden Minusjahren mit der ersten 9 und der zweiten 0 des Jahrhunderts.
Zwar haben wir diese potenziellen Tiefs klar vor Augen, aber diese Information reicht nicht aus, uns zum gegebenen Zeitpunkt zu überzeugen, so dass wir schnellstens kaufen. Ich halte es für hilfreich, vergangene Kaufzeitpunkte zu untersuchen, damit wir besser verstehen, womit wir rechnen können und worauf wir achten müssen, wenn sich die potenziellen nächsten Kaufgelegenheiten entfalten.

Woran man erkennt, dass Aktien unterbewertet sind

Ich verwende mehrere Indikatoren, die ich bei der Voraussage bedeutender Börsenböden äußerst nützlich finde. Es gibt mehrere Möglichkeiten, nach einem entstehenden Boden Ausschau zu halten, und eine davon ist das fundamentale Szenario. Eine sehr große Aussagekraft kommt der Dividendenrendite des Dow Jones Industrial Average zu. Die Dividendenrendite ist der prozentuale Ertrag, den Anleger in Form von Dividenden erhalten.

In der Vergangenheit bildeten sich Börsenhochs üblicherweise dann, wenn die Dividendenrendite des Dow Jones Industrial Average unter drei Prozent lag. Diese Regel funktionierte bis in die 1980er- und 1990er-Jahre sehr gut, aber dann rasten die Aktienkurse aus unerfindlichen Gründen immer weiter nach oben, obwohl die Dividendenrendite des Dow Jones sehr niedrig war. Die Rendite ist ein Maß für Wert beziehungsweise Qualität. Wenn keine Dividenden ausgeschüttet werden, ist das gewöhnlich (aber nicht immer) ein Zeichen dafür, dass das Unternehmen schwach oder unprofitabel ist.

Bedeutende Böden bildete der Dow Jones Industrial Average immer dann, wenn seine Dividendenrendite höher als sechs Prozent war. Angesichts der Tatsache, dass eine Rendite von drei Prozent oder weniger die Aufwärtsbewegung des Marktes heutzutage nicht mehr stoppt (die Unterbewertung liegt wohl eher im Bereich von ein bis zwei Prozent), lässt den Schluss zu, dass Renditen über sechs Prozent künftig noch seltener auftreten werden als in der jüngeren Vergangenheit, oder dass das gar nicht mehr vorkommt.

Dividendenrenditen über sechs Prozent haben ohne Zweifel die besten großen Kaufgelegenheiten der letzten 100 Jahre angezeigt. Das ist eine langfristige Vorgeschichte, die ich nicht vernachlässigen will. Aber trotzdem befürchte ich, dass es beim nächsten Börsentief keine derart hohe Rendite geben wird. Tiefs ohne hohe Renditen hat es schon gegeben. Eine absolut feststehende Investmentregel besagt, dass man, wenn die Dividendenrendite des Dow Jones Industrial Average sechs Prozent übersteigt, sein Haus beleihen, alles verfügbare Geld zusammenkratzen und Aktien kaufen sollte. Die Aktien steigen vielleicht nicht am Tag danach oder in der Woche danach, aber es steht immer eine riesenhafte Hausse bevor, wenn die Dividendenrendite so hoch ist. Das ist zwar noch nicht so oft vorgekommen, aber die wenigen Fälle mündeten immer in enorme Markterholungen.

Die beste Bewertungsmöglichkeit ist wahrscheinlich die Spanne zwischen den konkurrierenden Renditen der Aktien und der Anleihen.

Aktien stehen immer in Konkurrenz zu anderen Investments. Wenn also Aktien sechs Prozent und Anleihen zwölf Prozent Rendite abwerfen, dann sind die Aktien trotz der hohen Rendite eindeutig überbewertet. An den Märkten ist alles relativ.

Nehmen wir an, die Dividendenrendite des Dow Jones Industrial Average betrug zum Börsenhoch drei Prozent. Eine Verdoppelung ergäbe sechs Prozent, und an diesem Punkt würde man aufgrund der Bewertung einen Boden erwarten. So sah in der Vergangenheit das allgemeine Verhältnis von hohen zu niedrigen Renditen aus. Renditen unter drei Prozent verursachten Börsenhochs, Renditen über sechs Prozent Börsentiefs.

Am 31. Juli 2001 betrug die Dividendenrendite des Dow Jones Industrial Average 1,69 Prozent. Eine Verdoppelung würde eine Rendite von 3,3 Prozent bedeuten. Das dürfte der grobe Bereich sein, ab dem eine Unterbewertung des Marktes auftritt. Eine Rendite im Bereich von 3,5 bis 4,0 Prozent würde höchstwahrscheinlich die nächste Bodenbildung anzeigen. Das wäre die höchste Rendite der letzten 20 Jahre! Der Dow Jones hat seit 1982 kein solches Bewertungsniveau mehr erreicht. Dementsprechend gehe ich davon aus, dass es langfristige Anleger anlocken würde, wenn der Dow Jones eine derart hohe Rendite erreichen würde. Denn schließlich bietet ein Bankkonto derzeit ungefähr die gleiche Rendite, allerdings ohne die Möglichkeit des Wertzuwachses.

Wie man das Federal Reserve System beobachtet

Das Federal Reserve Board sorgt sich genauso um die Aktienkurse wie Sie. Ob der Vorsitzende der Fed nun Arthur Burns, Paul Volcker oder Alan Greenspan heißt, sie alle äußerten große Besorgnis über zu hohe beziehungsweise zu niedrige Aktienkurse. Ehemalige Studenten von Burns haben mir die Modelle gezeigt, die er entwickelt hat und die er in seiner Zeit bei der Fed gewiss auch verwendet hat.

Letzlich ist der Aktienmarkt schon immer das direkteste Maß für Vertrauen, und Vertrauen ist das Kapital jedes Bankensystems.

Die Fed hat ein Bewertungssystem für Aktienkurse, das sie seit Jahren benutzt, um die Währungspolitik zu bestimmen. Das Fed-Maß errechnet sich als Verhältnis des S & P 500 zu seiner fairen Bewertung – und das

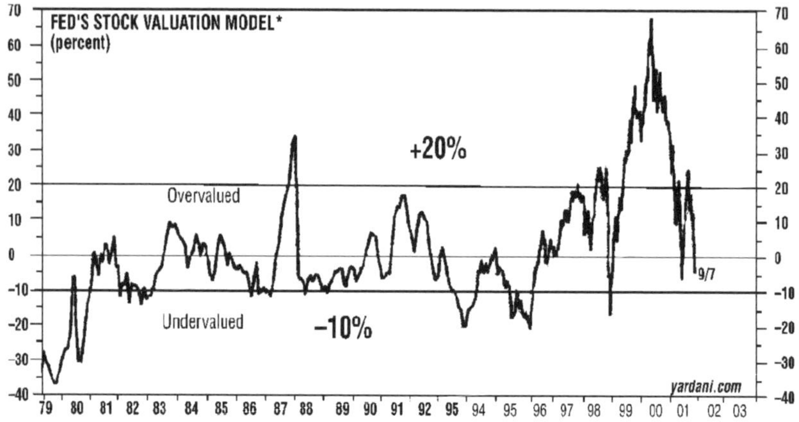

ABB. 4.1

Aktien-Bewertungsmodell der Federal Reserve: Verhältnis aus dem S & P 500 Index und seiner fairen Bewertung (durchschnittliche 52-Wochen-Prognose für den operativen Gewinn pro Aktie des S & P 500, dividiert durch die Rendite der zehnjährigen US-Schatzanleihen) minus 100.

Quelle: Thomson Financial

ist der Durchschnitt der Schätzungen für den operativen Gewinn in zwölf Monaten geteilt durch die Rendite der zehnjährigen Schatzanleihen minus 100. Man findet diesen Wert auf einer Internetseite, die von Ed Yardeni veröffentlicht wird (suchen Sie einfach „Yardeni" oder „Ed Yardeni"). Yardeni war zwar gelegentlich ein bisschen zu bärisch, insbesondere anlässlich der angeblichen Jahr-2000-Krise, aber anlässlich des Tiefs 2002 war er einer der wenigen Bullen. Der Index hat sich sehr gut als Signal für uns und die Fed bewährt, wann die Aktienkurse zu hoch oder zu niedrig sind.

Abbildung 4.1 zeigt den Verlauf des Indexes bis zum September 2001, und ist recht einfach zu interpretieren. In der Vergangenheit waren bei einem Wert von 20 die Aktien überbewertet, und es folgte ein Abstieg.

Wenn der Index unter -10 stand, befanden sich die Aktien in einer langfristigen Kaufzone.

Im Jahre 1999 überschritt der Index bei 65 den Höhepunkt, und in den

Jahren 2001 und 2002 bewegte er sich im neutralen Bereich. Am logischsten wäre es, wenn er als Nächstes auf unterbewertet stehen würde. Das liegt daran, dass sich der Markt immer von unterbewertet auf überbewertet und wieder zurück auf unterbewertet bewegt. Da wir gerade aus der überbewerteten Zone kommen, wissen wir, dass sich die Märkte in nicht allzu ferner Zukunft in Richtung Unterbewertung bewegen werden. Wenn Sie dementsprechend feststellen, dass der Index im Jahre 2003 unter -10 gefallen ist, dann werden Sie wissen, dass sich ein Börsentief nähern dürfte. An diesem Punkt hilft die Macht der Federal Reserve den Anlegern; die Fed wird dann sehen, dass der Wert ein starkes Indiz für niedrige Aktienkurse ist und dass sie die Marktaktivität anregen muss. Dies unterstreicht auch die Bedeutung der Gewinne am Aktienmarkt und veranschaulicht plastisch, dass sie eine entscheidende Zutat des wahren Börsenerfolgs sind.

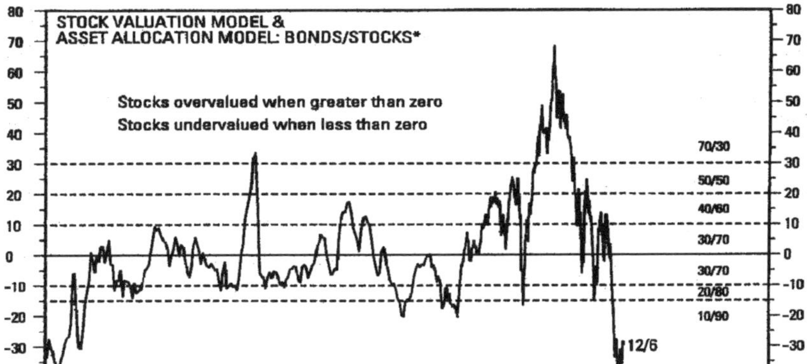

ABB. 4.2

Aktienbewertungsmodell und Anlage-Verteilungsmodell Anleihen/Aktien: Verhältnis des S & P 500 Index zu seiner fairen Bewertung (12-Monats-Prognose für den operativen Gewinn pro Aktie des S & P 500, dividiert durch die Rendite der zehnjährigen US-Schatzanleihen) minus 100. Bis März 1994 Monatswerte, danach Wochenwerte.

Quelle: Thomson Financial

Vergessen Sie nicht, dass das Geld immer Wahlmöglichkeiten hat; es kann in konservative und sichere Anlagen wandern, etwa ein Bank- oder Sparkassenkonto mit einem festen Zinssatz. Aber dann kann es sich nicht durch Kapitalzuwachs vermehren. Wenn sich das Geld für diese Möglichkeit entscheidet, dann deutet das darauf hin, dass es Angst vor der Zukunft hat. Aber wenn das Geld in einem sicheren Hafen vergleichbare Erträge erzielen und trotzdem noch das Potenzial haben kann, sich zu mehren, dann ist die Entscheidung leicht, wo es hingehen soll. Es wird dort hingehen, wo es aus beiden Welten das Beste bekommt – einen vergleichbaren Zins oder eine sonstige vergleichbare Rendite kombiniert mit einem möglichen Kapitalzuwachs.

Das Geld folgt immer dem Grundgesetz der menschlichen Motivation – das Eigeninteresse geht vor – und wenn das „schlaue Geld" (dazu gehören Anleger aller Nationen und Rassen) die Möglichkeit hat, aus beiden Welten das Beste zu bekommen, dann trifft es diese logische Wahl.

Und dann sehen Sie sich einmal die Augenweide in Abbildung 4.2 an, den gleichen Chart wie in Abbildung 4.1, allerdings bis Ende des Jahres 2002. Und siehe da, kurz bevor die Aktien den Boden erreichten, hatte sich der Index in die Kaufzone bewegt, die ich im Jahre 2001 vorausgesagt hatte.

Geld, kaltes, hart erarbeitetes Geld, ist der unentbehrliche Nährstoff für Markterholungen. Es ist das einzigartige Elixier und der ultimative Treibstoff jedweder Aufwärtsbewegung. Wenn der Tank voll ist, fährt das Auto immer weiter. Der Sprit stammt großenteils von:

-Aktien-Investmentfonds – Diese Leute bekommen ihr Geld von Menschen wie Ihnen und mir, Menschen jeglicher Couleur, von Armen und Reichen, Wohlhabenden und Super-Wohlhabenden. In den letzten Jahren quollen auch Dollars von Pensionsfonds aus den Tanks.

-Privatanlegern – Privatanleger investieren entweder nur ihr eigenes Geld, oder sie nehmen bei ihrem Broker Margin-Kredite auf, damit sie mit jedem Dollar oder Euro einen größeren Knalleffekt erzielen können. In diesem Sinne ist ihre Möglichkeit, Darlehen aufzunehmen, potenzieller Treibstoff. Wenn alle ihren Kreditrahmen ausgeschöpft haben, ist der Tank leer. Wenn sie noch Kredit haben, lässt ein Silberstreif am nächtlichen Horizont auf einen heller leuchtenden Mond hoffen.

Im vergangenen Jahrzehnt war der immense Zufluss von Fondsmitteln in hohem Maße für die steigenden Aktienkurse verantwortlich. Man kann mit Fug und Recht sagen, dass Geld der Treibstoff für den Aktienmotor ist. Das Geld kann von Privatanlegern oder aus Investmentfonds stammen, sogar vom Staat oder von Finanzinstituten. Derzeit sind die Investmentfonds die wichtigsten Teilnehmer an diesem Spiel, denn sie sind zeitweise für fast 60 Prozent des Marktvolumens verantwortlich. Dieser Prozentsatz war vor und nach dem Crash des Jahres 1999 immer ziemlich gleich, und daher ist es sehr nützlich zu beobachten, wie viel Bargeld die Fonds vorrätig haben.

Wenn die Investmentfonds auf Bergen von Geld sitzen, heißt das, dass sie kaufen können – sie können Diesel oder Benzin in den Kursmotor gießen. Wenn sie – relativ gesehen – sehr wenig Bares auf der Hand haben, können die Preise nur schwerlich steigen, denn der Tank ist leer.

Nach dem Jahre 1982, als die Fonds auf mehr als acht Prozent Bargeldanteil saßen, tendierten die Märkte eindeutig nach oben. Die besten Kaufgelegenheiten nach 1982 kamen, wenn die Cashposition der Fonds über zehn Prozent betrug. Hohe Werte traten auch an den Kaufpunkten 1985, 1986, 1987 und 1990 auf.

Also wäre es doch schön, wenn der Bargeldanteil der Fonds irgendwo jenseits von zehn Prozent stehen würde, oder? Er muss gar nicht unbedingt ganz so hoch sein. Wenn man drei bis vier Jahre zurückblickt, dann würde schon ein Anstieg der Cashposition über acht Prozent den größten Bargeldanteil der letzten vier Jahre darstellen, und das wäre ein bullisches Zeichen für eine Markterholung. Je größer die Cashposition wird, desto bullischer ist die Lage, denn dann gibt es mehr Treibstoff für höhere Preise.

Das verfügbare Bargeld der Investmentfonds ist ein derart signifikanter Indikator, dass seine Beobachtung äußerst wichtig ist. Man findet den Anteil in Barron's oder in Investor's Daily, aber man braucht ihn gar nicht jeden Tag oder jede Woche nachzusehen. Diese Information wird einmal im Monat veröffentlicht, und da es sich dabei um einen langfristigen Indikator handelt, ist das auch in Ordnung. Er ist von grundlegender Bedeutung für die Struktur und die Verursachung der Auf- und Abwärtsbewegungen des Aktienmarktes, und daher sollte er auf jeden Fall in Ihrer Liste der wichtigsten Börsenindikatoren stehen.

Treibstoffbeschaffung

Die Brokerhäuser ermuntern ihre Kunden häufig dazu, sich Geld für den Aktienkauf zu leihen. Der Betrag, den der Anleger aufnehmen kann, hängt von dem Wert seines Depots und von dem Kreditverhältnis des jeweiligen Hauses ab. Ich halte es ehrlich gesagt für unklug, für das Trading oder die Geldanlage Kredite aufzunehmen. Natürlich, wenn Sie richtig liegen, dann bringt es Ihnen einen Vorteil, und wenn Sie dem Haus ein Schnippchen schlagen können – also einen größeren Gewinn machen als die Zinsen des Brokers betragen –, dann verdienen Sie mehr als ohne Kredit.

Aber wenn Sie sich täuschen, werden Sie doppelt geschädigt, denn dann haben Sie Geld verloren, das Ihnen nicht gehört. Ich begnüge mich lieber mit dem, was ich gewinnen kann, ohne meine Verbindlichkeiten zu vergrößern, und ich habe etwas gegen Schulden. Das habe ich alles hinter mir, und das ist alles gar nicht so toll.

Abbildung 4.3 zeigt die letzten 37 Jahre des S & P 500 zusammen mit der Margin-Verschuldung (dem Geld, das sich die Anleger geliehen haben). Zwei Dinge sind hier am Werk: Wenn die Aktien steigen, wächst das Kapital der Kunden, und sie bekommen mehr Kredit. Wenn die Kurse steigen, neigen die Anleger dazu, mehr und immer mehr Geld aufzunehmen. Wie Sie sehen, gießt die Kreditaufnahme immer mehr Öl ins Feuer. Exponentielles Schuldenwachstum kündigt Kurserholungen an.

Und dann werfen wir einen Blick auf die Fähigkeit der Privatanleger, dank ihres Kreditrahmens mehr Aktien zu kaufen. Abbildung 4.4 zeigt die annualisierte Veränderungsrate der Margin-Kredite, die von Mitgliedsunternehmen der New York Stock Exchange (NYSE) gewährt wurden. Immer wenn die Kreditaufnahme etwa 40 Prozent höher lag als ein Jahr zuvor, war diese „Treibstoffquelle" weitgehend aufgebraucht. Quasi alle größeren Börsenhochs nach 1970 wurden dem aufmerksamen Anleger durch solche Werte angedeutet. Zugegeben, dadurch wird der Höhepunkt nicht präzise angezeigt; es ist nur die Botschaft, dass die Party zu Ende ist und dass der letzte Tanz begonnen hat.

Das Gegenteil gilt genauso: Wenn das Kreditaufkommen erheblich zurückgeht (wenn sich also die Privatanleger kein Geld für den Aktienkauf leihen), dann besteht für sie die Möglichkeit, wieder zu kaufen. Die meis-

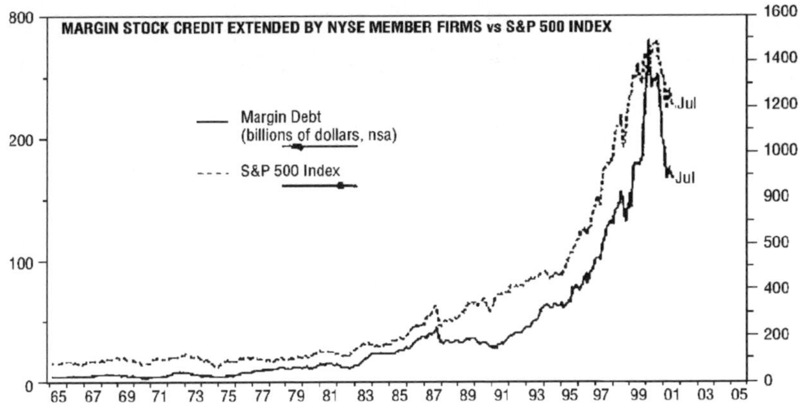

ABB. 4.3
37 Jahre des S & P 500 mit Margin-Verschuldung
Margin-Aktienkredite von Mitgliedsunternehmen der NYSE im Vergleich zum S & P 500 Index

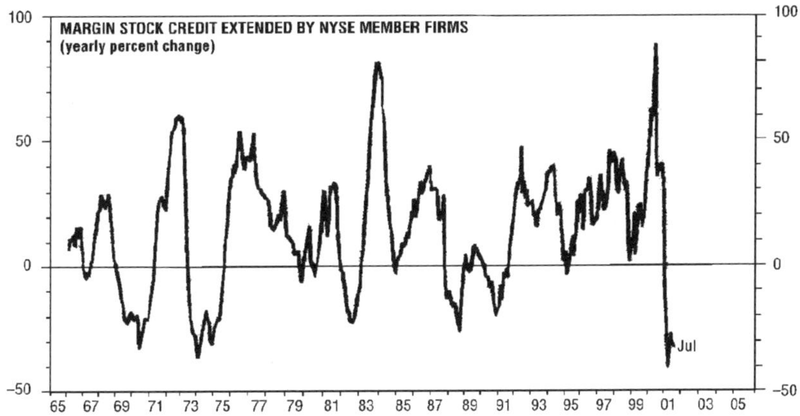

ABB. 4.4
Margin-Aktienkredite von Mitgliedsunternehmen der New York Stock Exchange (jährliche prozentuale Veränderung).

ten Börsentiefs seit Ende der 1960er-Jahre sind ungefähr dann aufgetreten, wenn die zwölfmonatige Veränderungsrate des Kreditaufkommens -20 Prozent oder noch mehr betrug.
Noch einmal: Das ist kein Werkzeug für die präzise Zeitbestimmung. Aber es hat bisher höchst zuverlässig angezeigt, wenn ein bedeutender Boden unmittelbar bevorstand. Sie können das selbst beurteilen, denn dieser Indikator zeigte eindeutig, dass im Herbst 2001 ein Börsentief fällig war. Und da dieser Indikator außerdem Ende 2002 immer noch unter null stand, ließ er steigende Preise erwarten.
Ich würde mich freuen, wenn dieser Indikator zu den anderen Kaufpunkten, die ich in diesem Buch aufgezählt habe, bei -20 oder in der Nähe dieses Wertes stehen würde. Das wäre eine wunderbare Bestätigung.

Die Anlegerstimmung ist das Überlebensgeheimnis des Anlegers

Wenn es irgendein Geheimrezept für das Überleben als Anleger gibt, dann das Wissen, dass die Schwankungen des Aktienmarktes in sehr hohem Maße Reaktionen auf die Emotionen der Investoren sind. Es mag ja sein, dass die Aktien auf lange Sicht immer weiter steigen, aber die mittelfristigen Hochs und Tiefs auf diesem Wege werden von Anlegern hervorgerufen, die extrem bullisch oder extrem bärisch eingestellt sind. Ich kann mir keinen besseren kurz- bis mittelfristigen Indikator vorstellen als die Untersuchung dessen, was die Mehrheit der Anleger tut. Das können die Fonds oder die Kleinanleger sein. Und vielleicht das Beste überhaupt – oder sollte ich sagen das Schlimmste überhaupt? – ist das, was die Anlageberater selbst sagen.
Es ist eine Ironie, aber es stimmt absolut, dass die Aktien fallen, wenn die Mehrheit der Anlageberater bullisch gestimmt ist. Genauso gilt, dass sich die Märkte erholen, wenn die Mehrheit der Anlageberater extrem bärisch wird.
Das ist von großer Wichtigkeit, denn bei so gut wie jedem Börsentief werden Sie finden, dass Anlageberater, Zeitungen, Broker und so weiter den Aktienmarkt negativ sehen. Sie schrecken vor Käufen widerwillig zurück. Sie sagen Ihnen, dass Sie nicht das tun sollen, was Sie eigentlich tun müssten. Das widerspricht allem, was Sie in Ihrem gan-

zen Leben gelernt haben. Wir lassen uns außerhalb der Märkte immer von den Experten sagen, was wir tun sollen.
Wenn uns also die Experten nicht sagen, dass wir kaufen sollen, dann kaufen wir nicht. Der Aktienmarkt ist jedoch eine völlig andere Welt als die, in der wir jeden Tag leben. Die Welt ist hier auf den Kopf gestellt. Was gut scheint, ist schlecht, und was schlecht aussieht, ist sehr, sehr gut.
Das hat seinen Grund. Investoren, ob es nun Berater sind, Investmentfonds oder einfach Privatpersonen wie Sie und ich, lassen sich vor allem von dem Erscheinungsbild der Trends beeinflussen. Je weiter der Markt steigt, desto bullischer werden wir. Je weiter er fällt, desto bärischer werden wir. Das scheint ein unveränderliches psychologisches Gesetz zu sein. So funktoniert eben der menschliche Geist. Es ist fast so, als wären die Investoren Richter und Geschworene auf der Suche nach immer mehr Informationen, um zu einem Schluss zu kommen. Wenn alle Investoren den gleichen Schluss ziehen, ist das Spiel aus.
Und der Grund dafür ist ganz einfach der, dass von diesen Investoren kein Treibstoff mehr kommt, um den Wachstumsmotor zu betreiben. Dem Markt geht der Fonds-Sprit oder der Kleinanleger-Sprit aus.
Wie mein guter Freund Tom DeMark einmal sagte: „Die Märkte überschreiten den Gipfel nicht, weil Verkäufer auf dem Markt erscheinen. Die Märkte überschreiten den Gipfel, weil ganz einfach keine Käufer mehr da sind.“ Das ist es! Verstehen Sie? Wenn niemand mehr da ist, der kauft, dann gibt es kein Geld mehr, das die Preise nach oben treiben könnte. Wenn schon alle Anleger und Anlageberater bullisch sind, dann kann es einfach nicht mehr viele Käufe geben. Die Aktien können gar nicht anders als fallen. Es gibt zahlreiche Möglichkeiten, die Stimmung des Marktes zu beobachten. Ich möchte Ihnen einen kurzen Überblick geben. Am besten reflektiert die Stimmung der Öffentlichkeit vielleicht ein Indikator namens „odd lot short sales“ [Leerverkäufe in kleinen Stückzahlen]. Dieser Indikator ist einfach der Anteil der Leerverkäufe unter 100 Stücken an allen Transaktionen. Dahinter steckt der Gedanke, dass eine Order über weniger als 100 Aktien höchstwahrscheinlich eine Order aus der Öffentlichkeit ist. Das liegt daran, dass der Anleger, der eine solche Order aufgibt, nicht genug Geld für den Kauf von 100 Aktien hat, denn ab dieser Stückzahl gilt normalerweise ein höherer Gebührensatz. Das sollte also die Privatanleger repräsentieren (Menschen, die nicht

viel Geld haben), oder zumindest uninformierte Anleger. Die Aufzeichnungen über die „kleinen Shorts" reichen bis in die 1920er-Jahre zurück. Die neueren Zahlen in Abbildung 4.5 zeigen, dass mit hoher Verlässlichkeit exakt zu Börsentiefs sehr rege short verkauft wird.

Betrachten Sie als Beispiel die Leerverkäufe unmittelbar vor dem Kaufpunkt im Oktober 2000. Wir sehen, dass 14 Prozent der Transaktionen unter 100 Stücken Leerverkäufe waren. Anders gesagt wurden die Kleinanleger genau zum Markttief zu aggressiven Shortsellern, genau dann, als sie hätten zu Käufern werden müssen.

Bis zum Januar 2001 war der Anteil der shortenden Kleinanleger auf 4,5 Prozent abgesackt, pünktlich zum Hoch! Die Untersuchung der jüngeren Vergangenheit ergibt, dass es das beste Signal ist, wenn die Leerverkäufe in kleinen Stückzahlen über zehn Prozent ansteigen. Zu diesem Zeitpunkt sollten wir erwarten, dass ein bedeutendes Börsentief vorliegt.

Unter Börsenanalysten und Charttechnikern ist es schon lange nicht mehr „in", die Klein-Aktivitäten zu überwachen. Ich bin da anderer Meinung. Vielleicht liegt das daran, dass die Beobachtung dieser Gruppe so fest in meiner Arbeit verankert ist – ich sehe schon so lange zu, wie sie immer wieder das Falsche tut. Sie tut exakt das Gegenteil

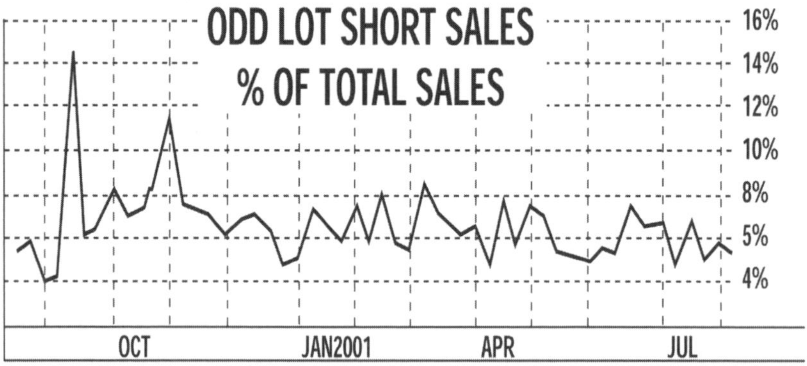

ABB. 4.5
Odd Lot Short Sales (Leerverkäufe in Stückzahlen unter 100) in Prozent des Gesamtumsatzes

dessen, was wir tun wollen. Und zudem glaube ich, dass die Märkte nicht immer auf die gleiche Weise den Boden erreichen. Was ich sehen will, ist das Überwiegen von Indizien dafür, dass die Öffentlichkeit extrem bärisch gestimmt ist. Danach sollten Sie im Frühjahr 2003 Ausschau halten, genauso wie zu allen anderen Kaufzeitpunkten, die wir für die Zukunft vorhersehen. Wenn ich feststelle, dass sich auch nur einer der Stimmungsindikatoren im richtigen Bereich bewegt, dann reicht mir das als Bestätigung, dass eine prognostizierte Kaufgelegenheit tatsächlich vorliegt.

Schlecht beratene Anlageberater

Man kann die Aktivitäten der Anlageberater auf mehrere Arten und Weisen beobachten, und man muss sie alle beachten, weil diese Menschen eine so glänzende Vorgeschichte haben, immer das Falsche zur falschen Zeit zu tun. Sie sind häufig noch schlimmer als die Öffentlichkeit.

Der Beratungsdienst Investors Intelligence registriert die Anzahl der Börsenbriefe und Anlageberater, die bullisch beziehungsweise bärisch gestimmt sind (siehe Abbildung 4.6). Die Aufzeichnungen zeigen, dass der Markt mit größter Wahrscheinlichkeit nach unten geht, wenn mindestens 55 Prozent der Berater bullisch eingestellt sind. Der Indikator von Investors Intelligence ist das Verhältnis der bullischen zu den bärischen Beratern.

Wenn 35 Prozent oder weniger jener Berater bullisch eingestellt sind, ist logischerweise die Mehrheit bärisch, und der Markt wird höchstwahrscheinlich steigen.

Ein schlagender Beweis dafür ist das Börsenhoch im Januar 2001. Damals waren Mitte Februar mehr als 60 Prozent der Anlageberater bullisch gestimmt, kurz bevor der Dow Jones Industrial Average einen rasenden Abstieg begann. Unglücklicherweise ist es schon eine Zeit lang her, dass die Anlageberater überwiegend bärisch gestimmt waren. Ich nehme aber an, dass das Maß von Investors Intelligence wieder unter 35 Prozent Bullen sinken wird, wenn die Aktienkurse weiter in unsere prognostizierte Kaufzone hineingleiten.

Man findet diesen Indikator in Investor's Business Daily. Normalerweise

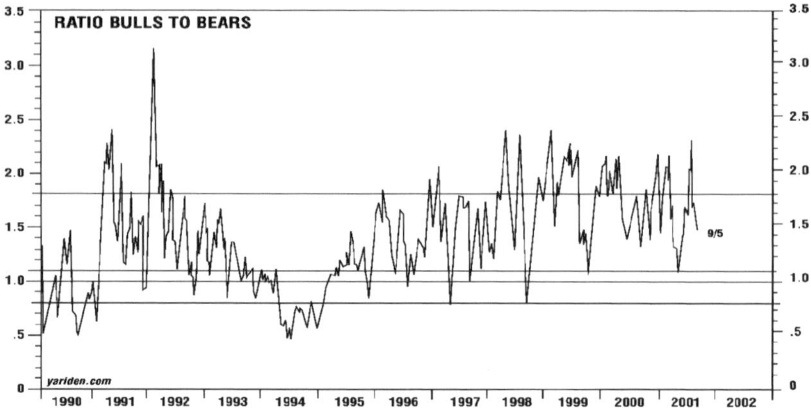

ABB. 4.6
Verhältnis Bullen zu Bären
Quelle: Investors Intelligence

steht er in der linken unteren Ecke der Seite mit den Charts der Marktbewegungen. Momentan ist das die letzte Seite im ersten Teil der Zeitung. Der Wert wird einmal pro Woche gemeldet.
Den gleichen Ansatz können wir auch benutzen, um die Aktivitäten einzelner Aktien zu messen. In Kapitel 9 stelle ich meinen eigenen Stimmungsindikator vor. Er misst die Haltung der Anleger gegenüber einzelnen Aktien im Verhältnis zu ihrer Haltung gegenüber dem gesamten Aktienmarkt. Dort werden Sie wieder das Gleiche sehen: Wenn der Index zeigt, dass die Anlageberater extrem bullisch eingestellt sind, geht die Aktie höchstwahrscheinlich nach unten. Wenn die Haltung der meisten Anlageberater extremen Pessimismus widerspiegelt, dann geht in der weit überwiegenden Anzahl der Fälle die Aktie nach oben. Das trifft nicht immer auf alle zu, aber es ist eine bessere Spekulation – sogar eine fast optimale Spekulation – wenn Sie eine Aktie kaufen, die fundamental solide ist.

Wie man den Aktienmarkt mithilfe des Anleihenmarktes voraussagt

Eine langfristige Studie der Beziehungen zwischen dem Anleihenmarkt – also den Zinsen – und dem Aktienmarkt führt den ernsthaften Studenten zu einer zwingenden Schlussfolgerung: Höhere Zinsen – also niedrigere Anleihenpreise – wirken auf Aktien bärisch. Dafür gibt es einen sehr guten Grund: Wenn die Zinsen erhöht werden, müssen die Unternehmen ihre freundlichen Bankiers bezahlen, bevor sie ihre Aktionäre bezahlen können. In solchen Zeiten können Dividenden gekürzt werden, und die Gewinne können aus mehreren Gründen zurückgehen.

Wenn den Banken ein größerer Betrag zukommt als zu Niedrigzinszeiten, dann bleibt kein Geld mehr für Forschung und Entwicklung oder für die geschäftliche Expansion übrig. Und zu allem Überfluss wird dieses Problem noch dadurch verschärft, dass sich die Kunden des Unternehmens in der gleichen misslichen Lage befinden. Ihnen steht jetzt weniger Einkommen zur Verfügung; also tun sie das, was nur natürlich ist – sie kürzen ihre Aufträge. Die Verkäufe von Produkten und Dienstleistungen gehen zurück, weil die Wirkung höherer Zinsen letztendlich darin besteht, dass sie Geld in Form von Zinszahlungen aus dem produktiven Kreislauf herausziehen.Dabei ergibt sich natürlich ein Schneeballeffekt. Angst macht sich breit, das führt zu weiteren Kürzungen und veranlasst die Anleger, ihre Investitionen flüssig zu machen.

Wenn ein Unternehmen keine Dividenden ausschütten und nicht durch Forschung und Entwicklung sowie gesteigerte Produktion expandieren kann, verliert die Aktie des Unternehmens ihre Aufwärtsdynamik. Die Gewinne gehen zurück, und kurz darauf geht auch der Preis der jeweiligen Aktie zurück.

Die andere Seite der Medaille ist, dass die Unternehmen bei sinkenden Zinsen mehr Geld haben, um ihre Geschäfte voranzutreiben. Kredite sind dann preiswerter, und somit können sie weitere Expansionen finanzieren, um ihre geplanten Ziele zu erreichen. Eine Zunahme der Geldmenge ist etwa das Gleiche wie sinkende Zinsen. Beide Phämomene wirken positiv auf die Wirtschaft und auf die Fähigkeit eines Unternehmens, zu wachsen und zu gedeihen.

Das sagt zumindest die Theorie, und die geht aus der Untersuchung der Zinsen von Mitte der 1850er-Jahre bis in das Jahr 2001 hervor. Das Problem besteht darin, die Theorie in der Praxis anzuwenden. Es gibt höchst komplizierte mathematische Modelle, die versuchen, diese Beziehung zwischen Aktien und Anleihen durch die Erzeugung von Kauf- und Verkaufssignalen auszunutzen. In den meisten Fällen ist die Berechnung nicht nur komplex, sondern auch noch schwierig in der Ausführung, und an einige Informationsquellen kommt der Durchschnittsanleger nur schwer heran. Manche Analysten kümmern sich mehr um Kommunalobligationen, Schatzwechsel oder zehnjährige Schatzanweisungen und so weiter, andere wiederum um den Stromversorger-Index der Philadelphia Stock Exchange. Wirklich!

Ein zusätzliches Problem entsteht dadurch, dass die Anleihen den Boden manchmal kurz vor dem Aktienmarkt erreichen, während in anderen Fällen die Vorlaufzeit Monate statt Wochen beträgt. Einige Analysten, allen voran Gil Haller (The Haller Theory, 1968), einer der bemerkenswertesten Menschen, denen ich in diesem Geschäft je begegnet bin, untersuchten die prozentualen Veränderungen der Schatzwechsel, um Börsenerholungen vorherzusagen. Seine These besagte, dass ein Zinsverfall um einen ganzen Prozentpunkt ausreicht, um einen sinkenden in einen steigenden Markt zu verwandeln.

Ich kann seinen Ansatz der mechanischen Vorhersage von Börsenböden weitgehend vereinfachen, indem ich einen Indikator verwende, der von Welles Wilder und Gresham Northcott entwickelt wurde. Zum ersten Mal wurde dieser Indikator den Anlegern im Jahre 1978 in einem Buch von Wilder mit dem Titel *New Concepts in Technical Trading* vorgestellt. In diesem Buch findet man viele gute Indikatoren. Einer meiner Lieblingsindikatoren ist als „volatility stop“ oder „Volatilitäts-System“ bekannt.

Dabei handelt es sich um einen Trendbestimmungs-Mechanismus, der folgendermaßen funktioniert: Man nimmt die Schwankungsbereiche (Tageshoch minus Tagestief) der letzten sieben Tage und multipliziert deren Durchschnitt mit einem Faktor zwischen zwei und drei. Dies ergibt einen Volatilitätsbetrag, der dann von dem höchsten Schlusskurs im Aufwärtstrend subtrahiert wird.

Dadurch entsteht ein Filterband oberhalb und unterhalb des aktuellen Preises. Schließt der Aktienkurs unter diesem Punkt, geht man davon aus, dass er nach unten tendiert.

Wenn die Preise unter dem Volatilitätsfilter stehen und dann oberhalb schließen, geht man davon aus, dass sie nach oben tendieren. Das kann man mit Tages- und mit Wochencharts machen.

Market-Timing mittels Anleihen für den Kauf und Verkauf von Aktien

Meinen Beobachtungen zufolge gibt uns dieser Volatilitätsindex, wenn man ihn auf den Anleihenmarkt anwendet, einen Hinweis, wann die Zinssätze den Tiefpunkt erreicht haben. Ich gehe davon aus, dass die Aktien kurz nach Erreichen des Zins-Tiefpunktes – wenn sich also der Anleihenmarkt zu erholen beginnt – ebenfalls steigen.

Abbildung 4.7 zeigt einen Wochenchart des Anleihenmarktes und den Volatility Stop. Gemäß unserer Tradingregel liegt ein Kaufpunkt für Aktien vor, wenn der Wochenschlusskurs des Anleihenmarktes über dem Volatility Stop liegt. Das sollte zu einer Zeit eintreten, zu der die Aktien im Fallen begriffen sind oder wenn eine Baisse herrscht. Wir benutzen den Anleihentrend für den Aktienkauf. Wenn der Wochenschlusskurs der Anleihen größer ist als der Volatility Stop, dann markieren wir einen Aktien-Kaufzeitpunkt.

Die folgenden Abbildungen zeigen das Ergebnis dieses Systems ab 1982; sehen Sie selbst! Machen Sie sich bitte klar, dass dieser Index nur für den

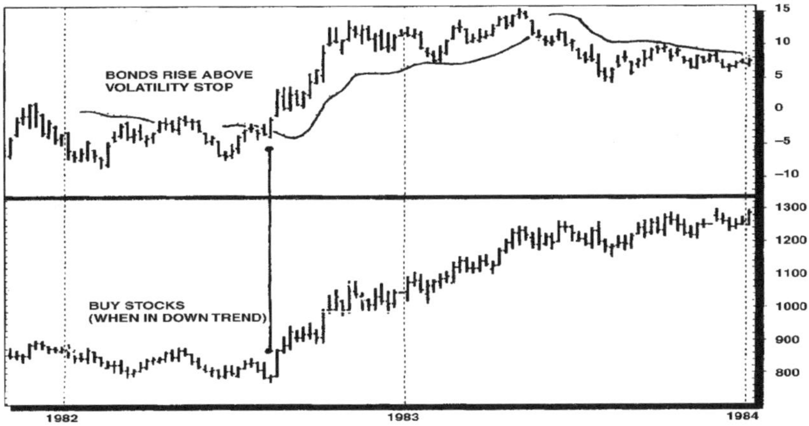

ABB. 4.7

Anleihenmarkt und Volatility Stop 1982/1983. Erstellt mit „Navigator Pro 2.26: TOOLS OF THE TRADE Module" – www.GFDS.com

Einstieg in den Markt verwendet wird und kein Shortselling-Indikator ist. Am Freitag, den 13. August 1982, schlossen die Anleihen oberhalb des Volatility Stop und deuteten damit an, dass am Aktienmarkt eine Aufwärtsbewegung beginnen könnte. Die Frage war nur, ob sie auch wirklich beginnen würde.

Nun, der Rest ist Geschichte. Wie Sie sehen, erreichten die Aktien noch in der gleichen Woche den Boden, ab dem die gewaltige Hausse anfing, die inzwischen als die größte der Menschheitsgeschichte bezeichnet wird.Wie in Abbildung 4.8 zu sehen, begann der Bär im Jahre 1984 an der Wall Street herumzulaufen, und die Aktien fielen bis in den August des Jahres hinein. Die Anleger waren besorgt. Würde eine neue Baisse beginnen? War dies der Beginn eines fortgesetzten Börsenrutschs?

Man diskutierte diese Frage von den Besprechungszimmern und Kneipen der Wall Street bis hin zu den Hotelzimmern der Main Street. Sie wäre schnell entschieden gewesen, wenn man einfach beobachtet hätte, was am Anleihenmarkt geschah, während die Aktien weiter nach unten gingen. Im Sommer 1984 begannen sich die Anleihen zu erholen. In der Woche, die am 3. August endete, also eine Woche vor dem endgültigen

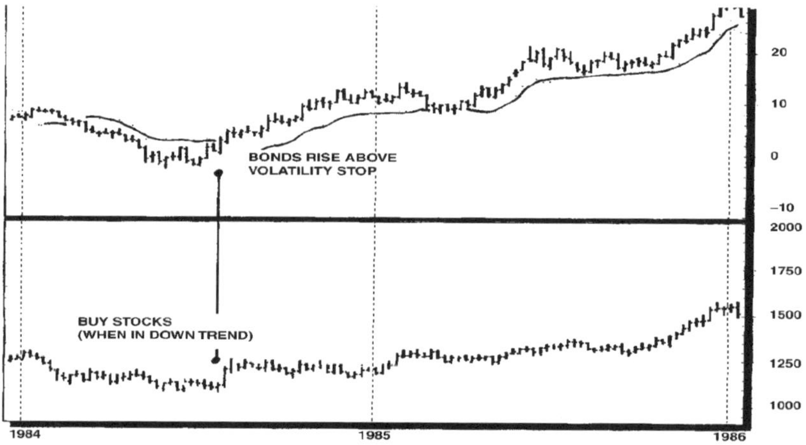

ABB. 4.8

Anleihenmarkt und Volatility Stop 1984/1985. Erstellt mit „Navigator Pro 2.26: TOOLS OF THE TRADE Module" – www.GFDS.com

Tiefpunkt der Baisse, schlossen die Anleihen dann über dem Volatility Stop. Die Regel mit dem Volatility Stop kündigte den Beginn einer bedeutenden Hausse an. Nicht schlecht für einen so einfachen Indikator. Ob das auch beim nächsten Mal funktionieren würde?

Ende des Jahres 1986 war es klar, dass die Aktien in Schwierigkeiten geraten könnten (siehe Abbildung 4.9). Sie waren zwar nicht erheblich gefallen, aber sie stagnierten; die Anleger fragten sich, was wohl los war. War es Zeit zu kaufen oder Zeit zu verkaufen?

Wenn wir unsere Aufmerksamkeit auf den Anleihenmarkt anstatt auf die Schlagzeilen in den Zeitungen gerichtet hätten, dann hätten wir bemerkt, dass die Anleihen in der Woche, die am 5. Dezember endete, wiederum oberhalb des Volatility Stop schlossen und damit andeuteten, dass es Zeit wäre zu kaufen – Zeit für Optimismus und nicht für Pessimismus. Dieses Kaufsignal erzeugte eine sofortige und erhebliche Aufwärtsbewegung, die den Aktienmarkt im Jahre 1987 auf ein neues Allzeithoch trug.

Und dann kam der Crash jenes Jahres samt dem schwersten Eintagesverlust, den Investoren jemals an irgendeinem Markt in irgendeinem

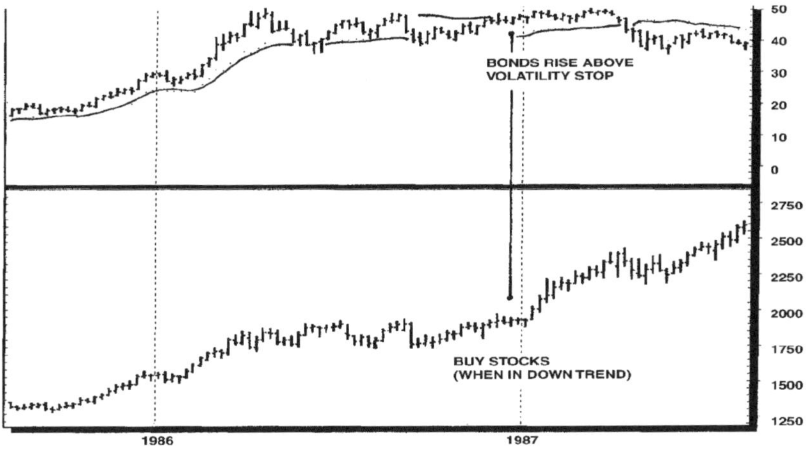

ABB. 4.9

Anleihenmarkt und Volatility Stop 1986/1987. Erstellt mit „Navigator Pro 2.26: TOOLS OF THE TRADE Module" – www.GFDS.com

Land erlebt hatten (siehe Abbildung 4.10). Das war eine regelrechte Panik, Brokerhäuser gingen pleite, Anleger wurden ausradiert und Investmentfonds, die drei Milliarden US-Dollar wert gewesen waren, hatten jetzt nur noch zwei Milliarden US-Dollar – und das alles in einem kurzen Augenblick. In jenem schicksalhaften Oktober floss Blut an der Wall Street, und die Anleger brachen in Panik aus. Da sie nicht wussten, was sie tun sollten, verkauften sie immer mehr und verursachten so Liquidierungen und Preiseinbrüche einzelner Aktien. Es wurde eine weitreichende Katastrophe.

In der Crash-Woche war ich auf einer Safari in Afrika. Bis die Nachricht von den 600 Punkten Tagesverlust den Mount Kenya Safari Club erreichte, in dem ich wohnte, hatte die Panik schon Ausmaße erreicht, die wir nur aus der Lektüre über den historischen Crash 1929 kannten. Innerhalb von Stunden hatten gut zwei Drittel der Gäste dieser luxuriösen Bleibe ihre Sachen gepackt, ihre Flugpläne geändert und waren zur Schadensbegrenzung unterwegs nach Hause. Im Speisesaal sah man weinende Frauen neben ihren aschfahlen Männern. Das war kein schöner Anblick, aber Geld zu verlieren ist nie schön.

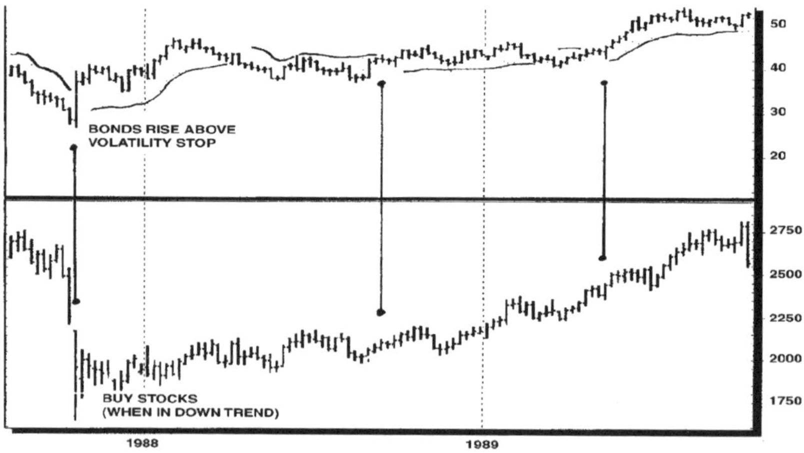

ABB. 4.10

Anleihenmarkt und Volatility Stop 1988/1989. Erstellt mit „Navigator Pro 2.26: TOOLS OF THE TRADE Module" – www.GFDS.com

Wenn sich diese Investoren einfach nur die Zeit genommen hätten, den Anleihenmarkt zu studieren, dann hätten sie etwas unglaublich Bullisches gesehen: Am Schwarzen Freitag – also am Freitag, dem 23. Oktober 1987 – schloss der Anleihenmarkt erneut über dem Volatility Stop. Der Crash war fast genauso schnell vorüber, wie er begonnen hatte. Der Crash 1987 konsolidierte, der Markt erlangte die Kontrolle zurück und atmete durch, als die neue Hausse begann.
Was genau die neue Hausse auslöste, darüber wird man noch in Jahren diskutieren, aber eines ist sicher: Unser Kaufsignal vom Anleihenmarkt kam exakt zum Tief! Investoren, die das wussten, hätten alle Aktien kaufen können, die sie wollten und ungeheure Gewinne einfahren können, während andere ruiniert wurden.
Die Dinge entwickelten sich gut für die Aktionäre, bis 1990, also ungefähr bis zu der Zeit, zu der man nach dem Jahrzehntmuster einen Niedergang der Börse erwarten sollte. Wozu sind schließlich Nulljahre da? Für Niedergänge. Es ist schön, das zu wissen, aber noch schöner ist es zu wissen, wann man kaufen soll. Ein Anleger, der unser Aktienkaufsignal vom Anleihenmarkt benutzt hätte, hätte festgestellt, dass die Anlei-

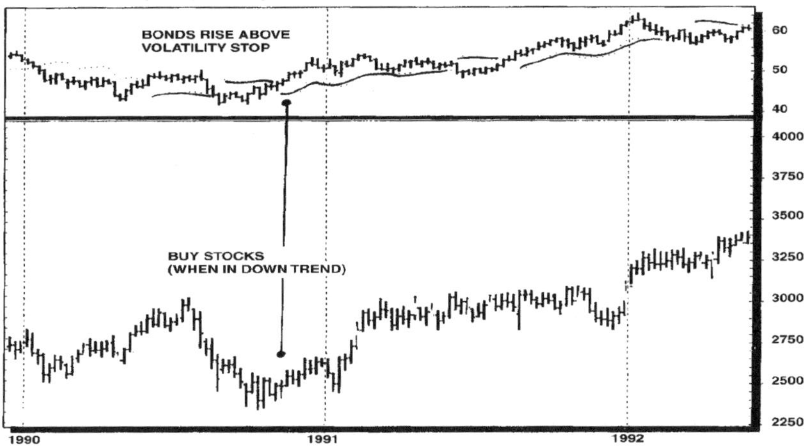

ABB. 4.11
Anleihenmarkt und Volatility Stop 1990 bis 1992. Erstellt mit „Navigator Pro 2.26: TOOLS OF THE TRADE Module" – www.GFDS.com

hen bis zum 9. November 1990 unter dem Volatility Stop geblieben waren, also knappe vier Wochen, nachdem die Börse ihr Tief erreicht hatte und sehr dicht am eigentlichen Tief (siehe Abbildung 4.11). Die Aktienkurse hatten noch nicht zu steigen begonnen. Anleger, die zu jenen Niveaus kauften, wurden schnell belohnt, als ein weiterer Abschnitt nach oben führte. Begreifen Sie so langsam, wie das funktioniert?

Alles war dann gut und schön bis 1994, als die Aktien ins Stocken gerieten, hin und zurück oder auf und nieder schwangen – scheinbar richtungslos (siehe Abbildung 4.12). Die Einbahnstraße zum schnellen Börsenerfolg gab es nicht mehr. Schon wieder ging der Bär um. Die Anleger waren verschreckt und fragten sich, ob wieder ein Crash wie 1987 vor ihnen lag. Würde dieser elende Niemandsland-Markt gesunden oder in die Binsen gehen?

Am 23. Dezember 1994 hatten sich die Aktien kurze drei Wochen lang erholt, aber in der Vergangenheit hatte es schon viele ähnliche Erholungsphasen gegeben, die nur in weitere Niedergänge mündeten. Doch dieses Mal war etwas anders. Der Wochenschlusskurs der Schatzanleihen hatte den Volatility Stop überschritten. Ein Kaufsignal war gege-

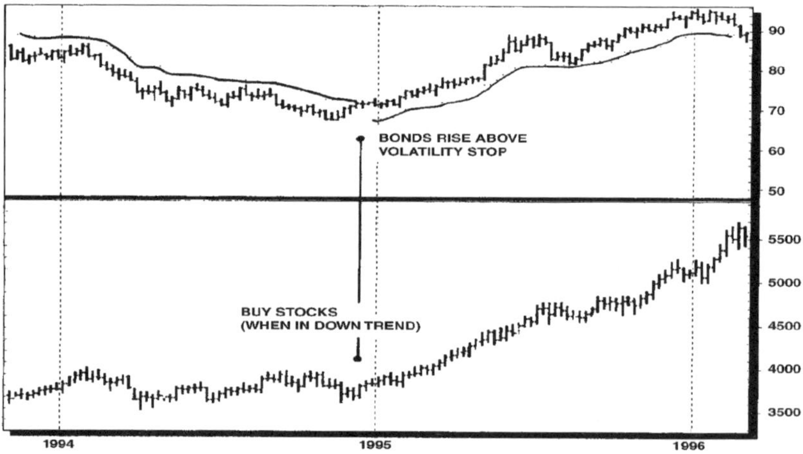

ABB. 4.12

Anleihenmarkt und Volatility Stop 1993 bis 1996. Erstellt mit „Navigator Pro 2.26: TOOLS OF THE TRADE Module" – www.GFDS.com

ben, das den Anlegern sagte, die Zinsen würden höchstwahrscheinlich sinken und die Aktienkurse steigen.

Es ist interessant festzuhalten, dass dieses spezielle Kaufsignal, das genau zum Anfang eines Jahres kam, das mit einer 5 endete, die schnellste Aufwärtsbewegung der Hausse 1982 bis 1999 hervorbrachte. Unser Anleihensignal für die Trendwende zeigte einen klaren bullischen Kaufpunkt an.

Das Technologie-Desaster, das Mitte 2000 über den Markt kam, stutzte die Bewertungen unter alle Erwartungen zusammen. Aktien, die für 100 US-Dollar gehandelt worden waren, gingen auf 80, dann auf 50 und 30 – und schließlich unter die wildesten Erwartungen zurück: Sie fielen auf zehn und in manchen Fällen auf fünf US-Dollar. Im Jahre 1987 hatte es zwar einen großen Crash gegeben, aber der war nach einem Monat vorbei. Die Unternehmen gingen wieder besseren und helleren Tagen entgegen. Beim Crash 2000 hingegen war das nicht so. Nicht nur dass die Aktien nicht zurückkamen – meiner Meinung nach (wie Sie in dem Teil über einzelne Aktien lesen werden) werden die meisten von ihnen auch nie mehr zurückkommen, zumindest nicht innerhalb der kommenden sechs bis zwölf Jahre.

Wie Sie wohl bemerkt haben, ging in der ganzen Zeit von 1982 bis 2001 allen signifikanten Kaufpunkten der Durchbruch durch unseren einfachen Bond Market/Volatility Stop voraus. Ich möchte Sie daran erinnern, dass dieser Ansatz nichts Magisches an sich hat. Es liegt nicht an dem exakten Wert des Volatility Stop, dass er funktioniert, sondern es liegt an der Tatsache, dass dies eine objektive Möglichkeit ist zu bestimmen, wann der Anleihenmarkt höchstwahrscheinlich den Boden erreicht hat. Das ist deshalb so wichtig, weil Böden des Anleihenmarktes bedeuten, dass man sich zumindest sehr nahe an einem Boden des Aktienmarktes befindet.

Die Beziehung zwischen Aktien und Anleihen gehört zur fundamentalen Marktbetrachtung. Sie ist kein fauler Zauber, keine Linie, die von einem Punkt zum anderen gezogen wird, keine unbewiesene charttechnische Methode und kein pseudowissenschaftlicher Ansatz für Börsenprognosen. Hier geht es um das, was die Wirtschaft bewegt: Zinssätze. Sie bewegen die Wirtschaft. Charts bewegen die Wirtschaft nicht, sondern die Umstände bewegen die Wirtschaft und die Börse. Mir ist als Maß dafür keine bessere einfache Methode bekannt als der Volatilitätsindex.

Der abschließende Chart, Abbildung 4.13, zeigt die Ergebnisse dieses einfachen Indikators während der rauen Schlittenfahrt der Jahre 1999 bis 2002. Es gab nur zwei Kaufsignale. Das erste kam am 24. August 2001, knappe vier Wochen vor dem Jahrestief. Im Jahre 2002 kam das Kaufsignal in der Woche, die mit dem 21. Juni endete, fünf Wochen vor dem Jahrestief.

Der Blick nach vorn

In den kommenden guten Jahren wird es Baissen und Haussen geben. Unser Ziel ist es zu bestimmen, wann die Gezeiten wechseln, wann sich die Kaufpunkte präsentieren und wann die Talfahrt zu Ende ist. Jetzt haben wir zwei hervorragende fundamentale Indikatoren, die uns dabei helfen. Der eine ist der Wert beziehungsweise die Dividendenrendite des Dow Jones Industrial Average. Der andere ist die Tendenz der Zinsen und der Anleihenmärkte. Kombinieren wir das mit der Anlegerstimmung anhand der Leerverkäufe in kleinen Stückzahlen und anhand der

ABB. 4.13

Anleihenmarkt und Volatility Stop 1999 bis 2002. Erstellt mit „Navigator Pro 2.26: TOOLS OF THE TRADE Module" – www.GFDS.com

Anlageberater sowie der Aktivität der Investmentfonds, dann haben wir unsere hauptsächlichen Timing-Werkzeuge.

Wenn ich mich für eines dieser Werkzeuge entscheiden müsste, dann für den Anleihenmarkt, denn er ist präzise, leicht verfügbar und einfach zu verfolgen. Im Laufe der Geschichte haben sich die Anleihen nur selten erholt, ohne dass danach die Börse gestiegen ist.

Eine alte Weisheit von der Wall Street lautet: „Der Trend ist dein Freund", und das stimmt, „zumindest bis zum Ende des Trends." Das Problem besteht darin herauszufinden, wann Anfang und Ende vorliegen. Sie kennen jetzt die Bedingungen, die am Ende der meisten Baisse-Niedergänge herrschen. Es ist mein Wunsch, dass Sie vorankommen und wohlhabend werden, indem Sie den Blick nicht von jenen unschätzbar wertvollen Indikatoren wenden.

Ich rechne damit, dass sie für die Jahre 2003 und 2005 Kaufpunkte voraussagen und dass sie sich wieder sehr lautstark bemerkbar machen, wenn uns das Vierjahresphänomen im Jahre 2006 eine erneute Kaufgelegenheit bietet. Wenn die Aktien in einer Baisse stecken, achten Sie auf jeden Fall immer auf den Anleihenmarkt. Wenn sich dessen Richtung signifikant ändert, ist das der Schlüssel, den Sie suchen.

Die Gold-Verrücktheit: Der Bruch der Goldenen Regel

Die Goldene Regel des Lebens ist nicht das Gleiche wie die Goldene Regel des Marktes. Seit Jahren proklamieren Anleger, Anlageberater und Börsenautoren eine Beziehung zwischen dem Goldmarkt und dem Aktienmarkt. Eine meiner Lieblingsfragen bei Trading-Seminaren lautet so: „Wenn der Aktienmarkt crasht, was passiert dann mit dem Goldpreis?"

Die Anleger antworten einstimmig: „Der Goldpreis steigt!"

„Oh", frage ich, „ist das so? Was ist mit dem Crash 2000? Was passierte da mit dem Goldpreis?" Ich sehe hektische Blicke. Ich habe sie ertappt. Chartbücher öffnen sich, Unterkiefer klappen nach unten, Körper winden sich ... und dann kommt das Begreifen. Im Crash 2000 ging der Goldpreis zurück (siehe Abbildung 4.14).

Dann frage ich nach dem Crash 1987. Was passierte damals mit dem

Goldpreis? Wie Sie aus Abbildung 4.15 ersehen können, bewegte sich der Goldpreis während des Crashs 1987 seitwärts. In ironischem Ton weise ich darauf hin, dass die größte Goldpreiserholung jenes Jahres nach dem Ende des Crashs kam, im Dezember 1987, lange nachdem der Boden gelegt worden war.

Als nächsten Schritt bringe ich die Seminarteilnehmer auf den Crash des Jahres 1929, damit sie selbst sehen, was damals geschah. Sie erwarten, eine deutliche Erholung des Goldpreises zu sehen. Aber die sehen sie nicht, weil es sie nicht gegeben hat. Der Goldpreis ist während eines Börsencrashs noch nie erheblich angestiegen!

Ist das nicht interessant? Die angebliche Beziehung zwischen dem Goldpreis und dem Aktienmarkt ist ein Ammenmärchen, ein faustdickes Ammenmärchen.Wenn Sie ein Goldkäfer sind, dann seien Sie das aus dem richtigen Grund. Depressionen bringen den Goldpreis nicht zum Steigen. Es gibt meines Erachtens nur zwei Kriterien, die den Goldpreis steigen lassen: Erstens Inflation und zweitens die Aktivität der kommerziellen Gold-Verbraucher und -Erzeuger. Es hat nur selten eine bedeutende Erholung des Goldmarktes gegeben, ohne dass die kom-

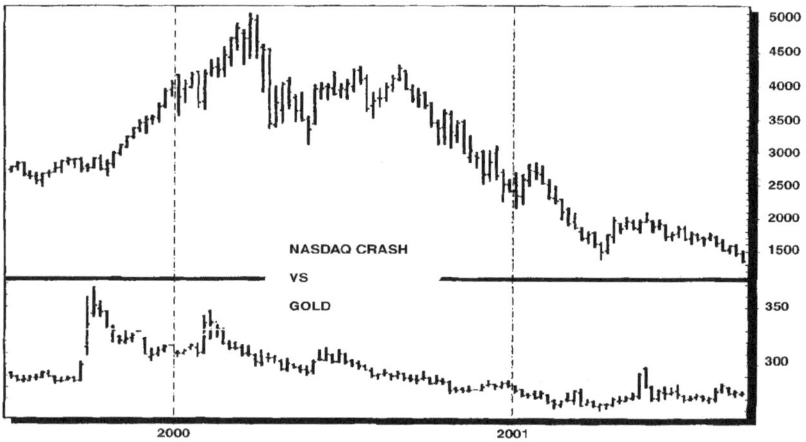

ABB. 4.14

Nasdaq-Crash und Goldpreis 2000 im Vergleich. Erstellt mit „Navigator Pro 2.26: TOOLS OF THE TRADE Module" – www.GFDS.com

merziellen Interessenten das Edelmetall als Erste massiv gekauft haben. Schon ein flüchtiger Blick auf die Charts oder in die historischen Aufzeichnungen zeigt, dass sich der Goldpreis zumeist in Zeiten der Inflation erholt, nicht in Zeiten der Depression. Börsencrashs deprimieren nicht nur die Anleger, sondern auch die gesamte Wirtschaft. Sogar die Goldkäfer. Es gibt in der Tat eine Zeit zum Säen und eine Zeit zum Ernten. Auch der Goldmarkt hat seinen natürlichen Zyklus, und dieser ist das Produkt aus kommerzieller Nachfrage und Inflationsdruck. Darauf muss man achten. Jetzt kennen Sie meine Goldene Regel für den Goldmarkt. Es ist nicht so, dass derjenige herrscht, der das Gold hat, sondern der Kluge kauft zur rechten Zeit Gold.
Abbildung 4.16 zeigt den gewaltigen Einfluss, den die „Commercials"* auf diesen Markt haben. Sie sehen hier den Anteil derer, die netto long positioniert sind. Das ist ein Maß dafür, was sie mit ihrem Geld anfangen. Wenn sie aggressiv long gehen – wenn der Anteil der Netto-Longpositionen hoch ist –, dann erholt sich der Goldmarkt zumeist. Beachten Sie die umfangreichen Verkäufe im Herbst 1999 und den nachfolgenden Crash, oder auch die Käufe Anfang 2001 und die nachfolgende Erholung.

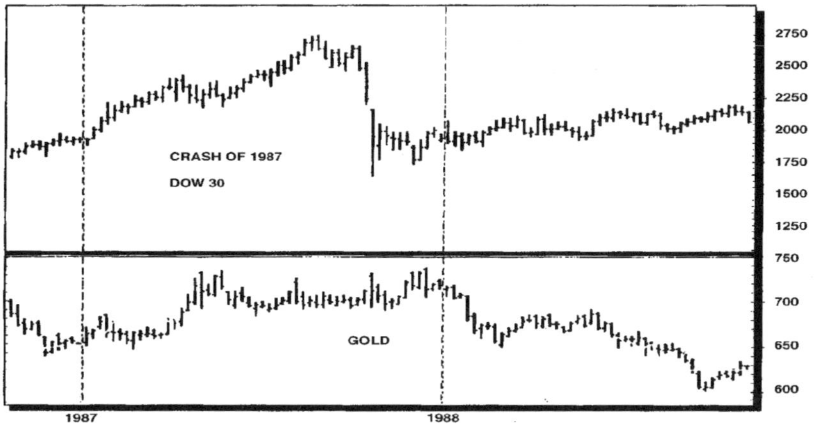

ABB. 4.15
Crash 1987 und Goldpreis im Vergleich. Erstellt mit „Navigator Pro 2.26: TOOLS OF THE TRADE Module" — www.GFDS.com

Wenn umgekehrt die Commercials aggressiv shorten oder nicht viel gekauft haben (was sich in einem niedrigen Stand des Indexes äußert), dann zeigt der Goldpreis eine deutliche Abwärtsneigung.
Wenn das Lager der Goldkäfer darauf achten würde, was die Commercials tun, dann wüssten sie selbst sehr viel besser, wann sie in diesen Markt ein- beziehungsweise aus ihm aussteigen sollten. Ich finde es unfassbar, dass irgendjemand glauben kann, es könnte je eine wesentliche Erholung des Goldmarktes stattfinden, ohne dass vorher die Commercials schwere Longpositionen angesammelt haben. Wenn also Gold Ihr Ding ist, dann folgen Sie diesen großen institutionellen Anlegern, und nicht den Hirngespinsten und den emotionalen Reaktionen von Möchtegern-Marktgurus. Die Gurus investieren nur in Briefmarken und Worte, wohingegen die Commercials, die von der Erzeugung oder Verwendung des Edelmetalls leben, Millionen von Dollars riskieren.

**Commercials: weitgefasster Begriff für große institutionelle Anleger, die aufgrund ihres angenommenen Wissensvorsprungs auch als „smart money“ bezeichnet werden, d. Übers..*

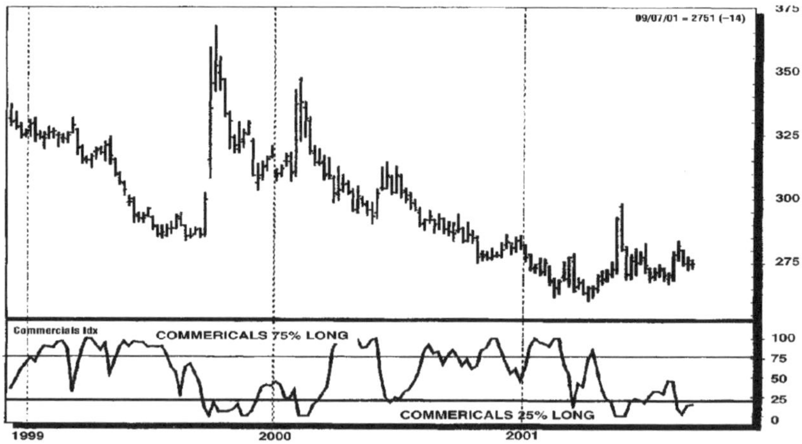

ABB. 4.16

Commercials und Goldpreis. Erstellt mit „Navigator Pro 2.26: TOOLS OF THE TRADE Module" – www.GFDS.com

5. KAPITEL

Der nächste Anstieg: Warum er so spektakulär wird.

ES IST BESSER, NEIN SAGEN ZU LERNEN
ALS LATEIN ZU LERNEN.

Die Aktienmärkte tun viele verschiedene Dinge aus vielen verschiedenen Gründen, aber hinter allen Marktbewegungen steckt ein gemeinsames Element: menschliche Emotionen, die sich auf Gier und Angst gründen.

Ich halte es für wichtig, das aktuelle Investitionsklima zu beobachten und zu sehen, ob es uns Auskunft über die künftige Entwicklung geben kann. Wenn wir nur einen winzigen Blick auf das erhaschen können, was als Nächstes die Aktienkurse nach oben oder unten treibt, dann haben wir das Spiel schon halb gewonnen – dann sind wir schlauer als der Rest der Investment-Herde und sind ihr einen Schritt voraus.

Ich habe darüber sehr viel nachgedacht, ich habe die Vergangenheit der Märkte studiert, und ich habe darüber mit Fondsmanagern und Anlageexperten gesprochen, die ich über die Jahre kennen gelernt habe. Aus alledem habe ich ein Gesamtkonzept zusammengestellt, das man im Hinblick auf die nächste Aufwärtsbewegung des Aktienmarktes berücksichtigen sollte.

Ich glaube, dass frustrierte Anleger mit Aufholbedarf (Menschen, die in der letzten Hausse Geld verloren haben oder die wünschten, sie hätten damals Geld verdient) in nie da gewesenem Ausmaß auf den Zug aufspringen werden, wenn die nächste Hausse abgeht wie eine Rakete.

Ich glaube nicht, dass es je in der Geschichte der Menschheit mehr

Menschen gegeben hat, die an den künftigen Aktienkursen interessiert waren als heute. Anleger zu sein ist heutzutage nicht nur populär, sondern auch einfach. In früheren Zeiten brauchte man einen gewissen Scharfsinn, um Investor zu werden. Man musste etwas wissen – man musste einer informierten Minderheit angehören. Die Brokerhäuser waren für den Durchschnittsbürger bis zu einem gewissen Grade unerreichbar. Das ist jetzt nicht mehr so, denn man kann jederzeit und überall Aktienhandel betreiben. Was einstmals wenigen vorbehalten war, läuft jetzt auf zwei Fernsehkanälen.

Es ist fast so, als wären wir von der industriellen Revolution über die technische Revolution zur Investment-Revolution gekommen. Die Revolutionäre von gestern sind heute Investoren. Alltägliche Unterhaltungen drehen sich um den Aktienmarkt, die Börsen sponsern sportliche Veranstaltungen, Brokerfirmen sponsern Golfturniere und anderes mehr. Die Wall Street ist so populär und wichtig wie McDonald's!

Eine Flutwelle von Anlegervermögen sitzt auf der Ersatzbank und wartet nur auf einen Vorwand oder einen Grund, Aktien zu kaufen; und nichts macht Investoren ungeduldiger als wenn der Markt steigt und sie keine Aktien haben. Es gibt einen kritischen Punkt, ab dem sie es nicht mehr aushalten. Die Kurssteigerung beweist in ihren Augen, dass eine Hausse beginnt, und die Geldschleusen öffnen sich. Es werden Aktien in Rekordmengen gekauft werden. Das wird fürchterlich!

Dann bringen Sie das, wenn Sie wollen, noch mit der grundsätzlichen Natur des Menschen zusammen, der immer mehr haben will, der gierig ist, der sich am Geld freut und der gerne dafür arbeiten will. Die Öffentlichkeit hat gesehen, was für unglaubliche Geldmengen man an der Börse verdienen kann, und sie wird sich nicht im Zaum halten lassen. Der immense Aufstieg der Nasdaq und ihre vielen Erfolgsstorys – auch wenn viele davon letztendlich scheiterten – haben den Aktienhunger der Öffentlichkeit angeregt. Die Öffentlichkeit ist in Börsendingen nicht mehr unwissend. Es stimmt zwar, dass sie momentan noch abwartet, aber sie ist bereit, die Ärmel hochzukrempeln und mitzumischen.

Folgendes verdeutlicht die Angelegenheit vielleicht noch besser: Als ich mit dem Aktienhandel begann, war das *Wall Street Journal* eine Nischenzeitung mit nur wenigen Nicht-Fachleuten als Abonnenten und mit noch kleineren Kiosk-Verkaufszahlen. Die Leser waren Broker und Investoren. Vergleichen Sie das einmal mit der heutigen Situation: Das *Wall Street Journal* steht im Lebensmittelladen und in Zeitungsständern rund um die Welt zum Verkauf. Das Journal ist von rund 20 Seiten am Tag auf fast 100 Seiten angeschwollen, um das Bedürfnis der Anleger nach mehr Marktinformationen zu erfüllen.

Und zudem haben wir jetzt eine Anlegerbasis, die über Geld verfügt. Wir hatten seit fast 30 Jahren keine größere wirtschaftliche Rezession mehr, und daher haben sich Vermögen aufgebaut. Ob nun in Rentenfonds, auf Bankkonten oder in Investmentfonds, heutzutage ist mehr Geld in Umlauf als je zuvor in der Geschichte der Menschheit. Und mehr ist für den Beginn der Bullen-Stampede nicht nötig – nur Geld!

Wie wir wissen, ist die Geschichte Vergangenheit, und die Vergangenheit wiederholt sich niemals exakt. Trotzdem glaubt die Öffentlichkeit, die Zukunft könne und werde mit der Vergangenheit fast identisch sein. Deshalb blicken die Menschen zurück auf die Kursbewegungen einiger ausgesuchter Aktien und sehen, dass man eine geringe Anlagesumme von 10.000 US-Dollar hätte in Millionen verwandeln können. Das reizt ihr Interesse. Sie wollen von diesem Anstieg etwas mitbekommen, und sie treten in die nächste Hausse ein.

Ich glaube aber, dass sie am Beginn der Hausse leider nicht da sein werden. Das ergäbe nämlich keinen Sinn. Die Öffentlichkeit kauft nie am Boden. Sie steigt auf halbem Weg ein und kauft dann massiv auf dem Höhepunkt des Marktes. Das ist schön, denn ich werde Ihnen zeigen, wie Sie das zu Ihrem Vorteil ausnutzen können.

Die Lehren der Vergangenheit

Die erste Lektion der Vergangenheit, die die Öffentlichkeit offenbar gelernt hat, ist die Tatsache, dass Anlagen in Aktien enormen Wohlstand schaffen können, die Art von Wohlstand, von der die Menschen träumen – und über deren Fehlen sich nörgelnde Ehefrauen beklagen. Dies erzeugt eine riesige potenzielle Nachfrage nach Aktien sowie kanisterweise Treibstoff, der ins Feuer gegossen werden kann.

Ich rechne zwar nicht damit, dass diese Investoren auch nur in der Nähe des Tiefpunkts einsteigen werden, aber an irgendeinem Punkt werden sie auf jeden Fall ins Spiel kommen. Steigende Aktienkurse verursachen einen Heißhunger bei den Privaten und den Professionellen. Also fragen wir uns, welches Spiel sie spielen wollen, wenn sie einsteigen.

Die Antwort darauf erfährt man ebenfalls aus der Erforschung der Vergangenheit. Einige dieser Menschen sind erfahren. Sie waren schon ein- oder zweimal mit von der Partie und kennen den Aufwärtslauf des Marktes genauso wie den Abwärtslauf. Die Mentalität der Öffentlichkeit – egal wie man sie misst oder aufteilt – hat sich geändert. Sie ist nicht mehr in Hightech-Werte und Aktien der New Economy vernarrt, sondern hat jetzt regelrecht Angst vor ihnen.

Die Menschen haben erlebt, wie Vermögen vernichtet wurden, als die Hightech-Ideen zusammenbrachen, und sie wurden auf einer einsamen Insel ohne Profite an Land gespült. Ursprünglich dachte man bei dem Vergleich mit der einsamen Insel daran, dass man bloß ein paar tolle Hightech-Aktien finden und kaufen müsste; und selbst wenn man dann auf einer einsamen Insel stranden würde, könnte man bis zu seiner Rettung ein Vermögen verdient haben. So etwas wird immer noch für möglich gehalten, aber ich glaube, dass die Investoren der Zukunft vernünftiger sind und weniger Risiken eingehen.

Ab einem gewissen Punkt wird sich das jedoch ändern. Kurz vor dem Höhepunkt der nächsten Hausse wird die Öffentlichkeit wieder massiv kaufen und eine schäumende Welle von Kurssteigerungen hervorrufen. Das sollten Sie sich merken, denn das wird passieren. Aber wenn die Öffentlichkeit zu Beginn der Erholung sieht, dass der Trend wieder nach oben geht, dass das Spiel wieder angefangen hat, dann wird sie zum Einstieg Qualität und Value kaufen anstatt sich von spekulativen Aktien hinreißen zu lassen.

Lassen Sie mich diesbezüglich eines klar stellen: Im späteren Verlauf wird sie sich auf spekulative Werte konzentrieren, kurz bevor alles zusammenfällt. Die Überflieger des Tages werden wieder die Oberhand gewinnen, jedoch noch nicht zu dem Zeitpunkt, zu dem die Öffentlichkeit von der Hausse erfährt.

Aber wann? Folgendes habe ich im Jahre 2001 im ersten Manuskript für das vorliegende Buch geschrieben und Tausenden von Tradern und Anlegern vorgetragen:

Wenn ich mit dieser Ansicht richtig liege, und dessen bin ich sicher (aber überprüfen Sie es trotzdem selbst), dann bedeutet das, dass die Aktien, die wir zum Oktobertief 2002 kaufen wollen, Qualitätsaktien sind, die attraktiv sein und sich für die Privatanleger sicher, warm und kuschelig weich anfühlen werden. Die Anleger werden so viele Aktien kaufen, dass sie damit die Preise hochtreiben und dadurch unsere Anlageerträge verbessern. Wir wollen frühzeitig die Aktien kaufen, in die sich das ganze Geld der Privatanleger ergießen wird. So einfach ist das.

Inzwischen ist das Jahr 2002 gekommen und gegangen. Die Beurteilung der Voraussage überlasse ich Ihnen.

Ich glaube, dass die Fonds von Unternehmens-Storys und von den Gerüchten über die New Economy abkommen werden und dass sie eher nach guten Wachstumsunternehmen Ausschau halten werden, das heißt: Unternehmen, die Gewinne erzielen, Unternehmen, die Dividenden ausschütten, Unternehmen mit Steinen und Mörtel, mit Maschinen, mit Ausrüstung, mit Beschäftigten und physisch vorhandenen Vermögenswerten anstatt Computern, die als Lager fungieren. Ja, sicher wird es auch Hightech-Aktien geben, die gut laufen, aber im Großen und Ganzen wird der Löwenanteil der Anlagegewinne von den erprobten und bewährten Aktien der so genannten Old Economy stammen.

Es werden vor allem Unternehmen mit Gewinnen, Wachstum und Dividenden gedeihen. Diese Unternehmen wird sich die Öffentlichkeit aussuchen. Und die Kurse dieser Unternehmen werden nicht nur von der Öffentlichkeit immer weiter angehoben werden. Die Investmentfonds haben nämlich ihre Lektion ebenfalls gelernt.

Die einzige Möglichkeit für einen Investmentfonds, im Geschäft zu bleiben, ist positive Performance für seine Anteilseigner. Keine Performance, keine Anteilseigner – das ist die grundlegende Rechnung der Investmentfonds. Deren Manager sind genauso empfänglich für den Weg des geringsten Widerstandes wie wir alle, und wenn sie sehen, dass ein bestimmter Anlagetyp erfolgversprechender ist als ein anderer, dann nehmen sie ersteren. Das liegt in der Natur des Menschen.

Schauen wir uns diese Fonds einmal an. Ich habe die 25 besten wachstums- und renditeorientierten Fonds der sechs Monate bis Ende August 2001 untersucht und festgestellt, dass ihre Performance schlichtweg miserabel war. Nur fünf der Top 25 weisen im Jahr 2001 bisher Gewinne auf. Betrachten wir dagegen die 25 besten wertorientierten Fonds, dann sehen wir, dass sie alle bis auf einen ihren Anteilseignern Gewinne bringen. Welch ein Unterschied! Value gewinnt, Wachstum nicht. Im Wachstum Gewinn zu finden ist inzwischen höchst schwierig geworden. Wie schlecht es den Fonds geht, zeigt sich darin, wie sehr sie ihre Anlagestrategien ändern wollen. Im Juli 2001 offenbarte Lipper, Inc., der größte Fonds-Informationsdienst, den Investoren, dass 4.120 der 5.208 US-Aktienfonds, die er verfolgt, Geld verloren haben.

Das ist eine unglaubliche Zahl. Das bedeutet, dass fast 80 Prozent der Investmentfonds seit Jahresanfang gerechnet in den roten Zahlen stecken. Sie müssen ihre Strategie ändern. Die Fonds haben in diesem geschichtlichen Moment so gut wie keine andere Wahl, als in Qualität zu investieren. Aber genauso wie die Öffentlichkeit werden sie im späteren Verlauf der Hausse in Gefräßigkeit und in ihre alte schlechte Angewohnheit verfallen, Gerüchte und künftiges Wachstum zu kaufen. Doch gerade jetzt konzentriert sich die Aufmerksamkeit an der Wall Street auf Value, der sich in Dividenden und in Unternehmen äußert, die richtige Geschäfte betreiben. Mit dem Kursrutsch im Jahre 2002 gingen die Fonds auch nicht besser um. Im Dezember standen die so genannten Wachstumsfonds 23,6 Prozent im Minus und die Technologiefonds 39,5 Prozent, wohingegen die wertorientierten Fonds nur einen Verlust von 15,8 Prozent verzeichneten. Insgesamt standen die Investmentfonds mit 25,6 Prozent im Minus, während der S & P 500 nur 21,2 Prozent verloren hatte. Wieder einmal erging es den Fonds im Durchschnitt nicht besser als dem Markt. Sie können das besser, und genau das lernen Sie in dem vorliegenden Buch. Wenn Sie für diese Lektion nur ein Buch zu lesen brauchen, kommen Sie noch glimpflich davon. Vergleichen Sie das einmal mit den Menschen, die im August 1999 den IPO and New Era Fund aufgelegt haben.

Dieser Fonds trat mit einem lauten Knall ins Leben: In den ersten drei Monaten standen die zehn Millionen US-Dollar, die die Gründer des Fonds mit ihrem Konzept angelockt hatten, mit 89 Prozent im Plus. Das Konzept? Erstemissionen zeichnen und aggressiv Hightech-Aktien kaufen. Eine der angeblichen Stärken war der Standort San Francisco, in den obersten Stockwerken von Wolkenkratzern, von wo aus sie die Geldverschiebungen im Silicon Valley sorgfältig beobachten konnten.

Angeblich gehörte dieser Fonds einer neuen Spielart an. Um zu zeigen, wie offen und ehrlich sie waren, listeten die Betreiber alle ihre Käufe im Internet auf. Sie gingen sogar noch weiter und installierten in ihrem Trading Room eine Webcam, damit die Anleger persönlich zuschauen konnten, was genau die Trader taten. Man brauchte nicht einmal selbst in den Fonds investiert zu haben, wenn man die Positionen, die die Manager und Trader der Firma kauften, anschauen oder darüber diskutieren wollte.

Etwas Gutes hatte das schon. Im August 2001 mussten sie den Betrieb einstellen, weil sie die Hälfte des verwalteten Vermögens verloren hatten; sie mussten zumachen und den Rest des Anlagevermögens zurückgeben.

Das ist genau der Grund, weshalb die Parole an der Wall Street im Jahre 2003 und noch ein paar Jahre danach „Value" heißen wird, und zwar basierend auf Dividenden und anderen Verhältnissen, die ich Ihnen noch erklären werde. Unsere Profite werden von Unternehmen stammen, die richtige Geschäfte machen.

Dieser Trend wird eine Zeitlang halten, und deshalb glaube ich, dass wir als erste Käufer der neuen Hausse das kaufen sollten, was die Masse anzieht. Für mich ist eindeutig klar, dass sie die Aktien kaufen will, die wir dann schon haben, zumindest wenn wir die Ratschläge des vorliegenden Buches befolgen. Unser Ziel ist der Besitz guter langfristiger Wachstumsaktien, die den verschiedenen Value-Kriterien entsprechen, die in diesem Buch behandelt werden.

Die Kopfschmerzen und die gebrochenen Herzen, die das Platzen der Nasdaq-Blase verursacht hat, werden die Anleger noch drei bis fünf Jahre lang begleiten. Nach dieser Zeit haben sie wahrscheinlich schon wieder vergessen, wie wichtig Beständigkeit ist. Sie werden erneut von Gier und Neid erfasst, wenn sie sehen, wie schnell die Aktien steigen, die sie nicht haben. Und genau das führt dazu, dass die Anleger ihre Urteilskraft in den Wind schlagen, weil die für Gier zuständigen Hormondrüsen die bedachte Logik überwältigen. Zu sehen, dass jemand anders Geld verdient und man selbst nicht, zu sehen, dass einen jemand anders übertrifft – das ist der schlimmste Druck, ein Druck, der dazu führt, dass die Emotionen die Logik überholen.

Im jetzigen konjunkturellen Umfeld gibt es gut betuchte Investoren in allen Altersklassen und sozialen Schichten. Ja schon, der Crash 1999 bis 2002 war echt, und viele Menschen haben dabei viel Geld verloren. Aber das war Papiergeld – Buchverluste. Es gibt auch Menschen, die damals ihre Gewinne mitgenommen haben, die aus dem Spiel frühzeitig ausgestiegen sind und jetzt Geld haben. Der Niedergang hat die Anleger sechs Billionen US-Dollar „gekostet", aber nicht das ganze Geld ist in Rauch aufgegangen. Viel davon ist immer noch da und wartet auf die nächste Hausse. Das Geld brennt den Menschen Löcher in die Taschen; sie ärgern sich über Spekulationsgewinne an der Nasdaq, an denen sie keinen Anteil hatten oder die sie nicht eingesteckt haben. Diese dynamische Kombination sorgt dafür, dass Value-Aktien steigen.

Aber es gibt noch mehr. Wir sprechen jetzt nicht mehr nur von den Vereinigten Staaten. Der US-Aktienmarkt ist für Anleger aus aller Welt das wichtigste Investment-Vehikel. Amerika hat weltweit betrachtet vielleicht an Einfluss verloren, aber nicht an wirtschaftlicher Macht. Natürlich hatten wir Enron und Adelphia, aber unser Aktienmarkt ist weniger befleckt und stärker reguliert als alle anderen Börsen auf diesem kleinen Planeten. Nehmen Sie dazu noch folgende einfache Tatsache: Die besten Investmentgelegenheiten – Ideen – werden hoch hier entwickelt, in den guten alten Vereinigten Staaten von Amerika, und Sie wissen, dass eine große Zukunft vor uns liegt. Im Jahre 2002 haben zwar Bilanzskandale unser Image beschädigt, aber der Kapitalismus ist in den Vereinigten Staaten immer noch transparenter als fast überall sonst auf der Welt. Das Geld ist zwar vorübergehend aus dem Blickfeld des Justizministeriums geflüchtet, aber es kommt wieder zurück.

Der US-Dollar ist der Zollstock, an dem alle anderen Währungen gemessen werden. Aus diesem Land kommen mehr großartige Geschäftsideen als aus allen anderen zusammengenommen. Wir sind schrecklich einzigartig, denn wir sind eines der wenigen Länder der Welt, in denen Geschäfte nicht über Bestechung abgewickelt werden. Natürlich gibt es auch in den Vereinigten Staaten schwarze Schafe, aber sie sind die Ausnahme und nicht die Regel. Die Dinge werden hier überwiegend offen auf dem Tisch geregelt, so dass die Anleger die Möglichkeit haben zu sehen, was wirklich passiert.

In Abbildung 5.1 sehen Sie die Entwicklung des US-Dollar in den vergangenen 17 Jahren. Von 1986 bis 1995 bewegte er sich steil abwärts,

ABB. 5.1
US-Dollar 1986 bis 2002. Erstellt mit „Chart Navigator" – www.GFDS.com

und doch schlug sich die amerikanische Wirtschaft nach oben durch. Im Moment hat er die Hausse der Jahre 1995 bis 2001 etwa um 50 Prozent korrigiert. Der Yankee-Dollar ist immer noch der souveräne Herrscher. Ich sehe keinen Grund, warum sich das ändern sollte.

Ich habe in Europa und im Nahen Osten gelebt, und ich habe Geschäfte in Ostasien gemacht. Ich kann Ihnen versichern, dass unsere Art Geschäfte zu machen ganz anders ist als dort. Die Unternehmensgegner und die Kritiker haben keine Ahnung, wie gut wir es in Amerika haben. Wer aber eine Ahnung hat, das sind die Anleger aus dem Ausland. Und das bedeutet, dass jedesmal, wenn es an den US-amerikanischen Aktienmärkten zu einer Hausse kommt, ihr Geld die Heimat verlässt und an unsere Gestade kommt, an unseren Markt, wo es die Preise noch höher hinauftreibt. Die europäischen Banken lieben amerikanische Aktien. Ich glaube, dass es dafür mehrere Gründe gibt.

Einen habe ich schon genannt, und ein anderer besteht darin, dass das Wachstum der amerikanischen Unternehmenswelt mehr auf Geschäften und Gewinnen beruht als in Europa mit seinen gewichtigen Familienbanden.

In Asien strotzt die Finanzgemeinde vor vielschichtigen Geschäftsbeziehungen, und es gibt eine schier unübersichtliche Vielfalt von geschäftlichen Winkelzügen. Die Investoren fühlen sich hier wohler, weil sie wissen, dass der amerikanische Markt mehr Wahrheit enthält als ihr eigener.

Zu jedem beliebigen Zeitpunkt wird irgendwo auf der Welt eine Regierung gekippt, ein Regime, ein Wirtschaftssystem oder ein ökonomischer Ansatz gestürzt, der ein Land beherrscht. Für die Vereinigten Staaten gilt das nicht, ja die Anleger halten so etwas nicht einmal im Entferntesten für möglich. Dies erklärt, warum ausländischen Investoren unser Aktienmarkt so gut gefällt. Wir stehen für Stabilität, Wachstum und faire, offen auf dem Tisch liegende Unternehmensbeziehungen.

Deshalb glaube ich, dass nicht nur Privatanleger und Investmentfonds die nächste Hausse immer weiter nach oben treiben werden, sondern dass eine Vermögenswelle aus der ganzen Welt an unsere Küste strömen wird und die besten Unternehmensaktien der Vereinigten Staaten kaufen wird. Wenn es so kommt, wie ich vermute, dann können wir ziemlich genau vorhersagen, welche Art Aktien diese Menschen kaufen werden. Auch sie haben ihre Lektion gelernt, was das Hochtreiben von Hightech-Wachstumsaktien, von Momentum-Aktien und Ähnlichem betrifft. Dieses Mal wollen sie das Gleiche haben, was wir – hoffentlich – im nächsten Börsentief gekauft haben werden.

Wenn Sie das Glück haben, ganz knapp vor den großen Fonds und den Auslandsinvestoren einzusteigen, dann dürften Sie größere und schnellere Gewinne bekommen als diejenigen, die erst dann auf den Zug aufspringen, wenn er den Bahnhof schon verlassen hat.

Der Schlüssel zum Verständnis der Investoren

Es ist nicht allzu schwer, sich auszumalen, was die Anleger tun werden. Es ist ihre feste Gewohnheit, auf die Vergangenheit zu blicken und zu überlegen, was sie in Zukunft tun wollen. Jetzt haben sie gelernt, sich von der Art Aktien fernzuhalten, die beim letzten Mal zum Debakel geworden ist. Deshalb werden sie sich nicht für Technologiewerte entscheiden.

Wenn sie auf die Vergangenheit blicken, wird sich ihre Aufmerksamkeit auf die spektakulären Aufwärtsbewegungen konzentrieren, die beispielsweise zahlreiche Aktien vollführt haben, die in der Zeitschrift *Worth* als Empfehlungen der Redaktion vorgestellt wurden. Ziemlich viele Anleger sind immer noch in diese Aktien investiert, und andere werden ihre Aufmerksamkeit in der Annahme auf diese Aktien richten, dass etwas, das schon einmal oben war, wieder steigen wird.

Ein Leben lang haben wir versucht, preiswert zu kaufen. Sonderangebote reizen uns – wir kaufen gerne Dinge, die wir für preiswert halten, von denen wir glauben, sie seien mehr wert. Das zeigt sich nirgendwo deutlicher als am Aktienmarkt. Die Anleger lassen sich von preiswerten Aktien einfangen, weil sie sich spektakuläre Kurssteigerungen vorstellen können – besonders wenn eine preiswerte Aktie früher einmal einen höheren Preis hatte.

Das Katastrophenmuster

Passend dazu möchte ich Ihnen das Muster für die Katastrophe zeigen – eine einfache Chartformation, die mir über die Jahre aufgefallen ist und die sehr zuverlässig ist. Ehrlich gesagt habe ich mit diesem Muster kein Geld verdient, aber ich verwende es zur Vermeidung von Verlusten, und das ist genauso wichtig. Zum ersten Mal ist mir dieses Muster im Jahre 1962 beim Zuckerpreis aufgefallen.

Der Zuckerpreis hatte einen jener spektakulären Durchmärsche hinter sich, die auf einer langfristigen Basis beginnen und dann exponentiell ansteigen. Es waren Vermögen gemacht worden, glückliche Zeiten waren angebrochen. Es schien unmöglich, dass die Preise wieder sinken könnten.

Aber natürlich mussten sie das tun! Ein blitzartiger Rückschlag formte den Gipfel, und darauf folgte eine fast sofortige plötzliche Erholung. Aber sie trug den Zuckerpreis nicht auf neue Höhen hinauf. Sie wich fast sofort einer weiteren Verkaufswelle, und diese mündete in das Tief, von dem aus das letzte Aufbäumen begann.

Kurz gesagt war der Zuckerpreis spektakulär exponentiell angestiegen, hatte zurückgesetzt, und darauf folgte eine gescheiterte Erholung. Danach fiel der Zuckerpreis über Jahre hinweg weiter, von 1962 bis 1973. Mitte der 1960er-Jahre sah ich das gleiche Muster wieder, diesmal bei einer der beispiellosen Überflieger-Aktien jener Zeit, Syntex. Wieder stieg der Preis exponentiell an, setzte zurück und versuchte ein letztes Mal vergeblich, sich zu erholen, wonach er unter den vorherigen Tiefpunkt einbrach. Es war vorbei. Syntex kam nicht mehr zurück. Aber die Investoren dachten, das würde doch noch passieren. Das Unternehmen operierte immer noch im selben Geschäft und stellte die gleichen Produkte her. Aber die Aktie war dermaßen überbewertet und im Ungleichgewicht mit der Realität, dass die hohen Preise, die die Anleger zu zahlen bereit gewesen waren, der Vergangenheit angehörten und nie wieder erreicht wurden.

In vielen Fällen – zum Beispiel Hoe & Co., KleerView und Astrodata – stürzten die Aktien in den 1960er-Jahren nach dem exponentiellen Muster nicht nur ab, sondern die Unternehmen stellten ihre Geschäftstätigkeit ein! Es sieht so aus, als könnte der Preis nur einen gewissen exponentiellen Anstieg ertragen, ohne dass er dem Unternehmens-Kamel für lange, lange Zeit das Kreuz bricht.

Ein weiteres schlagendes Beispiel zeige ich in Abbildung 5.2, und zwar den Goldpreis 1978. Wieder sehen wir einen riesigen exponentiellen

ABB. 5.2

Comex Gold 1976 bis 1991. Erstellt mit „Navigator Pro 2.26: TOOLS OF THE TRADE Module" – www.GFDS.com

Anstieg, den typischen Einbruch und das letzte Aufbäumen. Der Goldpreis kam nicht mehr zurück – nicht 1980, nicht 1982 und nicht 1987. Er kam einfach nicht mehr in Gang. Sehen Sie sich außerdem das Allzeithoch des Weizenpreises an (Abbildungen 5.3 und 5.4). Zu Studienzwecken zeige ich Ihnen eine ganze Anzahl Beispiele für dieses Muster (Abbildungen 5.5 bis 5.12).

Das für alle Zeiten klassische Beispiel „Made in America" ist der Crash des Jahres 1929, der frappierende Ähnlichkeit mit dem Nasdaq-Crash der Jahre 1999 bis 2000 hat (Abbildung 5.12). Da sehen Sie es schon wieder: Abermals tauchen die verflixte Neun und die verflixte Null auf – oder besser gesagt ab.

Ich glaube, es gibt einen Grund für dieses Muster aus Aufstieg, Rücksetzer und gescheiterter Erholung. Zum großen Teil beruht es darauf, dass viele Anleger nach dem Höchststand an der Aktie festhalten. Ab einem gewissen Punkt jedoch geben sie diese Anlage vollkommen auf und verkaufen bei praktisch jeder Erholung, die die Aktie oder der Rohstoff erlebt. Anders gesagt besteht ein immenses Überangebot, das auf Preisanstiege wie ein Dämpfer wirkt. Kurserholungen werden mit riesigen Verkäufen

ABB. 5.3

Weizenpreis 1969 bis 1987. Erstellt mit „Navigator Pro 2.26: TOOLS OF THE TRADE Module" – www.GFDS.com

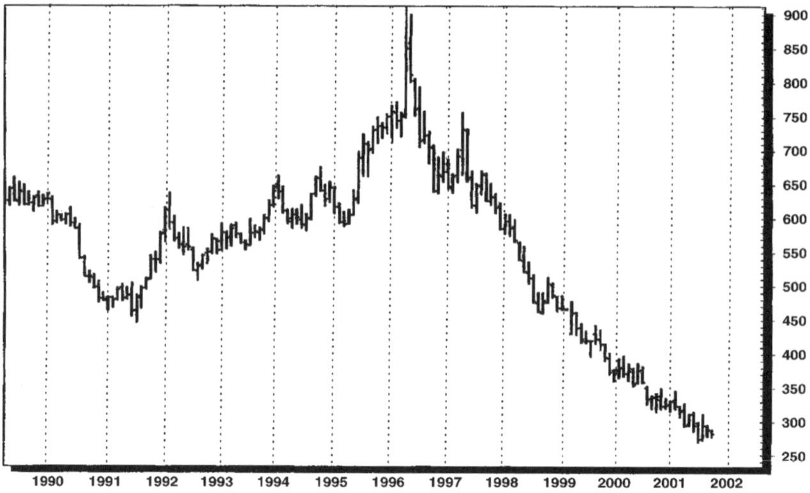

ABB. 5.4
Weizen 1990-2002

ABB. 5.5
Zucker 1973-1989

ABB. 5.6
Zucker 1979-1994

ABB. 5.7
Sojabohnen

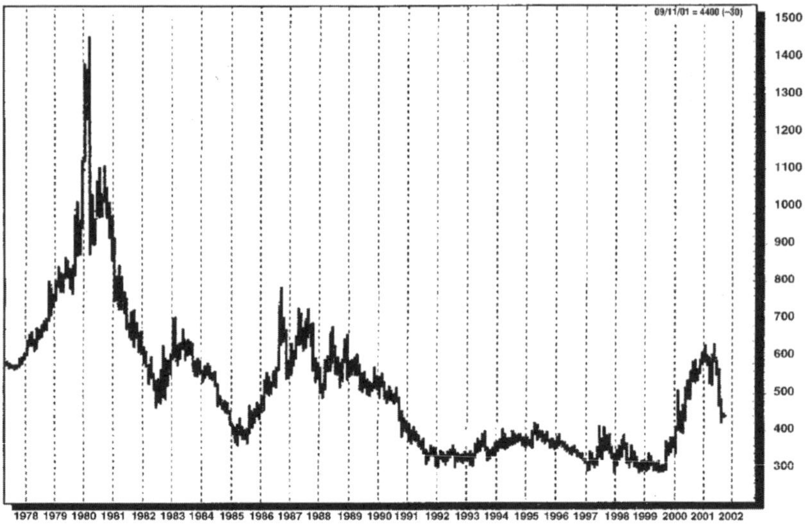

ABB. 5.8
Platin

ABB. 5.9
Hafer

ABB. 5.10
Kaffee

ABB. 5.11
Japanischer Yen

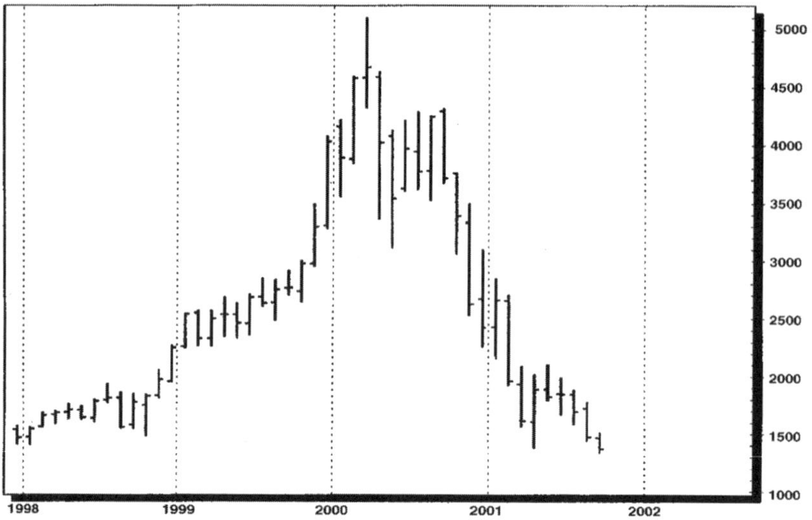

ABB. 5.12
Nasdaq 100 Index

beantwortet. Die Menschen nehmen die Füße in die Hand und stoßen ihre Longpositionen ab. Die Investmentfonds gehören zwar auch zu diesem Szenario, aber die meisten von ihnen haben ihre Aktien bereits losgeschlagen, wenn die Preise so tief gesunken sind, und daher sind sie wohl nicht für einen sehr großen Teil des Überhangs verantwortlich.

Aber sie fassen diese gefallenen Engel nie wieder an. Die Unterstützung der institutionellen Anleger, die sie einst nach oben getrieben hatte, existiert nicht mehr. Die „großen Jungs" wollen diese Aktien nicht mehr haben, es ist peinlich, sie in seinem Portfolio zu haben. Selbst wenn man weiß, dass die Preise niedrig genug sind, so dass sie den Wert repräsentieren, will niemand die Verlierer oder die Aktien haben, die sich als Pleiten erwiesen haben. Wenn eine Aktie einmal die institutionelle Unterstützung verloren hat, fällt es der Öffentlichkeit sehr schwer, die Preise alleine wesentlich nach oben zu treiben. Solche Aktien trudeln weiter abwärts und definieren das Gesetz der Schwerkraft neu, denn sie fallen noch tiefer als zuvor.

Dieses Muster ist äußerst wichtig, und ich hoffe, dass es sich in Ihr Gehirn einbrennt, damit Sie sich nicht durch den Kauf solcher Damokles-Aktien die Finger verbrennen. Lassen Sie sich nicht von zungenfertigen Brokern zum Kauf überreden, weil der Preis irgendwann einmal hoch war. Das ist Vergangenheit. Es gibt praktisch keine Sicherheit, nicht einmal einen Hinweis darauf, dass die hohen Preise vom letzten Jahr für künftige hohe Preise sorgen. Wenn man sich dieses Argument betrachtet (Preise, die im Vergleich zu früher niedrig sind, müssen deshalb wieder zur früheren Höhe zurückkehren), erkennt man, dass es offensichtlich falsch ist.

Das Problem bei der reinen Betrachtung von Preisbewegungen ist die Tatsache, dass man dabei keine Dividenden, nicht das Wachstum der Branche und nicht die Entwicklung des Unternehmens berücksichtigt. Wir haben die logisch-rationale und kluge Kurzschlussentscheidung gefällt, dass offenbar Wert vorhanden ist, wenn die Preise im Vergleich zum früheren Stand niedrig sind. Von grundlegenderer Bedeutung ist aber die Tatsache, dass es für die niedrigen Preise einen Grund gibt:

Dem Kamel wurde das Kreuz gebrochen, und diese exponentiellen Märkte kommen sechs bis zwölf Jahre lang nicht mehr zurück. So lange dauert es, bis eine solche Aktie wieder ihre Siebensachen beieinander hat, bis sie ihren schlechten Namen reingewaschen hat, ihr Image aufpoliert hat und wieder die Unterstützung der institutionellen Anleger für sich verbuchen kann.

Ein Hinweis auf die Zukunft der Nasdaq

Seit dem hinterhältigen Überfall der Nasdaq fragen mich Anleger und Freunde, was ich von diesem Markt halte, der sich auf die Formel bringen lässt: „Wann kommen meine Aktien wieder zurück?" Ich beantworte diese Frage lieber nicht, denn ich weiß, dass sie die Antwort lieber nicht hören wollen. „Der beste Vergleich", so sage ich ihnen,„ist vielleicht ein Blick auf das Geschehen in Japan. Hier, schau dir den Langzeitchart des Nikkei an. Siehst du, wie ähnlich er dem Nasdaq-Chart sieht? Siehst du den exponentiellen Anstieg 1989 (man beachte auch hier das neunte Jahr nach dem Jahrzehntmuster)? Hör mal, sieht das etwa nicht aus wie die Nasdaq?", frage ich.

So ungefähr an diesem Punkt steht ihnen der Mund offen. Dann sagen sie: „Ja, dieser Anstieg sieht genauso aus wie der da, aber das war vor 14 Jahren! Willst du mir etwa sagen, dass mit meinen Aktien das Gleiche passiert?"
„Möglicherweise", sage ich dann als Ausweichversuch, „vor allem wenn die Unternehmen, in die du investiert hast, keinen Gewinn erwirtschaften, oder wenn der Preis der Aktie im Verhältnis zu dem Gewinn des Unternehmens relativ hoch ist."
Dann murmeln sie etwas über Wachstumsunternehmen, die Teil der Zukunft sein werden, dass sie dorthin zurückkehren werden, wo sie früher einmal standen – dass diese Unternehmen nicht pleite machen würden. Ich schüttele den Kopf und gebe meinen allerletzten guten Rat: „Schluck diese Pille – diese lahmen Krücken kommen nicht mehr zurück. Der Nikkei, der Goldpreis und der Rohstoffmarkt, das sind die Modelle, die du studieren musst."

6. KAPITEL

Der Sinn von Investitionen

AUF DÜNNEM EIS SCHLITTSCHUH ZU LAUFEN IST BESSER ALS GAR NICHT SCHLITTSCHUH ZU LAUFEN.
-JOHN SHANAHAN

Jeder will reich werden und ausreichend Geld haben, entweder um es auszugeben oder um damit zu prahlen. Geld zu verdienen ist inzwischen so beliebt wie Perrier. Eine Generation von BMW fahrenden Yuppies fiel mit einer Hausse zusammen, die einen Wohlstand schuf, der über die Erwartungen vieler Menschen hinausging und selbst ihre wildesten Träume übertraf.

Dieser Wohlstand kam allerdings so schnell, dass die meisten Anleger nicht groß über den Sinn ihrer Investitionen nachdachten. „Mädchen wollen einfach Spaß“ [Girls just wanna have fun]; die meisten Menschen wollen einfach Geld. Wie genau man das erreicht, wird oft mehr als Zufallsphänomen betrachtet – etwas, das mit Glück und mit dem richtigen Ort zur richtigen Zeit zu tun hat – denn als Produkt klaren Denkens und sorgfältigen Researchs.

Was den Gelderwerb angeht, so fängt alles mit der Absicht an, reich zu werden. Ohne diese Absicht gibt es keine produktiven langfristigen Gewinne. Jedoch ist der Weg in die Hölle bekanntermaßen mit guten Absichten gepflastert. Deshalb denke ich, dass wir dem Sinn große Aufmerksamkeit widmen müssen, damit unsere Absichten auch Früchte tragen können.Wenn Sie mit Ihren Investitionen beabsichtigen, schnell reich zu werden, dann brauchen Sie eine andere Strategie als jemand, der mit der Zeit Wohlstand ansammeln will.

Ich würde sagen, dass man am Aktienmarkt durchaus schnell reich werden kann, aber das ist weniger wahrscheinlich und mit einem höheren Risiko verbunden. Das Risiko, dem wir als Anleger alle ausgesetzt sind, hängt weitgehend von zwei Faktoren ab, die wir untersuchen müssen. Der erste ist die Zeit, der zweite die Auswahl.

Betrachten wir zunächst die bestehenden Anlagemöglichkeiten. Es gibt ja in der Welt der Geldanlage nicht nur den Aktienmarkt. Es gibt noch andere sehr gute Anlageinstrumente: Anleihen, ein eigenes Geschäft, Immobilien und für manche Anleger auch Gold und andere Edelmetalle. Ich möchte dieser Liste noch Kunstobjekte und Antiquitäten hinzufügen. Alle diese Vehikel haben ihre Vorteile, aber nur Immobilien und Aktien bringen kontinuierliche Performance und bieten dem Anleger ausreichend Daten als Grundlage für intelligente Entscheidungen.

Zufällig sammele ich eine bestimmte Art von Kunst. Das Problem dabei ist, dass nicht nur die Schönheit im Auge des Betrachters liegt, sondern auch der Preis. Und außerdem werden nicht täglich, ja nicht einmal jährlich Zahlen über den Wert der Objekte veröffentlicht, die ich besitze. Ich sammele, weil mir das gefällt, was ich sammele. Mit Kapitalzuwachs hat das nicht viel zu tun. Dieser Markt ist nur sehr schwer zu verfolgen, es sei denn, man folgt seinem Herzen.

Das klingt nicht gerade nach einer Möglichkeit, Geld zu verdienen, oder? Aber es kommt nicht selten vor, dass seltene alte Gegenstände für das Zehnfache dessen verkauft werden, was man dafür bezahlt hat. Wie bei anderen Investments auch, steigt der Wert mancher Objekte nicht, und bei manchen geht er sogar zurück. Das Beste daran ist, dass es keine Unterhaltungskosten gibt, kein Anstreichen, kein Mähen, keine reparaturbedürftigen Installationen, keine Mieter, von denen man Geld eintreiben muss und keine täglich abgedruckten Preisschwankungen. Es gibt nur Kunstgenuss ... reine Freude.

Die beste Investition, die Sie je tätigen werden

Halten wir einen Moment inne und denken wir kurz darüber nach, wo das ganze Geld überhaupt herkommt. Wie kommt es, dass die Anleger Geld haben, das sie in Investmentfonds und/oder in die Börse stecken können? Irgendwo muss es ja herkommen. Ja schon, es kann aus einem

Rentenplan stammen, aber was hat das Geld für den Rentenplan erzeugt? Alle Rentenpläne werden entweder von der Privatwirtschaft oder vom Staat finanziert. Denken Sie daran, dass der Staat einen großen Teil seines Geldes als Steuern aus der Privatwirtschaft bekommt – Steuern auf Einkommen, die in Privatunternehmen erzeugt werden.

Hoffentlich stimmen Sie mit mir darin überein, dass in dieser Sichtweise jeglicher Wohlstand aus Unternehmen stammt. Man kann die gigantischen Großunternehmen verabscheuen und so viel gegen sie wettern, wie man will, aber unter dem Strich lässt sich eines nicht wegdiskutieren: Produktivität und Wohlstand werden von Wirtschaftsunternehmen erzeugt. Das kann ein kleiner Familienbetrieb sein oder IBM. Das ist egal – dort wird das Geld gemacht. Regierungen erzeugen kein Geld; sie eignen es sich an.

Entsprechend ist die beste Investition, die Sie tätigen können, Ihr eigenes Unternehmen. Zugegeben, manche Menschen wollen kein eigenes Geschäft. Sie arbeiten lieber für jemand anders als das Risiko auf sich zu nehmen, eine Gesellschaft zu gründen, ein Unternehmen, das enorme Verantwortung und Verpflichtungen mit sich bringt. Aber der alte Spruch gilt immer: Wer nichts wagt, der nichts gewinnt. Es ist viel weniger riskant, eine Arbeitsstelle anzunehmen als sein eigenes Unternehmen zu gründen. Und deshalb werden Unternehmer, wenn sie Glück haben, besser belohnt als Arbeiter.

Wenn Sie also etwas Geld übrig haben, das Sie investieren möchten, dann rate ich Ihnen, zuerst über die Gründung eines Geschäftsunternehmens nachzudenken statt über eine Anlage an der Wall Street oder anderswo. Ich gehe davon aus, dass Sie Ihr Vermögen durch Ihren Job oder Ihre Karriere erworben haben und dass eine solide Grundlage vorhanden ist. Die meisten Menschen sagen, als Grundlage für Investitionen sollte man Versicherungen und Immobilien haben. Ich halte das für vollkommen falsch. Der Besitz von Immobilien erzeugt kein Geld, sondern nur Kaufen und Verkaufen. Eine Versicherungspolice lohnt sich nur, wenn man stirbt, und das halte ich nicht gerade für ein besonders kluges Anlagekonzept.

Ich glaube, dass die Menschen das auf irgendeiner kosmischen Ebene begriffen haben und dass das einer der Gründe dafür ist, warum Ende der 1990er-Jahre so viel Geld in den Aktienmarkt geflossen ist. Immobilien können eine äußerst gute Investition sein. Die meisten Menschen glauben, Immobilieninvestitionen würden sie vor Inflation schützen. In Zeiten inflationärer Konjunktur steigt der Wert von Immobilien, und auf diese Weise haben viele Menschen ein riesiges Vermögen gemacht.

Ich glaube, man kann getrost sagen, dass Immobilien keine bessere langfristige Anlage sind als Aktien. Das hat zwei Gründe. Erstens bedeutet die Investition in Immobilien normalerweise auch die Aufnahme von Schulden. Schulden sind hohe Geschäftskosten, und während Ihnen der freundliche Immobilienmakler belegt, dass die Preise über die letzten 20 Jahre um X Prozent gestiegen sind, vergisst er darauf hinzuweisen, dass es in dieser Zeit etwas gekostet hat, die Immobilien zu halten. Diese Kosten gehen vielleicht weit über die Zinssätze hinaus. Der Preis, den man tatsächlich für ein Haus bezahlt, beträgt aufgrund der Zinsbelastung gewöhnlich das Dreifache des Kaufpreises. Dazu kommt noch, dass das Haus gestrichen werden musste, das Grundstück gemäht, versichert und sonstwie unterhalten – und dass natürlich auch Steuern bezahlt werden mussten. Wenn man die Kosten für die Unterhaltung des Vermögenswertes sowie die rund sechs Prozent Gebühren für den Kauf und die sechs Prozent für den Verkauf in Abzug bringt, dann sehen die oberflächlich schönen Zahlen gar nicht mehr so gut aus. Noch einmal: Das soll nicht heißen, dass man mit Immobilien kein Geld verdienen kann. Damit werden Vermögen verdient. Aber diese Vermögen werden meistens von Investoren erwirtschaftet, die den Markt verstanden haben. Meines Erachtens haben solche Investoren entweder erhebliches Eigenkapital, oder sie haben einen übergroßen Kreditrahmen. Aber selbst solche Menschen sind schon in finanzielle Schwierigkeiten geraten. Wenn Sie allerdings die Region kennen, in der Sie leben, und wenn Sie einen Sinn für die künftige Wachstumsrichtung haben, dann können Sie mit Immobilien sicherlich Geld verdienen.

Zu den Dingen, die mir am Aktienmarkt so gut gefallen, gehört die Tatsache, dass sehr geringe Geschäftskosten anfallen, dass die Gebühren niedrig sind, dass man keine Versicherungen braucht, dass man in Sekundenschnelle verkaufen kann und sich keine Sorgen zu machen braucht, dass die Aktie abbrennt, dass es zu einem Rohrbruch kommt oder die Mieter nicht bezahlen. Aktien sind eine runde Sache, und man kann seine Investition dank des Internets und dank einer Fülle von Investment-Publikationen von jedem Ort der Welt aus überwachen. Den gleichen Vorteil genießt man, wenn man in Edelmetalle investiert. Man braucht sich dafür kein Gold aushändigen zu lassen, es reicht eine Besitzurkunde. Jedoch zeigen sehr langfristige Untersuchungen der Preisentwicklung, dass sich der Goldpreis nicht nur erheblich schwächer entwickelt hat als Aktien, sondern auch erheblich schwächer als Immobilien, Schatzanleihen und Schatzwechsel. Langfristig betrachtet hält der Goldpreis nicht einmal mit der Inflation Schritt! Ja schon, es hat einige großartige Preisanstiege gegeben, aber ich rede hier von der langfristigen Entwicklung.

Wenn ich schon einmal dabei bin, weise ich noch darauf hin, dass langfristige Staatsanleihen hinsichtlich des Gesamtertrags für den Zeitraum 1925 bis 1999 zwar die Schatzwechsel übertroffen haben, aber dass sie kaum über der Inflationsrate lagen.

Wenn man im Jahre 1925 Inflation „gekauft" hätte, dann hätte man bis zum Beginn des nächsten Jahrhunderts das 9,2-fache seines Geldes dazugewonnen. Das bedeutet, dass ein Artikel, der im Jahre 1925 einen US-Dollar kostete, im Jahre 2000 etwa 9,20 US-Dollar kostete. Wenn man Schatzwechsel gekauft hätte, dann wären aus der Investition von einem US-Dollar fast 15 US-Dollar geworden. Hätte man langfristige Staatsanleihen gekauft, wäre der Ertrag viel besser gewesen: 44 Dollar auf den Dollar, den man vor all diesen Jahren investiert hätte. Wenn Sie Immobilien gekauft hätten, dann hätte der Dollar im Schnitt annähernd 100 Dollar gebracht, der Ertrag wäre also mehr als doppelt so hoch gewesen wie der Ertrag langfristiger Staatsanleihen.

Wenn Sie allerdings Bluechip-Aktien gekauft hätten, dann wäre Ihre Investition von einem Dollar mehr als 2.000 Dollar wert gewesen!

Es wären keine großen Fachkenntnisse nötig gewesen, um Qualitätsaktien zu kaufen, und Sie hätten mit einem beliebigen Betrag anfangen können. Es wäre keinerlei Finanzierung nötig gewesen, und Sie hätten nie in eine Bank gehen und um ein Darlehen bitten müssen.

Klingt das etwa nicht gut? Wenn es nur so einfach wäre – etwas kaufen und es dann behalten. Das Problem, von dem Ihnen die Broker lieber nichts erzählen, besteht darin, dass ihre Ertragstabellen zwar einen Gewinn von 2.000 US-Dollar zeigen, dass Sie diesen Ertrag aber nur bekommen hätten, wenn Sie die Weisheit besessen hätten, nur diejenigen

Bluechips zu kaufen, die diese ganzen Jahre überlebt haben. Viele von ihnen haben nämlich nicht überlebt! Hier liegt also ein stillschweigener Auswahlprozess vor. Man geht davon aus, dass man die Aktien gekauft hat, die gesiegt haben. Aber das ist vielleicht gar nicht der Fall. Die meisten Anleger tun meistens das Falsche.

Der Trugschluss der Langfristanlage

Es ist ein verbreiteter Mythos, für die erfolgreiche Aktienanlage brauche man nichts weiter zu tun, als Qualitätsaktien zu kaufen und sie lange Zeit zu halten. Aber das stimmt einfach nicht, sondern ist eine sehr irreführende Auffassung. Das Einzige, dessen wir auf lange Sicht sicher sein können, ist die Tatsache, dass auf lange Sicht alle Menschen sterben.

Lassen Sie mich ein paar konkrete Beispiele bringen. Die Ford Motor Company war immer eine bedeutende Bluechip-Aktie, und in den letzten Jahren hat sie sich gut entwickelt. Wenn Sie sie wie so viele Anleger Ende der 1970er-Jahre gekauft hätten, dann hätten Sie aufgrund der Dividende von 2,60 US-Dollar pro Aktie auf die Investition von 10.000 Aktien ein Jahreseinkommen von 26.000 US-Dollar bekommen.

Als das Jahr 1984 herankam, funktionierte die langfristige Kaufen-Halten-Strategie schon nicht mehr so gut, weil die Dividende auf 1,73 US-Dollar gesenkt wurde und sich so das Jahreseinkommen auf 17.300 US-Dollar reduzierte. Und natürlich ging auch der Preis der Aktie zurück. Und es ging nicht viel besser weiter. Im Jahre 1981 wurde die Dividende auf 80 Cent gekürzt, so dass man statt der 26.000 US-Dollar nur noch ein Jahreseinkommen von 8.000 US-Dollar bekam. Dieser Trend hielt an. Im Jahre 1982 schüttete die Ford Motor Company überhaupt keine Dividenden aus. Ein Anleger, der die typische Bluechip-Aktie Ford gekauft hätte, hätte auf dem Trockenen gesessen. Die seit 15 Jahren praktizierte Strategie des „Kaufen und Halten“ war nicht erfolgreich. Die Investoren wurden durch diese Strategie schwer geschädigt.

Die Aktien steigen nicht immer – nicht einmal die Bluechips. Dafür gibt es einen Grund. So wie ich das sehe, sind die Langfristanleger die größten Glücksspieler des Marktes. Sie machen ihren Einsatz und lassen ihn

stehen. Wenn sie sich irren, können sie alles verlieren, weil sie die Chips auf dem Tisch der spekulativen Investments nie austauschen. Sie können viele Beispiele dagegen halten, bei denen sich die Strategie ausgezahlt hat. Das sind diejenigen, von denen man hört, aber es gibt sehr viel mehr Fälle, in denen sich die Strategie nicht gelohnt hat, in denen die langfristige Strategie des Kaufen und Halten gescheitert ist. Solche Geschichten eignen sich nicht sehr gut für Plaudereien auf Cocktailpartys. Die Anleger reden über solche Vorkommnisse nicht gerne. Das ist der Grund, weshalb man nie etwas von der negativen Seite langfristiger Investitionen in Aktien erfährt.
Hier nun eine Liste von Bluechip-Aktien, auf die Sie bitte einmal einen Blick werfen sollten:

American Express
Avon Products
Disney
RCA
Westinghouse
Polaroid
Honeywell
Howard Johnson

Das ist eine Liste von hervorragenden Unternehmensriesen – aber nicht von Aktien, die man in den Jahren 1972 bis 1974 hätte besitzen sollen, denn in jenem Zeitraum verloren sie mehr als 80 Prozent ihres Wertes! Ja, Sie haben richtig gelesen. Wenn Sie zur falschen Zeit gekauft hätten, nämlich zum Hoch 1972/1973, dann hätten Sie zugesehen, wie Ihre Investment-Dollars immer weniger geworden wären, weil diese Aktien Tiefs markierten. Was für einem Druck man standhalten muss, wenn man darauf wartet, dass der langfristige Trend einen wieder aus den Schwierigkeiten befreit! Zweifeln Sie so langsam an der Weisheit der Langfristigkeit, am Kaufen und Vergessen? Das ist gut so.
Manche Lektionen lernt man niemals. Die angeblichen Bluechips von 1972 und 1973 haben sicher ihre wohlverdiente Strafe erhalten, aber das war noch gar nichts im Vergleich zu dem, was in den Jahren 2000 und 2001 passierte. Eines der renommiertesten Wirtschaftsmagazine war

damals das populäre *Worth*. Die Redakteure brachten Aktien, die sie als „die besten Vertreter der New Economy“ identifizierten. „Die Redaktion hat die hier erwähnten Unternehmen aufgrund ihrer Geschäftspläne, ihrer hochwertigen Produkte, ihrer soliden Finanzlage, ihres effizienten Betriebsablaufs und ihrer fähigen Manager ausgewählt. Außerdem müssen die Unternehmen in Märkten operieren, die das Potenzial für explosionsartiges Wachstum haben.“

Die Redakteure der Zeitschrift müssen ja wenigstens einen Hauch von Marktwissen und Erfahrung gehabt haben, um in diese Positionen zu gelangen. Ich bezweifle, dass diese Journalisten am Tag zuvor in der Stadt angekommen und aus dem Zug ausgestiegen waren. Sie schrieben glühende Kommentare über die erwähnten Aktien und die New Economy. Hier ist die Liste mit den Preisen der von ihnen empfohlenen Aktien im August 2000, im August 2001 und Ende des Jahres 2002:

	August 2000	August 2001	31. Dezember 2002
Applied Materials	$ 81,0	$ 48,0	$ 11,0
Broadcom	$ 259,0	$ 44,0	$ 16,0
Cisco Systems	$ 65,0	$ 20,0	$ 13,0
CMGI	$ 37,0	$ 2,0	$ 1,0
eBay	$ 56,0	$ 61,0	$ 67,0
Enron	$ 88,0	$ 45,0	$ 0,0
Millenium Pharmacies	$ 111,0	$ 31,0	$ 8,0
News Corp.	$ 52,0	$ 37,0	$ 26,0
Nokia	$ 41,0	$ 21,0	$ 15,5
Oracle	$ 83,0	$ 18,0	$ 11,0
Charles Schwab	$ 38,0	$ 15,0	$ 17,0
Sun Microsystems	$ 122,0	$ 17,0	$ 3,0
Sycamore Networks	$ 154,0	$ 7,0	$ 3,0
WorldCom	$ 35,0	$ 14,0	$ 0,0
Gesamtwert	$ 1.222,0	$ 380,0	$ 185,5

Jetzt sehen Sie, wie teuer es werden kann, Überfliegeraktien nachzujagen. Wer als Anleger der Zeitschrift *Worth* gefolgt ist (vielleicht sollte man es lieber in „Worse“ umtaufen), hat 85 Prozent seines Geldes verloren. Ich weiß nicht, was Sie denken, aber ich vermute, dass es Jahre über Jahre dauern wird, bevor diese Liste heißer Aktien auch nur annähernd an den Breakeven-Punkt für Investoren herankommt, die gedacht hatten, das sei eine sichere Sache. Das war also ein ziemlich teures Abonnement, und es beweist meine Auffassung, dass Börsen-Bildung entweder wertlos oder unschätzbar wertvoll ist; dazwischen gibt es nicht viel.

In der Augustausgabe 2000 von *Worth* priesen die Redakteure die 31,8 Prozent Gewinn an, die diese Liste von Aktien seit Jahresbeginn gemacht hatte, und die 116 Prozent Gewinn der vorangegangenen zwölf Monate. Jetzt bedeutet das nicht mehr viel. Was es bedeutet oder was wir aus dieser Erfahrung lernen sollten (außer dass wir unser Abonnement kündigen), ist die Tatsache, dass es ein heikles und gefährliches Spiel ist zu versuchen, den Anführer zu erwischen. In den meisten Fällen endet der Anführer am hintersten Ende der Herde, und Sie sind dann derjenige, der mit einem Sack voll geplatzter Hoffnungen dasteht. Es ist eine einfache Tatsache des Investment-Lebens: Wenn die Mehrheit der Anleger hinter den vormals heißen Aktien her ist, dann ist das Spiel schon so gut wie aus.

Am Besten kann man das so ausdrücken: Wenn Otto Normalanleger die Zahlenkombination des Schlosses gelernt hat, das vor dem unbegrenzten Börsenreichtum hängt, dann ändert jemand anders die Kombination.

Neu lernen

Der unverschämte Anleger John Livermore fasste es optimal zusammen, als er schrieb: „Ich glaube, man kann mit Sicherheit behaupten, dass das Geld, das kurzfristig orientierte Spekulanten verloren haben, nichts im Vergleich zu den gigantischen Summen ist, die die so genannten Anleger verloren haben, die ihre Anlagen einfach haben laufen lassen. Der kluge Anleger handelt sofort und begrenzt so seine Verluste auf ein Minimum.“

Auf den morgigen Tag zu setzen ist ein heikles Geschäft voller Risiken und Chancen. Und jetzt stellen Sie sich die gleiche Spekulation auf 20 bis 30 Jahre in die Zukunft vor. Sehen Sie, wie verrückt es ist zu glauben, man könnte so weit in die Zukunft sehen? Die Menschen lassen sich so gern von dem Gedanken der Langfristanlage verführen, weil man dann nicht viele Entscheidungen treffen muss und nicht viel daran arbeiten muss; und ihnen gefällt der Gedanke eines langfristigen Sparstrumpfs. Der Glaube, man habe irgendeinen langfristigen Plan, gibt den Menschen ein heimeliges, warmes Gefühl – ihr Leben ist voll durchgeplant. Eine gute Investition kann zu einer Langfristanlage werden, und aus diesem Grund müssen wir jede Investition, die wir tätigen, ständig im Lichte veränderter Lebens- und Markt-Umstände neu bewerten.
Also ist der Zeitrahmen, den der Anleger wählt, genauso wichtig wie das Instrument, in das er investiert. Erinnern Sie sich, als wir die saisonalen Muster des Dow Jones Industrial Average betrachtet haben, haben wir gesehen, dass er regelmäßige Hochs oder Tiefs bildet, die gewöhnlich etwa sechs Monate bis ein Jahr dauern. Aber es gibt eindeutig keinen geradlinigen Weg für Investitionen am Aktienmarkt. Das hat es noch nie gegeben und wird es auch nie geben. Deshalb sollte der Zweck der Investitionen der Einstieg zur rechten Zeit und der Ausstieg zur rechten Zeit sein.
Zugegebenermaßen können wir das nie perfekt machen, aber die Zahlen zeigen sehr deutlich, dass man damit in einem mittelfristigen Zeitrahmen sogar bei teilweisem Gelingen viel erfolgreicher ist als mit dem langfristigen Kaufen und Halten.
Wenn Sie beabsichtigen, mit Aktien Gewinne über ein halbes bis ein ganzes Jahr zu erzielen, dann fahren Sie meines Erachtens weitaus besser als kurzfristig orientierte Trader und langfristige Halter.

In welche Aktien man investieren sollte

Ich glaube, man kann getrost sagen, dass so gut wie alle Anlagestrategien an der Börse in eine von zwei Kategorien fallen. Die erste ist anscheinend die beliebteste; sie besteht darin, die „heißen" Aktien zu kaufen, die angesagten Aktien, über die die Menschen nach Feierabend reden, über die sie auf der Arbeit reden und die ihnen in den Medien schmackhaft gemacht werden.

Heiße Aktien wird es immer geben – eine Gruppe von Wertpapieren, die mehr bringt als andere Gruppen. So ist das eben. Wenn es gut 7.000 Aktien gibt, dann kann man sicher sein, dass einige vorne liegen, aber das heißt nicht, dass sie weiterhin vorne bleiben werden. Nach meiner Erfahrung werden solche Aktien – nennen wir sie einmal Überflieger – sehr heiß und dann sehr kalt. So gut wie alle Überflieger, die ich über die Jahre gesehen habe, sind irgendwann zusammengebrochen. Dort will ich nicht hin, dort will ich mein Geld nicht haben.

Was schnell steigt, bleibt nicht lange oben; einige Investoren springen zwar auf den schnellen Anstieg auf und erzielen außerordentliche Gewinne, aber das ist ein bisschen wie Russisches Roulette. Wenn in der Trommel eine Kugel ist und wenn man sie oft genug dreht, dann kommt sie irgendwann, und man verliert.

Da man mit Sicherheit sagen kann, dass alle Überfliegeraktien am Ende ihre Verlusttage und -Jahre haben, habe ich mich entschieden, die Tagesmode zu meiden, denn ich weiß, dass bei diesen Aktien wirklich erhebliche Verluste vorprogrammiert sind. Es ist nicht ungewöhnlich, dass Überflieger bankrott machen, dass der Kurs von 100 auf 15 Dollar fällt. Das ist unbestreitbar möglich, und das ist das zentrale Problem, wenn man das kauft, was gerade angesagt ist. Hoch fliegende Wachstumsaktien sind Kugeln in der Investmenttrommel.

In der Bibel heißt es: „Die Ersten werden die Letzten sein." Ich will nicht das Risiko eingehen, Aktien zu kaufen, die plötzlich auf den letzten Platz zurückfallen.

Beständigkeit wird belohnt

Ich lasse die Meute sehr gerne den heißen Werten des Tages nachlaufen und so genannte „Momentum-Trades" machen – und hoffen, dass es noch einen größeren Deppen gibt, der die gleichen Aktien zu noch höheren Preisen kauft. Das ist der Kern ihres Spiels; sie zielen auf alles, was sich bewegt, was eine provokative Story hat und was normalerweise ganz einfach die Anleger von ihrem hart erarbeiteten Geld trennt.

Es gibt nur einen Weg, dieses Geld zurückzubekommen, und zwar dass die Aktie ihren parabolischen Aufstieg fortsetzt. Das kann zwar passieren, aber wenn solche Brücken einstürzen, dann mit lautem Getöse. Viele Aktien verlieren an einem Tag 20 bis 30 Prozent der Gewinne, die sie den Anlegern gebracht haben. Wenn sie derart viel verlieren, werden die Anleger an die Aktie gefesselt, denn sie glauben, sie könnten nicht aussteigen, weil sie so tief gesunken ist. Sie haben keine Alternative. Was als Investition begonnen hat, wird zur aufgezwungenen langfristigen Halteposition.

Ich will auf etwas Sichereres setzen. Ich setze auf Beständigkeit. Über die langfristige Entwicklung wissen wir mit Sicherheit, dass Wert am Ende siegt; er wird belohnt. Aber wir wissen auch, dass die Langfristigkeit flüchtig ist; sie besteht aus Blöcken guter und schlechter Zeiten; wir konzentrieren uns auf die guten Zeiten. Deshalb verwenden wir für unsere Investitionen sichere und weniger spekulative Instrumente. Die Aussicht auf erhebliche Gewinne überlassen wir mit Freuden anderen Anlegern. Vielleicht bekommen sie sie auch (das hoffe ich), aber in Wirklichkeit wohl eher nicht. Der Gedanke an diese großen Gewinne ist verlockend, aber wenn wir beispielsweise die Performance der 25 besten Wachstumsfonds betrachten, dann sehen wir, wie schwer es für professionelle Investoren ist – Menschen, die Milliarden von Dollar managen –, in ihren Portfolios exponentielle Gewinne zu erzielen.

Bedenken Sie, dass diese Menschen die Überflieger als Erste erwischen. Ihnen steht das beste Research der Welt zur Verfügung, und es ist ihr Job, Überflieger einzufangen. Aber ist das überhaupt möglich? Es sieht nicht so aus, denn sie machen ihre Sache nicht sehr gut, wenn man ihre veröffentlichte Performance betrachtet. Wenn nicht einmal die das können, wie kann man da erwarten, dass Otto Normalverbraucher dieses offenbar schwierige Spiel gelingt?

Die interessanten Zahlen in Tabelle 6.1 können wirklich eine Lehre sein. Sie zeigt eine Aufstellung der 25 besten Wachstumsfonds von dem Börsenhoch im Oktober 1990 bis Mitte August 2001. Den größten prozentualen Gewinn scheffelte Smith Barney mit einem Zuwachs von 567 Prozent, während der Fonds auf Platz 25 gesunde 368 Prozent hinzugewann. Oberflächlich betrachtet klingt das höchst beeindruckend.

Aber wir müssen schon etwas tiefer blicken, wenn wir sehen wollen,

Investmentfonds	Prozentualer Gewinn
Smith Barney A Aggressive	567 %
Van Kampen Funds A	554 %
Vanguard Funds Prime Cap	561 %
AIM Funds Aggresive	499 %
Waddell and Reed	492 %
Federated Institutional, Kaufman	491 %
RS Funds Emerging Growth	480 %
Dreyfus Founders	450 %
WM Group NWest	444 %
Liberty Acorn	443 %
Fidelity Inv Growth	437 %
American Funds A Growth	431 %
One Group CI Mid Cap	417 %
Oppenheimer	413 %
Invesco Funds Dyn	411 %
Seligman Captl A	403 %
Delaware Class A Trend	390 %
GS Elfund Trusts	387 %
MFS Funds A Cap Opty	383 %
Federate A Captl Apprc	381 %
Brandywine	374 %
MFS Funds A MA	374 %
Parnassus Growth	374 %
Alger Funds B Large Cap	371 %
Gabelli Asset	368 %
Dow Jones Industrials Average	352 %

TABELLE 6.1
Die Top-25-Wachstumsfonds, Oktober 1990 bis 15. August 2001

wie gut die Performance wirklich war. Wenn man im Jahre 1990 ganz einfach den Dow Jones Industrial Average gekauft hätte – und bedenken Sie, dass dieser Index eher nicht die spektakulärsten Leistungen vollbringt –, dann hätte man einen kumulierten Gewinn von 352 Prozent. Damit will ich sagen, dass neun der 25 besten Fonds kaum besser waren als Kaufen und Halten des Dow Jones. Vergessen Sie dabei nicht, dass wir hier nur die besten Fonds betrachten – diejenigen, die bei der Auswahl von Wachstumsaktien am besten waren. Von den Tausenden und Abertausenden Fonds konnte nur eine Hand voll mit dem amerikanischen Aktienmarkt selbst Schritt halten! Nur eine erlesene Auswahl konnte sich deutlich vom Kaufen und Halten des Dow Jones abheben. Ich glaube, es gibt etwa 3.000 aktiv gemanagte Investmentfonds, und somit zeigt die Tabelle, dass nur eine verschwindende Anzahl von Fonds – eine winzige Anzahl jener Menschen, die nach Überfliegern suchen – die Indizes übertreffen konnte!

Wenn die Profis die Überflieger nicht erwischen, dann glaube ich, dass Sie und ich das auch nicht können. Aber wir können Qualität und Value anstreben, und dafür werden wir belohnt werden.

Wenn man im Anlagegeschäft Erfolg haben will, braucht man also klare Absichten und einen einzigen Zweck. Dieser Zweck richtet sich auf den richtigen Zeitrahmen für Ihre Investitionen sowie auf die richtigen Vehikel für diese Investitionen. Es wird viele Nebenschauplätze geben, die Sie von Ihrem Ziel weglocken. In der Hitze des Gefechts werden Sie Aktien sehen, die Sie gerne hätten, und Sie werden sich ärgern, dass andere Menschen mehr Geld verdienen als Sie. Irgendjemand wird Sie immer übertreffen, aber schauen Sie einmal, wo derjenige in sechs Monaten beziehungsweise in einem oder zwei Jahren steht, denn die Lieblinge von heute werden gewöhnlich die armen Hunde von morgen sein. Die Träume vom Investmenterfolg sind Schatten in einem Spiel um die Wirklichkeit. Bleiben Sie bei Ihren Absichten, richten Sie Ihre Zwecke aus, und Sie werden Ihren Börsenerfolg finden.

7. KAPITEL

Der Turbolader für Ihren Anlageertrag

DAS GEGENTEIL JEDES ALLGEMEIN AKZEPTIERTEN GEDANKENS IST FÜR IRGENDJEMANDEN EIN VERMÖGEN WERT.
-FRANCIS SCOTT FITZGERALD KEY

Die meisten Anleger machen alles falsch: Sie glauben, bei der Geldanlage gehe es darum, eine oder zwei heiße Aktien beziehungsweise Immobilien zu finden, sie zu kaufen und dann mit einem riesigen Gewinn wieder zu Geld zu machen. In Wirklichkeit wird in der Welt des Investments auf diese Art kein Geld verdient. Weit gefehlt, denn in diesem Geschäft will man, dass das Geld Ertrag bringt. In diesem Geschäft geht es darum, dass eine Geldsumme später mehr wert ist als jetzt. Es geht nicht darum, Eintagswunder oder Aktien zu finden, die irgendwann in der Zukunft nach oben schießen.

Denn das ist, wie wir gesehen haben, eine Art Russisches Roulette. Das ist ein bisschen wie Baseball – Homerun-Schläger schlagen oft daneben. Ist es nicht bezeichnend, dass Sportler wie Mark McGwire, Sammy Rosa und Barry Bonds zwar immens viele Homeruns erzielen, dass aber ihre Mannschaften die World Series nicht gewinnen oder gar nicht erst hineinkommen? Sie gewinnen nicht einmal die Meisterschaft ihrer Liga. So viel also zum Thema Homeruns. Sie sind zwar spektakulär und ein gewaltiger Anblick, fast so gewaltig wie eine Aktie, die sich innerhalb von sechs Monaten verdrei- oder vervierfacht, aber wenn man auf diese Weise investiert, dann geht es um Alles oder Nichts. Sie schlagen daneben. Viele Male. Und in diesem Geschäft ist das eine kostspielige Angelegenheit. Beim Baseball geht man in das Bat zurück, aber für einen Anleger ist das vielleicht nicht so einfach.

Bei ihrem Streben nach Anlageertrag konzentrieren sich die Menschen auf das Spektakuläre und vergessen dabei, dass man langfristige Ziele nur mit einem Handlungskonzept erreicht, das Ziele beinhaltet, ein theoretisches Verständnis dessen, was man zu erreichen hofft, und einen genauen Weg zur Erreichung dieser Ziele.

In diesem Kapitel möchte ich Ihnen bei der Aufstellung eines Schlachtplans für das Investment-Überleben helfen.

Erste Regel

Sie haben jetzt hoffentlich begriffen, wie verrückt es ist zu versuchen, Überfliegeraktien zu erwischen oder ewig an „Wachstumsaktien" zu hängen. Wenn es schon die Fonds nicht schaffen – und nur wenige schaffen es –, dann ist es für unsereinen wohl unmöglich, diese gut laufenden Aktien regelmäßig zu finden. Das gesamte Konzept der Investition in solche Aktien – oder so genannte Gelegenheiten – dreht sich im Grunde um Storys und Gerüchte beziehungsweise um das Aufspüren von Aktien, die weit gestiegen sind und deshalb noch weiter steigen sollen.

Die Suche nach solchen Aktien ist eigentlich kein richtiger Investmentansatz, sondern eher ein Glücksspiel. Man kauft dann keine Aktien, sondern man kauft hoch gesteckte Hoffnungen, die normalerweise mehr auf Übertreibung und Anlegerlatein als auf irgendetwas Substanziellem beruhen. Kurz gesagt gibt es für diese Art der Anlage keine Methodologie. Ich sage das, weil ich bei all meinen Untersuchungen herausgefunden habe, dass es absolut nichts gibt, womit man diejenigen Überflieger auswählen kann, die weiter fliegen.

Meistens fällt gerade in dem Moment, in dem man einen Überflieger gekauft hat, ein Triebwerk aus oder eine Tragfläche bricht ab, so dass unser schwer verdientes Geld in Flammen aufgeht.

Dieser Investmentansatz ist vor allem kurzfristig. Er hat nichts zu tun mit der konsequenten Anwendung erprobter Investmentmethoden oder -Strategien, von denen man weiß, dass sie Geld bringen. Der größte Fehler, den ich beging, als ich mit dem Aktienhandel und -Investment anfing, bestand darin, dass ich mich von Überfliegern angezogen fühlte. Ich glaubte, dass es möglich wäre, sie zu finden, sie zu kaufen und sie dann nur kurz zu halten, um sofort ein Vermögen zu verdienen. Aber in Wirklichkeit war ich dazu nicht in der Lage, und ich habe auch sonst niemanden gefunden, der das beständig schafft. Heiße Aktien sind sehr zufallsabhängig. Ich habe gelernt, den Zufall in meinem Leben abzuschaffen. Zufälliger Erfolg bringt genauso viel zufälliges Scheitern mit sich. Denken Sie daran: Wenn die großen Köpfe und Computer in der Wall Street das könnten, dann würden sie bessere Leistungen erbringen.

Erfolgreiche Geldanlage braucht einen Vorteil. Mein Lieblingsvergleich dafür sind die Spielcasinos in Las Vegas. Ich nehme an, dass Sie schon einmal dort waren oder zumindest Bilder von dieser erstaunlichen Stadt gesehen haben. Dort gibt es verkleinerte Nachbildungen aller Weltwunder mit Ausnahme der Chinesischen Mauer. Ich nehme an, dass sie dort als nächstes den Turm zu Babel bauen werden. Aber vielleicht gibt es den ja inzwischen schon.

Und was glauben Sie, wovon wurden diese Gebäude, diese fantastischen Hotels und Lasterhöhlen wohl bezahlt? „Ach, ich weiß“, werden Sie sagen, „von den Verlusten der Möchtegern-Spieler – Menschen, die glauben, sie könnten gegen das Haus gewinnen.“ Das ist absolut richtig. Glücksspieler investieren meistens nach dem Prinzip „alles oder nichts“. Sie versuchen in einem Spiel zu gewinnen, in dem die Chancen gegen sie stehen. Ja, manchmal gelingt ihnen das, aber dass die Casinos immer mehr Monstrositäten bauen können, sagt uns, dass sie auf Beständigkeit setzen.

Und wie machen sie das? Ganz einfach. In ihrem Spiel haben sie einen Vorteil, der von 1,5 bis 5 Prozent reichen kann. Durchschnittlich beträgt der Vorteil bei Glücksspielen etwa 2,5 Prozent. „Glücks-Spiele“, der Ausdruck gefällt mir. Die Jagd auf Überflieger ist genau das: ein Glücks-Spiel. Ein Vorteil von 2,5 Prozent interessiert die meisten Investoren nicht. Und deshalb handeln sie gefühlsbetont, weil sie glauben, den größten Anlageertrag bekäme man mit spektakulären Gewinnen.

Diese Menschen sollten lieber auf Albert Einstein hören, der einmal gesagt hat, die verblüffendste Sache auf der ganzen Welt sei seiner Meinung nach die Akkumulation von Zahlen. Ich will Ihnen ein Beispiel dafür geben:

Wir haben zwei Anleger. Der eine hat ein sehr gutes langfristiges Anlageprogramm, das 7,1 Prozent pro Jahr abwirft, während das Programm des anderen Anlegers mit 10,00 Prozent pro Jahr ein bisschen mehr bringt. Auf den ersten Blick könnte man meinen, dass sich die Endergebnisse der beiden Anleger nicht sehr unterscheiden, denn schließlich beträgt die Differenz zwischen den Renditen weniger als drei Prozent pro Jahr. Aber aufgrund der Zaubermacht der Akkumulation hat der Anleger mit den 7,1 Prozent nach 60 Jahren (etwas länger, als die meisten von uns investieren können oder wollen, aber das veranschaulicht den Punkt) 10.000 Dollar in sechs Millonen Dollar verwandelt. Er ist ein glücklicher Mensch, bis er erfährt, dass sein Nachbar mit einer nur wenig höheren Rendite aus der gleichen Geldsumme, nämlich 10.000 Dollar, am Ende atemberaubende 34 Millionen gemacht hat.

Aufgrund der Mathematik der Akkumulation machen die winzigen 2,9 Prozent Differenz gegenüber dem Jahresertrag von 7,1 Prozent einen Unterschied von 28 Millionen Dollar aus. Wie kommt das? Ganz einfach, weil der Akkumulierungseffekt gigantisch ist. Beachten Sie, dass keiner der Investoren eine phänomenale Rendite hatte. Somit sind sie beide weniger durch ihre Anlagestrategie reich geworden, sondern vielmehr durch die Beständigkeit des Ansatzes, der langfristig befolgt und durch die Akkumulation verstärkt wurde.

Und was sagt uns das? Wenn wir den Ertrag unseres Geldes maximieren wollen, brauchen wir in dem Spiel keinen riesigen Vorteil. Wir brauchen nicht Jahr für Jahr 100 Prozent Gewinn, um dem Aktienmarkt die Hosen auszuziehen. Für den Erfolg brauchen wir kein extremes Risiko. Die meisten Anleger haben unrealistische, unerreichbare Ziele. Deshalb verlieren sie ihr Geld mit Zinsen. Der Ansatz, den ich vorschlage, erkennt an, wie schwer es in Wahrheit ist, heiße Aktien zu erwischen oder aus heißen Tipps und Gerüchten Geld zu machen. Die Investmentwirklichkeit ist, dass wir uns diesen Risiken nicht auszusetzen brauchen und dass wir keine solchen Gewinne einzufahren brauchen, wenn wir in diesem Geschäft überaus erfolgreich sein wollen.

Das beste Anlageziel

Unser Ziel besteht also nicht darin, mit irgendeiner Einzelentscheidung einen Monstergewinn zu machen. Unser Ziel ist es, einen Ansatz zu entwickeln, der beständig Geld bringt, und dann diesen Ansatz beständig zu verfolgen. Wenn wir die Indizes übertreffen, dann übertreffen wir 80 Prozent der hellsten Köpfe von der Wall Street und können mit der Zeit ein Vermögen verdienen. Ich bin damit glücklich!

Und wie erreicht man das?

Bei dieser Art der Geldanlage braucht man eigentlich nur zwei Dinge zu beachten:

Erstens muss man Aktien mit der ausgeprägten Tendenz finden, den Markt zu übertreffen, sich zu erholen und die Anleger zu belohnen.

Zweitens muss man die geeignetsten Zeitpunkte identifizieren, ab denen sich diese Aktien erholen.

In Büchern über Geldanlage liest man zwar sehr gerne, dass es reine Zeitverschwendung ist, den Einstieg in den Markt zu timen, aber ich bin vollkommen anderer Meinung. In den drei Jahren 1999, 2000 und 2001 verloren 60 Prozent der Nasdaq-Aktien an Wert. Anders gesagt betrug die Chance, eine steigende Aktie zu finden, nur 40 Prozent. An der New York Stock Exchange standen die Chancen zwar besser, aber nicht viel besser. Im Jahre 2000 brachten dort etwa 58 Prozent der Aktien Gewinne, und 42 Prozent gingen nach unten. Im Jahre 2001 stiegen nur 55 Prozent der an der New York Stock Exchange gehandelten Papiere, so dass die Chance, einen Gewinner zu finden, noch geringer war.

Es läuft auf Folgendes hinaus: Aktien kauft man auf jeden Fall besser, wenn die Tendenz der großen Börsenindizes steigend ist. Wie es in dem Sprichwort heißt: Man darf Klugheit und Hausse nicht verwechseln. Haussen bügeln fast alle Investmentfehler aus, die man begehen kann.

Wenn Sie die genannten Prozentzahlen betrachten, bedenken Sie, dass sie sich nur auf die Anzahl der Aktien beziehen, die steigen oder fallen, dass sie aber nichts mit dem Ausmaß der Bewegungen zu tun haben, das ja eigentlich noch wichtiger ist. Bedenken Sie Folgendes: Sie kaufen 55 Prozent steigende und 45 Prozent fallende Aktien. Das sieht nach einem Gewinnerspiel aus, aber wenn die fallenden Aktien mehr abgeben als die steigenden zulegen, verlieren Sie Geld.

Also haben wir ein zweifaches Anlageziel: Außer Aktien zu finden, die sich überdurchschnittlich entwickeln, müssen wir auch den günstigsten Zeitpunkt auswählen, zu dem wir insgesamt mit einer Erholung des

Aktienmarkts rechnen; und ich gaube, das habe ich mit der zyklischen Analyse schon weitestgehend für Sie erledigt.
Wahrscheinlich werden wir bei vielen Marktbewegungen das Tief nicht exakt voraussagen, aber es ist recht wahrscheinlich, dass wir in Bärenzeiten eine abwartende Haltung einnehmen, während die Mehrzahl der Anleger Risiken ausgesetzt ist.
Es gibt noch weitere Werkzeuge, die Ihnen dabei helfen, wahrscheinlich zum Tiefpunkt des Marktes zu investieren. Die saisonalen Tendenzen des Aktienmarktes sind äußerst mächtig, und ich glaube, das sollte eine Ihrer ersten Erwägungen sein. Ich sehe kaum einen Grund dafür, weshalb man als Anleger in Monaten voll investiert sein sollte, in denen die Aktien mit hoher Wahrscheinlichkeit fallen und große Crashs erleiden. Grob gesagt ist das die Zeit von März bis Ende Oktober. Das ist eine riskoreiche Zeit für Anleger. Wenn man während dieser Zeit abwartet, umgeht man große Marktbewegungen. Ein gutes Geschäft! Bedenken Sie einmal die Folgen eines Crashs, der Ihren Positionen 50 Prozent ihres Wertes nimmt. Das bedeutet, dass der Markt um 100 Prozent steigen muss, damit Sie wenigstens auf null kommen. Das ist ein übles Szenario – warum sollten Sie sich dem aussetzen?
Der Oktober ist ein faszinierender Monat. Er ist zwar schlecht dafür geeignet, long einzusteigen, aber dieser Monat ist gut dafür geeignet, Longpositionen abzustoßen. Es hat den größten Einfluss auf Ihre Fähigkeit, an der Börse Geld zu verdienen, ob Sie es schaffen, sinkende Tendenzen zu umgehen. Sie sind das Schreckgespenst, vor dem wir uns hüten müssen, das Ungeheuer, das sich im dunklen Schatten der Wolkenkratzer in der Wall Street verbirgt. Auch wenn wir nicht alle Talfahrten des Marktes umgehen können – schon durch die Vermeidung einer oder zweier überflügeln wir alle anderen Investoren erheblich.
Ich habe Ihnen gezeigt, wann der Markt am häufigsten abrutscht, also warum sollten wir uns dorthin begeben, wo uns am ehesten Probleme erwarten? Es ist mir absolut unbegreiflich, dass Anleger in Zeiten voll investiert bleiben, zu denen es mit hoher Wahrscheinlichkeit Schwierigkeiten gibt. Diese Menschen würden sich sicherlich nicht vor einen Güterzug in voller Fahrt stellen, aber sie scheuen nicht davor zurück, ihr gesamtes Geld zu der denkbar schlechtesten Zeit zu investieren.
Es amüsiert mich immer wieder, wenn Anleger minutiös darauf achten,

welche Papiere sie auswählen, sie aber überhaupt nichts über den richtigen Zeitpunkt wissen. Der Zeitpunkt kann jedoch einen riesigen Unterschied bedeuten. Der erste Teil meiner Anlagestrategie besteht in der Ausrichtung an den großen zyklischen Aufwärtsbewegungen der Aktienkurse. Darauf müssen wir uns konzentrieren; wir müssen darauf achten. Das muss genauso ein unverrückbarer Bestandteil unserer Anlagestrategie sein wie die Auswahl der Aktien, in die wir investieren.

Ihre erste Lektion besteht also darin, Ihre Anlageentscheidungen auf diese Zeiten und nur auf diese Zeiten zu konzentrieren, anstatt die ganze Zeit über voll investiert zu bleiben. Ich glaube, dass einer der Gründe, weshalb die Fonds die Börsenindizes nicht schlagen können, darin besteht, dass sie aufgrund ihrer Größe manchmal selbst dann nicht aussteigen könnten, wenn sie es wollten.

In dieser Hinsicht haben wir den Fonds gegenüber einen deutlichen Vorteil. Wir können uns die Schläge aufsparen und Zeiten oder Bereiche abwarten, die wir für günstige Kaufgelegenheiten halten. Wir rechnen sicher nicht damit, dass wir alle Auf- und Abwärtsbewegungen der Börse voraussagen können, aber wir erwarten – vernünftigerweise –, dass wir normalerweise in Momenten kaufen, in denen damit zu rechnen ist, dass sich der Markt in den nachfolgenden zwölf Monaten erholt. Der Zeitpunkt macht einen Unterschied; historische Untersuchungen zeigen, dass man durch perfektes Timing seinen Anlageertrag fast verdreifachen kann. Aber wieder liegt die Betonung auf dem perfekten Zeitpunkt, und das ist schwierig zu erreichen.

Die letzte Lektion beinhaltet, dass das Investmentgeschäft eine langfristige Angelegenheit ist. Wenn Sie einmal einen grundsätzlichen Schlachtplan entwickelt haben, halten Sie sich daran. Genauso wie man regelmäßig trainieren muss, wenn man in guter körperlicher Verfassung bleiben will, genauso ist es auch mit dem Kapitalzuwachs Ihres Geldes. Sie müssen jede Woche oder jeden Monat Zeit reservieren, damit Sie Ihren Handlungsplan verfolgen können. Wenn Sie Ihren Aktionsplan nicht befolgen, warum haben Sie ihn dann überhaupt aufgestellt? Hier geht es um ernste Geschäfte; es geht um Geld, und zwar um Ihr Geld. Ihre Fähigkeit, die Ertragsrate Ihres Geldes zu verbessern, ist direkt proportional zu der konsequenten Anwendung Ihrer Strategie. Vertrauen Sie mir. Die Märkte sind manchmal nicht einfach. Sie prüfen gelegentlich, aus welchem Holz Sie geschnitzt sind. Sie lassen Ihre Emotionen immer wieder gegen eine Mauer laufen. In solchen Zeiten fallen die meisten Anleger entweder um, oder sie satteln auf halbem Weg um. Es ist verblüffend, wie der menschliche Geist suchen und träumen kann, wenn er unter Druck steht. Sie werden einsehen, dass die Strategie nicht mehr funktioniert, obwohl die Strategien seit fast 100 Jahren funktionieren. Zu irgendeinem Zeitpunkt könnten sie aber wirklich einmal versagen. Damit ist zu rechnen.

Davon soll jetzt die Rede sein.

Für mich besteht das Ziel darin, die Aktienindizes zu übertreffen. Wenn wir das beständig schaffen, kommen wir sehr weit. Wenn der Aktienmarkt fällt, haben wir somit mit ein bisschen Glück ein leichtes Plus oder ein geringes Minus. Zu manchen Zeiten wird es uns schlechter gehen als der Börse. Führen wir den Vergleich mit Las Vegas fort: Behalten Sie immer im Gedächtnis, dass jedes Casino der Welt irgendwann auch einmal eine Verluststrähne hat. Irgendein glücklicher Bursche gewinnt dann.

Was macht ein Casino dann? Sperrt es etwa seine Tische? Beschließt es, neue Regeln einzuführen? Natürlich nicht! Warum auch? Es weiß, dass es mit diesem Spiel auf lange Sicht obenauf bleibt, und deshalb lässt es beständig die Räder drehen, die Karten austeilen und die Würfel rollen. Das Casino mag es genauso wenig, dass ihm irgendjemand Geld wegnimmt, wie Sie es mögen, wenn eine Aktie gegen Ihren Einsatz fällt. Aber das ist kein Grund, das Spiel zu verändern oder eine Strategie zu entwickeln, die sich radikal von dem unterscheidet, was sich in der Vergangenheit als derart erfolgreich erwiesen hat.

Zu diesem Teil unserer Anlagestrategie gehören zwei Anweisungen zum korrekten Handeln. Der vollkommene Krieger – und das ist das perfekte Bild, das Sie im Investmentspiel von sich haben sollten – zieht nur in den Krieg, wenn es die rechte Zeit für das Kriegführen ist, und er wendet konsequent bewährte Strategien an. Hier geht es um die harte Arbeit und die Tretmühle sich wiederholender Handlungen. Die Menschen mögen immer wiederkehrende Handlungen nicht, und Investoren schon gar nicht. Sie wollen aufregende Handlungen, große Aufwärtsbewegungen, das Kribbeln – eben all die Dinge, die wahrscheinlich zu nichts anderem führen als ... Blutvergießen.

Unser Erfolgsgeheimnis besteht darin, beständig das Richtige zu tun. Tun Sie es lange genug, und Sie werden zum Erfolg finden. Das ist unvermeidlich; es wird passieren.

Unser zweites Ziel

Jetzt ist es Zeit, an die konkrete Arbeit zu gehen und Ihnen zu zeigen, wie man sich als Anleger bei der Auswahl einzelner Aktien einen Vorsprung erarbeiten kann. Unsere Strategie besteht in der Kombination aus allgemeinem, generellem Market-Timing und einer überlegenen Auswahlmethode. Unser Ziel ist das Auffinden von Aktien, deren klarer Vorteil darin besteht, dass sie steigen werden. Unser Auswahlprozess zielt bewusst nicht darauf ab, etwas zu erjagen, das nicht zu erjagen ist, oder sich die Traum-Aktien zu greifen, die schon so viele Investoren zu Fall gebracht haben.
Im nächsten Kapitel stelle ich Ihnen eine Anzahl von Strategien vor, für die durch höchst umfangreiches Research sowie konkrete Investitionen bewiesen ist, dass sie uns in diesem Spiel einen Vorteil verschaffen – so dass wir anderen Anlegern einen Schritt voraus sind. Man braucht nicht besonders intelligent zu sein, um in diesem Geschäft erfolgreich zu sein. Harte Arbeit und natürliche Intelligenz verhelfen dem Anleger zum Sieg. Erfolg in der Geschäftswelt beruht – wahrscheinlich auf der ganzen Welt – auf Schlauheit. Schlau beziehungsweise schlauer als „der andere“ wird man durch Studieren und Lernen. Erfolgreich beziehungsweise erfolgreicher als der andere wird man durch die Anwendung des Gelernten.

8. KAPITEL

Die Old Economy ist die New Economy

HISTORIKER ERWÄGEN DIE VERGANGENHEIT; INVESTOREN ERWÄGEN DIE ZUKUNFT. [...] DAS EINE BRINGT MEHR GEWINN ALS DAS ANDERE.

Die „New Economy" – angeblich sollte sie alle Probleme der Menschheit lösen. Vertrieb, Marketing und quasi alle Ebenen der Unternehmenswelt sollten sich radikal ändern – und zwar für immer. Die Regeln der Vergangenheit sollten verworfen werden, und man versprach uns eine Schwemme von Innovationen, die das Leben erleichtern und die Aktionäre sehr viel reicher machen sollten.

Für mich war das ein altes Lied, ein alter Hut. Das Konzept von der „neuen Welt" hatte ich schon in den 1960er- und dann wieder in den 1970er-Jahren gehört. Und jedes Mal erlebte die Börse kurz danach einen Crash. Ein französisches Sprichwort sagt: „Je mehr sich die Dinge ändern, desto mehr bleiben sie sich gleich." In der neuen Wirtschaft sollten die Lehren und Regeln der Vergangenheit angeblich nicht mehr gelten. Aktien sollten nicht mehr gemäß dem bewertet werden, was die Unternehmen taten, sondern gemäß dem, was sie in Zukunft vielleicht tun würden. Auf einmal wurden Aktien zum Hundertfachen des Unternehmensgewinns verkauft – manche auch bis zum Zweihundertfachen. Es ist traurig, aber viele Anleger verloren einen erheblichen Teil ihres Vermögens – in vielen Fällen gar ihr gesamtes Vermögen –, nur weil sie auf eine kleine Zahl nicht achteten, nämlich auf das Kurs-Gewinn-Verhältnis. Es sagte den Anlegern, dass das Unternehmen 200 Jahre brauchen würde, um so viel Geld zu verdienen, dass es den aktuellen Aktienkurs rechtfertigen würde!

Und dabei ging es nicht einmal um langfristig orientierte Anleger; kurzfristig orientierte Spekulanten setzten auf eine 200-Jahre-Halteposition. Sie sprachen von nichts anderem als „Momentum“. Diese neue Gattung von Anlegern, die man meiner Meinung nach als „Kerle“ bezeichnen sollte, hatte Zahlen durch ihre Computer gejagt und entdeckt, dass steigende Aktien weiter steigen. Das stimmte, weil in den 1980er-Jahren der gesamte Markt einen gigantischen Aufwärtstrend erlebte. Als die Zauberer aus Harvard, Stanford und so weiter das bemerkten, verwendeten sie die gleiche Strategie für den Kauf starker Aktien. Das hielt eine Weile an, und zwar gerade lange genug, sie gut dastehen zu lassen. Darum wurde ihnen noch mehr Geld zur Verwaltung anvertraut, und als schließlich der Tag der Abrechnung kam, verloren sie nicht nur ein wenig – sie verloren eine gewaltige Menge.
Wie ich schon häufig gesagt habe: „Die Belohnung für den Value mag sich verzögern, aber am Ende kann sie nicht verweigert werden.“ Das Gegenteil trifft genauso zu: Aktien können überbewertet sein und immer mehr überbewertet werden, aber am Ende kommen die Hähnchen heim, um sich braten zu lassen. Es hat in der Geschichte noch nie eine Aktie gegeben, die ein Kurs-Gewinn-Verhältnis von 100 gehalten hat, ohne dass der Markt deutlich eingebrochen und der Kurs gefallen wäre. Niemals, liebe Baseball-Fans.
Das Kurs-Gewinn-Verhältnis gibt es schon seit vielen Jahren. Als ich ein junger Mann war, sagte man mir, wenn der Dow Jones Industrial Average ein KGV über 30 habe, dann würden Probleme vor der Tür stehen. Heutzutage können Aktien den Wert von 30 überschreiten, aber in den meisten Fällen nicht lange. Das KGV ist der Aktienkurs des Unternehmens geteilt durch den Geldbetrag, den das Unternehmen momentan pro Aktie verdient. Da gibt es keine Vermutungen, keinen Platz für Mythen und Lobpreis; es ist, was es ist. Man teilt einfach den aktuellen Kurs durch den aktuellen Gewinn und erhält das Kurs-Gewinn-Verhältnis.
Also ist der Ausgangspunkt der Unternehmensgewinn, oder? Wenn Unternehmen Geld verdienen, werden sie von Langfristanlegern mehr geschätzt, als wenn der Gewinn verschwindend oder nicht vorhanden ist. Die Frage erscheint lächerlich einfach: „Macht das Unternehmen, in das Sie investieren, Gewinn oder nicht?“ Wenn Millionen von Anlegern

den Mumm gehabt hätten, diese Frage bezüglich der Überflieger der Hightech-New Economy zu stellen, dann hätten sie vermutlich keinen roten Heller in all die Aktien gesteckt, mit denen sie all das Geld verloren haben. Warum haben sie diese Frage nicht gestellt? Das ist meine Frage. Die Antwort ist einfach: Sie wurden von der Aufwärtsbewegung einzelner Aktien derart mitgerissen, dass sie jegliche Vorsicht in den Wind schlugen. Die Wirklichkeit zählte nicht; schließlich hatten wir ja die New Economy mit ihren neuen Regeln.

Das Gesetz der Schwerkraft war aufgehoben. Und anscheinend galten auch die Gesetze der Ökonomie nicht mehr. Es kam zu einem logischen Kurzschluss, als die Preise ohne jeglichen Grund in astronomische Höhen schossen. Die Anleger tanzten immer weiter zum Spiel des Rattenfängers, sie kauften und kauften und scheuchten die Aktien nach oben.

Inzwischen hat sich das alles geändert. Der Rattenfänger fordert seinen Lohn. Im Juli 2001 lautete eine Überschrift im *Wall Street Journal*: „Merrill legt bei der Auswahl neuerdings Wert auf Stabilität." Value-Aktien übertreffen Wachstumsaktien erheblich, so die These des Artikels. Ich glaube, dass wir in Zukunft von dieser Anlagestrategie noch mehr hören werden, denn die Brokerhäuser und Anlageberater kommen zurück auf die Fundamentaldaten und auf den Value.

Bob Doll von Merrill Lynch drückte es so aus: „Wir haben es auf abschätzbare Gewinne abgesehen." Bedenkt man den Umfang von Merrills Aktivitäten – etwa 57 Milliarden US-Dollar in 48 Fonds –, kann man sich die Auswirkungen vorstellen, die diese Veränderung in der Investment-Gemeinde auf einzelne Aktien haben könnte.

Wie man erfährt, was die Fonds tun

Was die großen Institutionen kaufen, können Sie jeden Freitag erfahren. An diesem Tag veröffentlicht nämlich *Investor's Business Daily* die 25 größten Aktienpositionen der größten Investmentfonds. Das ist eine hervorragende Möglichkeit herauszufinden, welche Aktien die Fonds haben, und vielleicht können Sie hier nach langfristigen Aktien suchen, die Sie durch unsere verschiedenen Wert-Modelle laufen lassen können. Beachten Sie, dass das Blatt neben neue Positionen, die der jeweilige

Fonds seit dem letzten Bericht eingegangen ist, ein großes „N“ druckt. Außerdem zeigt ein Plus- beziehungsweise Minuszeichen an, ob der Fonds eine Position aufgestockt oder reduziert hat. Dieser Hinweis kann nicht nur für die Entwicklung Ihrer Aktien äußerst wichtig sein, sondern auch als schnelle und einfache Möglichkeit, nach potenziellen Investment-Kandidaten Ausschau zu halten.
Zum Beispiel zeigt eine neuere Liste, dass Merrill Lynch die größten Aufstockungen von Aktien bei Bristol-Myers Squibb, Home Depot und PepsiCo. vorgenommen hat. Die größten Verkäufe waren Citigroup, Verizon und Pfizer. Dank dieser Zeitung lassen sich auch zusätzliche Informationen schnell finden. Dem Anleger werden die Branchen mitgeteilt, in denen die Fonds ihre größten Einsätze platzieren. Das kann unser Augenmerk auf eine bestimmte Branche lenken. Im genannten Beispiel liegt die größte Investition der Fonds, die von Merrill Lynch kontrolliert werden, im Bereich Arzneimittel; dorthin sind neue Gelder im Umfang von rund 153 Milliarden US-Dollar geflossen. Auf dem zweiten Platz folgte mit großem Abstand der Groß- und Einzelhandel mit einem Mittelzufluss von 97 Millionen US-Dollar.

Aktien steigen nur aus zwei Gründen

So weit ich das sagen kann, gibt es nur zwei Gründe, aus denen eine Aktie steigen kann. Erstens kann es sein, dass das Unternehmen eine gewisse Popularität oder Bekanntheit erlangt. Das bietet Stoff für Berichte und Artikel über neue Aussichten und potenzielle Gewinne. Die Menschen lieben das Neue, sie lieben Innovationen. Die Anleger suchen immer nach der neuesten Innovation am Markt, weil sie annehmen, dies würde die Kurse hochtreiben. Darin wechseln sich die Aktien seit Jahren ab. In einem Jahr waren Pharmawerte in Mode und konnten ganz einfach nicht fallen. Das ging so, bis eine andere Gruppe von Aktien, und zwar die biogenetischen, zu den angesagten Lieblingen wurden; diese machten dann den Herstellern von Computerchips Platz. Und so geht es immer weiter. Es gibt immer eine Gruppe von Aktien, die die Fantasie der Anleger reizt.
Diese Aktien steigen aufgrund von Storys und Gerüchten, möglicher-

weise sogar aufgrund gewisser Formen von Manipulation, die im System der freien Marktwirtschaft keineswegs undenkbar ist. Wenn Menschen Aktien besitzen, dann ist es nur natürlich, dass sie gerne steigende Kurse hätten. Manche wollen vielleicht nur ausprobieren, ob sie durch eine positive Pubicity-Kampagne mit von der Partie sein können. Das artet dann eventuell zu vollkommen übertriebener Marktschreierei aus. Solche Sachen passieren, glauben Sie mir. Ich habe das erlebt – das gibt es. Ich weiß, dass das eigentlich nicht geschehen sollte, aber es geschieht.

Das gibt es sogar in legaler Form. Schließlich können Unternehmen ja Werbeanzeigen schalten, und die Investoren werden dann von ihren Brokern angerufen. Die empfehlen ihnen dann, die Aktie wegen der Story zu kaufen, die sie gesponnen haben. Broker würden gute Politiker abgeben, denn sie sind wunderbare Schönredner.

Alle wollen das gleiche Ergebnis, und ab einem gewissen Punkt treiben die steigenden Preise selbst die Aktien nach oben. Es beginnt ein Beuterausch. Das Ungeheuer frisst sich selbst! Zur Überraschung der klassischen Ökonomie haben die steigenden Preise, die eigentlich die Nachfrage senken sollten, in Wahrheit die Nachfrage ansteigen lassen. Die Computerglocken läuten Alarm; das gigantische Momentum beziehungsweise die Aufwärtsdynamik scheint für die kommenden guten Jahre profitable Performance zu versprechen.

Manchmal funktioniert das auch, zumindest eine Zeit lang, aber die Kurse, die wie ein Heißluftballon aufgestiegen sind, fallen meistens wieder herunter, sobald die Aufmerksamkeit der Anleger in eine andere Richtung gelenkt wird oder irgendein Experte den Ballon zum Platzen bringt.

Deshalb war es möglich, dass die Aktie von Priceline.com von zehn auf 105 US-Dollar steigen und dann auf fünf US-Dollar zurückfallen konnte, und das alles innerhalb von weniger als 15 Monaten. Diese Aktie ist keine Ausnahme – ich habe das wieder und wieder erlebt. Und das heißt, dass es auch in Zukunft noch häufig passieren wird.

Somit treiben Nachrichtenstorys und der große Mythos von einem revolutionären neuen Produkt oder Markt den Kurs einer Aktie hoch. Man sollte die Fähigkeit von Nachrichten und Begierden, Aktienkurse hochzutreiben, niemals unterschätzen.

Der zweite Grund, aus dem Aktien steigen

Der zweite und sicher solidere Grund, aus dem Aktien steigen, ist die Tatsache, dass ein Unternehmen Gewinn erwirtschaftet. Welch ein neuartiges Konzept: Machen Sie Gewinn, dann steigen Ihre Aktien! Es gibt mehrere Möglichkeiten, Gewinnverhältnisse und dergleichen zu untersuchen, aber eine der aussagekräftigsten Möglichkeiten ist meiner Meinung nach die Frage, ob die Gewinne sprunghaft oder gleichmäßig sind. Sicher können Sie sich ausrechnen, dass man als Anleger die Beständigkeit vorzieht, weil sie Unklarheiten und Zukunftsbefürchtungen ausschaltet. Der Markt hasst das Unbekannte, er hasst alles Unzuverlässige. So kann es zwar sein, dass eine Aktie, die kurze Zeit steigt, sprunghafte Gewinne aufweist, aber damit lässt sich nicht ernsthaft und beständig (und leicht) Geld verdienen.Wie der Gewinn, so die Aktie. Das ist unser Mantra, jetzt und immerdar. Sie können es sich aussuchen: Kaufen Sie Aktien, die nach den Launen von Meldungen und Storys steigen, oder kaufen Sie welche, die aufgrund realer Umstände steigen.

Sie haben die Wahl: Nachrichten oder Value? Wie Sie sehen werden, habe ich den Value gewählt. Das Mantra vom Value kann ein höchst wertvolles Werkzeug sein, das uns bei der Auswahl der einzelnen Aktien hilft. Die allzeit großartigen langfristigen Wachstumsaktien halten in fast allen Fällen ihren Kursvorteil nur in Zeiten, in denen sie beständig profitabel sind und Quartal für Quartal profitabler werden.

Diejenigen großen Aktien der Vergangenheit, die zusammengebrochen sind, begannen ihren Niedergang eindeutig etwa zu der Zeit, zu der ihr Gewinn zurückzugehen begann. Somit ist der Unternehmensgewinn einer der wichtigsten Aspekte der Geldanlage und einer der besten Indikatoren, an die wir uns halten können.

Wie man Aktien „unter Preis" kauft

Aufgrund von Storys, Gerüchten, Meldungen und den allgemeinen Marktbedingungen können und werden sogar gute Aktien mit beständigem Gewinnwachstum irgendwann sinken. Ich habe einen ziemlich einzigartigen Weg gefunden, wie man den besten Zeitpunkt für den

Kauf solcher Aktien herausfindet, wenn sie sozusagen „unter Preis“ gehandelt werden.
Damit meine ich einen Preisabschlag im Verhältnis zum Unternehmensgewinn. Dafür suchen wir ein Muster beständig wachsender Gewinne, und das bedeutet, dass die aktuelle Zahl für den Gewinn der letzten zwölf Monate größer ist als nach dem Abrechnungszeitraum vor drei Monaten gemeldet. Das bedeutet dann, dass das Unternehmen immer noch Geld verdient und dass sein Gewinn immer noch wächst.
Jedoch aus irgendeinem Grund – gewöhnlich aufgrund der allgemeinen Marktbedingungen – tritt der Aktienkurs plötzlich in eine Abstiegsphase ein. Je weiter der Kurs sinkt, desto größer wird der „Preisabschlag“ im Verhältnis zur Gewinnentwicklung.
In so einem Fall sinkt zwar der Preis der Aktie, aber die Situation des Unternehmens verbessert sich, was sich anhand der wachsenden Gewinne zeigt. Das ist eine höchst positive Divergenz: Kurs nach unten, Gewinn nach oben. Leider tritt diese Situation im Leben einer Aktie nicht sehr häufig ein. Aber wenn sie eintritt, dann markiert das gewöhnlich eine der besten Gelegenheiten, einzusteigen und zu kaufen – und zwar in einer Kursschwäche zu kaufen.
Ich führe Ihnen mehrere Beispiele vor, damit Sie die Macht dieser Methode selbst sehen können. Alle nachfolgenden Charts zeigen die Kursentwicklung im Vergleich zum Unternehmensgewinn. Sie können diese Methode bei jedem Chartanbieter verfolgen, der Charts der Gewinne und der Kurse bietet. Ich empfehle Ihnen wärmstens, eine Finanzzeitung zu abonnieren, damit Sie ein Gefühl dafür bekommen, wie man Aktien ausfindig macht, die im Verhältnis zu ihrem Gewinnwachstum unterbewertet sind. Finanzzeitungen drucken häufig Diagramme von Aktienkursen und Unternehmensgewinnen ab. Während die meisten Anleger auf alle möglichen Verhältnisse achten, will ich einfach nur Aktien finden, deren Kurse im aktuellen Quartal niedriger sind als im vorangegangenen. Entscheidend ist dabei, dass gleichzeitig der Gewinn in diesem Quartal höher ist als im vorangegangenen.
Ein solches Divergenzmuster bildet unser Kaufsignal. Sie können entweder einfach zum Quartalsende kaufen, oder wenn Sie etwas aggressiver spielen wollen, platzieren Sie eine Kauforder knapp über dem Marktpreis, um sicherzugehen, dass der Trend wieder nach oben zeigt.

Harley-Davidson

Harley-Davidson ist eine der wichtigsten Wachstumsaktien, und das aus gutem Grund. Sehen Sie sich die Gewinnentwicklung an, die Abbildung 8.1 zeigt. Quartal für Quartal und Jahr für Jahr hat es das Unternehmen geschafft, den Gewinn pro Aktie zu steigern. Das Unternehmen ist gegen Gewinneinbußen sozusagen immun. Es verbessert sich beständig – für Langzeitanleger ein hervorragendes Zeichen.

Beachten Sie jedoch, dass der Aktienkurs nicht unbedingt geradlinig nach oben geht. Schauen Sie einmal, was 1999 passiert ist: Bei einem Kurs von 32 US-Dollar geriet die Aktie ins Stocken und brach dann auf 23 US-Dollar ein. Oder dann die Achterbahnfahrt im dritten Quartal 1998, als der Kurs von 20 auf 13 US-Dollar zurückging. Ich wette, dass dies die meisten „Fahrer" dieser Aktien von ihren Harley-„Mühlen" verschreckte. Wir hätten dies allerdings anders gesehen. Wir hätten festgestellt, dass der Gewinn am Ende des dritten Quartals trotz des rückläufigen Aktienkurses höher war, genauso wie zum Ende des letzten Quartals 1997. Der Kurs war von rund 16 US-Dollar auf 12 US-Dollar gefallen; das war das Kaufsignal,

ABB. 8.1 *Harley-Davidson*
Aktienkurs und Gewinnentwicklung

und dann ging Harley ab! Der nächste Zeitpunkt, zu dem man hätte kaufen sollen, war der Abstieg bis zum Beginn des vierten Quartals 1998. Die Gewinnzunahme bei sinkendem Aktienkurs war als Indikator für einen Kursanstieg ein Geschenk. Das nächste Mal, dass dies passierte, war im Juni 1999, als der Kurs im entsprechenden Quartal leicht niedriger lag. Nach diesem Zeitpunkt passierte mit dem Aktienkurs von Harley nicht sehr viel. Aber die gleiche Situation entstand zu Beginn des letzten Quartals 1999, als die Preise wieder in den Keller fielen, sich der Unternehmensgewinn aber weiter vorarbeitete. Das war die vierte Gelegenheit für den Kauf der Aktie, dieses Mal zu etwa 24 US-Dollar.

Damit begann eine Bewegung, die den Kurs auf 46 US-Dollar führte, bevor die Preise wieder einen Schlag erlitten und von 50 US-Dollar in den Bereich um 35 US-Dollar sanken. Aber wieder einmal lag unser praxisorientierter Einblick in die Marktbedingungen, nämlich der Gewinn, im Aufwärtstrend. Er zeigte an, dass man die Aktie unter Preis kaufen konnte. Schließlich war der Kurs niedrig und der Gewinn hoch. Das Kaufsignal bei 34 US-Dollar war also nicht schlecht gewesen, denn seitdem war die Aktie auf 50 US-Dollar gestiegen. Der Anfang des dritten Quartals 2001 sah nach einem Kaufpunkt aus, denn der Aktienkurs stagnierte beziehungsweise fiel, aber der Unternehmensgewinn nahm weiter zu; demnach erschien die Aktie im Bereich von 36 US-Dollar unterbewertet.

Federal Home Loan

Nun ein großer Sprung von einem Motorradhersteller zu einer Bausparkasse. Die beiden Unternehmen haben an sich äußerst wenig bis gar nichts gemeinsam. Aber was das Anlegerinteresse angeht, funktioniert es genauso, wenn der Gewinn wächst und der Preis der Aktie sinkt. Historisch betrachtet war die Aktie ein Kauf. Der erste passende Punkt, den wir in Abbildung 8.2 erkennen, findet sich im September 1998. Der Preis fiel im Laufe des Quartals, aber der Gewinn war höher als im vorangegangenen Quartal. Die Aktie stieg. Wie im Chart zu sehen ist, bildeten sich weitere Kaufsignale im September 1999, im Dezember 1999, im März 2000 sowie im Juni 2000. Der durchschnittliche Kaufpreis hätte 46 US-Dollar betragen. Anscheinend fiel dem Markt die Diskrepanz

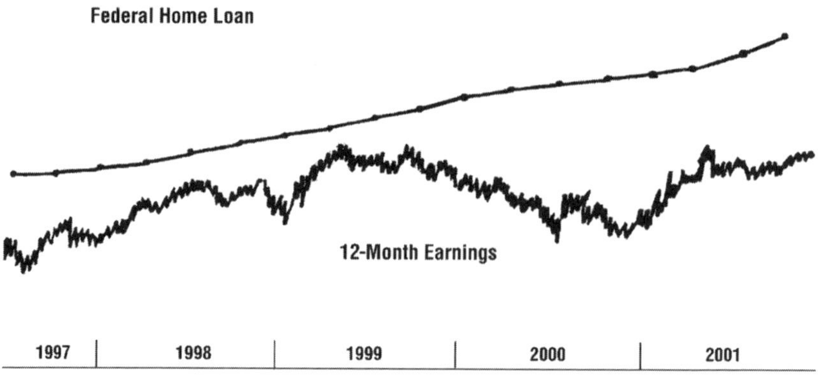

ABB. 8.2 *Federal Home Loan - Aktienkurs und Gewinnentwicklung*

beziehungsweise der Abschlag erst im September 2000 auf. Denken Sie daran, dass sich der Lohn für den Value vielleicht verzögert, dass er aber niemals ausbleibt. Ein Jahr später hätte man sein Geld fast verdoppelt gehabt, denn die Aktie wurde für fast 70 US-Dollar gehandelt.

Es war so offensichtlich: Aufeinander folgende Zunahmen des Unternehmensgewinns wirken sich äußerst positiv auf die langfristige Tendenz der betreffenden Aktien aus. Trader und Anleger bemerken dies eine Zeitlang eventuell nicht, und deshalb müssen wir das Verhältnis aus Gewinn und Kurs sorgfältig beobachten. Ab einem gewissen Punkt jedoch brechen die Dämme, und der Kurs steigt.

Hillenbrand Industries

Es gibt unzählige Beispiele dafür, wie sich solche preiswerten Kaufgelegenheiten Aktie für Aktie herausbilden. Hier habe ich nach dem Zufallsprinzip ein Unternehmen ausgewählt, über das ich nichts weiß, Hillenbrand Industries. Wenn man sich nur die Kursentwicklung dieser Aktie von 1984 bis 1998 ansieht (Abbildung 8.3), könnte man meinen, es

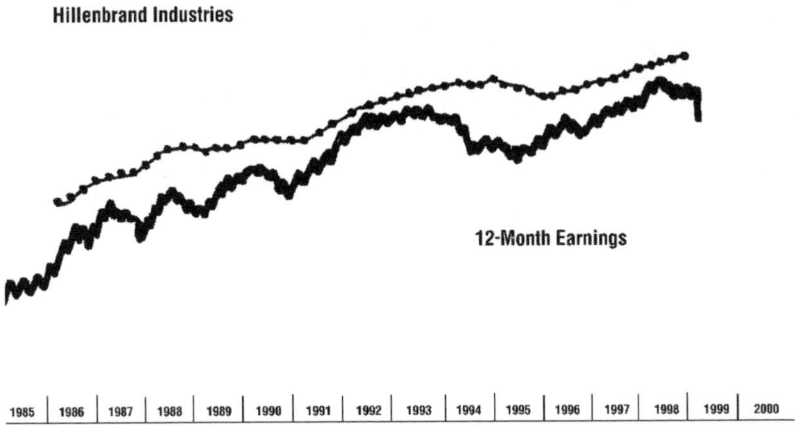

ABB. 8.3 *Hillenbrand-Industries Aktienkurs und Gewinnentwicklung*

gehöre zur Computerbranche oder zur New Economy. Aber dem ist nicht so. Hillenbrand hat in erster Linie etwas mit Bestattungsunternehmen zu tun. Sie sehen also, man braucht nicht unbedingt Hightech, wenn man Geld verdienen will.

Beachten Sie, wie der Kurs beständig den Gewinn widerspiegelt. Wenn der Gewinn steigt, steigt auch der Kurs. Das ist das Gesetz des Wall-Street-Dschungels.

Aber im Laufe der Zeit ist der Kurs gelegentlich auch gefallen. Sehen Sie sich vor allem einmal den Niedergang im Herbst 1987 an. Und achten Sie dabei auf die Entwicklung des Gewinns; er nahm zu und sagte uns damit, dass die Aktie im Bereich von zehn US-Dollar ein Kauf war. Im Jahre 1990 lag der Gewinn leicht höher, während in den letzten beiden Quartalen des Jahres der Kurs zurückging. Diese Situation ist wieder unsere Abschlags-Kaufgelegenheit. Im Jahre 1993 wäre es einem Anleger nicht so gut ergangen, denn während der Gewinn stieg, sank der Preis und bildete so im Bereich von 40 US-Dollar eine Kaufgelegenheit. Daraus entsprang keine Kurserholung, aber wir wussten, so lange der Gewinn stieg, würden wir die Aktie unter Preis bekommen. Diese Situation – steigende Gewinne und sinkende Kurse bis in das Jahr 1994 hi-

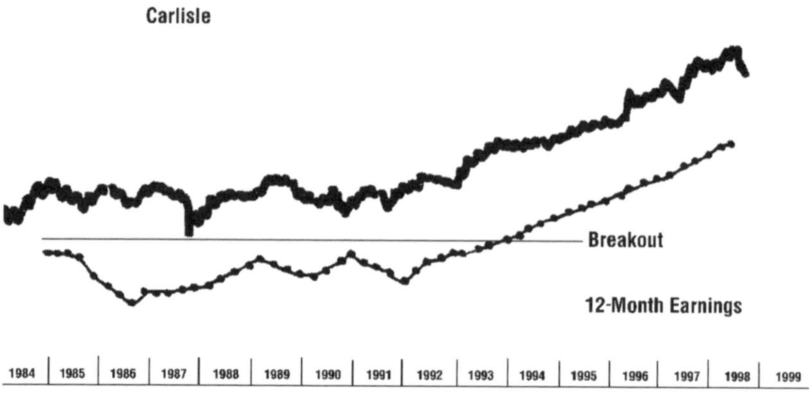

ABB. 8.4 *Carlisle*
Aktienkurs und Gewinnentwicklung

nein, als die Aktie bei 26 US-Dollar den Boden erreichte und immer noch das Abschlags-Kaufsignal aussandte – ist vielleicht einer der Gründe dafür, dass die Aktie ihren Kurs in den nachfolgenden 18 Monaten in einem Lauf auf 64 US-Dollar mehr als verdoppelte.

Und wieder bot sich eine Kaufgelegenheit unter Preis. Der Gewinn stieg auch in Zeiten weiter, in denen der Aktienkurs fiel. Jede dieser Kaufgelegenheiten auf Abschlag hätte dem klugen Anleger Geld gebracht.

Carlisle Companies

Und hier ein weiteres undefinierbares Unternehmen mit wenig Glanz. Carlisle ist eine Holdinggesellschaft mit Beteiligungen in den Bereichen Autoherstellung, Industrie und Baustoffe. Aber sehen Sie sich einmal die Kursentwicklung an (Abbildung 8.4). Die Aktie stieg von sechs auf 50 US-Dollar. Wieder einmal braucht man sich gar nicht von der New Economy mitreißen zu lassen. Nicht nötig, denn die Old Economy läuft sehr gut.

Ein Anleger, der diese Aktie beobachtete, hätte feststellen können, dass sie im Jahre 1992 nach ihrem Ausbruch in einen Aufwärtstrend einschwenk-

te. Der Preis brach aus dem Bereich, in dem er sich von 1984 bis 1992 bewegt hatte, nicht wegen des Charts aus. Nein, der Kurs brach aus, weil der Gewinn nach oben ausbrach und das Unternehmen sieben Jahre hintereinander in seinen Jahresberichten steigende Gewinne verzeichnete.
Im Jahre 1994 legte der Gewinn erheblich zu, aber der Kurs bewegte sich in der Region um 16 US-Dollar seitwärts. Somit bot sich eine weitere Gelegenheit für den Kauf unter Preis – Kurs konstant, Gewinn steigend. Und wissen Sie was? Das war 1994 und deckte sich genau mit unserem Vierjahresphänomen, das in diesem Fall in ein Fünfer-Jahr des Jahrzehntmusters mündete – und da kommt es normalerweise zu Haussen. Die Aktie reagierte traumhaft und stieg weiter.
Im ersten Quartal 1996 gab es eine weitere preisgünstige Kaufgelegenheit, und dann wieder im zweiten Quartal 1997 im Bereich von 27 US-Dollar. Wer als Anleger auf Zack war und aufgrund des Preisabschlags in diesem Zeitraum kaufte, wurde dafür schnell mit einer Kurszunahme auf mehr als 50 US-Dollar belohnt.
Chartanalysten und technische Analysten verbringen ihr ganzes Leben mit dem Versuch, aus den Kursstrukturen die Zukunft herauszulesen. Welch vergebliches Unterfangen und welche Zeitverschwendung! Es ist so gut wie unmöglich, Charts zu deuten; die täglichen oder wöchentlichen Kursschwankungen sind ein Tohuwabohu von Krähenfüßen auf Papier.
Die Bedeutung von Preischarts beruht nicht auf den Preisen an sich, sondern auf dem, was die Preise bewegt – und das sind im Großen und Ganzen die Gewinne.

Thompson Corp.

Wenden wir nun unsere Aufmerksamkeit der Thompson Corp. zu, einem Verlag für Reise- und Finanzpublikationen. Während unsere Freunde, die Chartisten und Techniker, den Preis betrachten, interessieren wir uns für den Gewinn. Schon ein flüchtiger Blick auf Abbildung 8.5 reicht aus, um zu sehen, dass dieses Unternehmen eine unregelmäßige Gewinnhistorie hat und dass es ihm nicht gelungen ist, beständig Geld zu verdienen. Kann uns eine Aktie wie diese begeistern? Keinesfalls! Blättern Sie um, kündigen Sie das Abonnement des Börsenbriefs

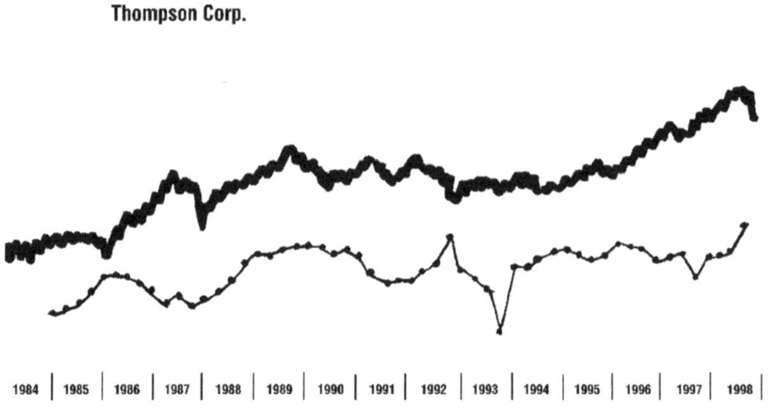

ABB. 8.5 *Thompson Corp.*
Aktienkurs und Gewinnentwicklung

oder legen Sie den Telefonhörer auf, wenn Ihr Broker solche Aktien empfiehlt. Sicher, sie hat einen hübschen Preisanstieg von zwölf US-Dollar bis hinauf auf 30 US-Dollar hinter sich, aber Aktien wie diese können genauso schnell einbrechen wie sie steigen. Unbeständige Gewinne sind tödlich. Es ist weitaus einfacher und sicherer, in Unternehmen zu investieren, die beständig Geld verdienen, als mit Aktien herumzujonglieren, die aus unerklärlichen Gründen steigen.

Behalten Sie immer im Gedächtnis, dass nicht Charts die Marktbedingungen bestimmen, sondern dass meistens fundamentale Gegebenheiten den Markt bewegen. Und das tun sie mit sehr viel mehr Konsequenz als der charttechnische Humbug.

Nicht nur Gewinne: Unternehmensverschuldung

Die Gewinne sind zwar nicht das Einzige, auf das ich achte, aber sie sind sicher der wichtigste Punkt. Später kommen wir noch zu Dingen wie Dividenden, Renditen und den überaus wichtigen Kurs-Umsatz-Verhältnissen. Aber bevor wir dorthin kommen, lassen Sie mich über zwei andere wichtige Überlegungen reden, die uns bei der Auswahl großartiger Aktien helfen: Unternehmensverschuldung und Insiderkäufe beziehungsweise Insiderverkäufe.

Wenn ich mir die Bilanz eines Unternehmens ansehe, dann interessiert mich außer seinem Gewinn auch die Menge an Schulden, die das Unternehmen hat. Ich mag Schulden nicht. Ich mag sie weder in meinem eigenen Leben noch im Geschäftsleben. Ich war verschuldet und bin wieder herausgekommen. Draußen zu sein ist viel besser, das versichere ich Ihnen.

Mit Schulden gibt es zwei Probleme: Auf persönlicher Ebene ist das einfach der Druck, den sie auf uns ausüben. Können Sie sich vorstellen, wie es ist, als CEO eines Unternehmens zu wissen, dass man selbst beziehungsweise das Unternehmen mit Hunderten Millionen Dollar in der Kreide steht? Ich würde sagen, dass ein CEO in dieser Situation nicht so flexibel, kreativ und produktiv ist wie ein CEO, der den Banken keinen Penny schuldet.

Also ist der eine CEO in einer besseren psychischen Verfassung als der andere. Wenn Sie genauso wie ich glauben, dass der Erfolg in unserem Leben zu einem großen Teil von unserem Glauben und unserer Einstellung abhängt, dann ist das ein enorm wichtiger Punkt. Ich bin überzeugt, manche CEOs haben so viele Schulden, dass sie sich überhaupt nicht vorstellen können, sie je zu liquidieren; ihre Unternehmen krebsen dann ewig herum, weil sie ihre Schulden abzahlen müssen, und kommen nie zu etwas.

Ein Problem, das die Verschuldung bereitet, hat mit Konjunkturschwächen zu tun. Wie wir wissen, ist der Aktienmarkt keine Einbahnstraße, die nach oben führt. Sie führt auch nach unten. Normalerweise führt sie nach unten, wenn die Zinsen steigen. Und welche Aktien fallen Ihrer Meinung nach am stärksten, wenn die Zinsen steigen?

Offensichtlich fallen die Aktien von Unternehmen am tiefsten, die erheblich verschuldet sind, weil diese Unternehmen dann einen größeren Teil ihrer Einnahmen an die Banken zahlen müssen. Für die Expansion des Unternehmens oder für die Ausschüttung von Dividenden an die Aktionäre bleiben dann keine Mittel mehr übrig.

Das erlegt nicht nur den Unternehmen Beschränkungen auf, sondern es bedeutet auch zusätzlichen psychischen Druck für die Leiter dieser Gesellschaften. Den CEOs bleibt keine andere Wahl, als an die Banken zu zahlen, denn wenn sie die Finanzinstitute nicht bezahlen, werden die

ABB. 8.6
Microsoft Corporation 1999-2001

Kredite eingefordert, und der Aktienkurs leidet noch mehr. Also gilt die erste Pflicht weder den Aktionären noch den Unternehmen selbst, die mit dem Geld ihre Produkte stärker bewerben oder ihre betrieblichen und forschungstechnischen Fähigkeiten ausbauen könnten. Die Banken kommen zuerst.

Unser zweites Mantra der Geldanlage lautet: „Halte dich von hoch verschuldeten Unternehmen fern." Kaufen Sie Unternehmen mit wenig oder gar keinen Schulden. Wenn harte Zeiten kommen, werden diese nicht annähernd so schwer gebeutelt wie die schnelllebigen, hoch verschuldeten und aufgeblasenen Unternehmen.

Würden Sie dort essen gehen? Insiderkäufe und -verkäufe

Vergessen wir für einen Augenblick die Aktieninvestitionen und reden wir über das Essen. Reden wir darüber, in einem sehr guten Restaurant zu essen, dem vielleicht besten der Stadt. Wenn Sie sehen würden, dass die Besitzer des Restaurants jeden Tag in dem Restaurant auf der anderen Straßenseite essen, was würden Sie dann denken? Würden Sie den-

ken, dass da etwas nicht stimmt? Haben die Besitzer des Restaurants etwa Angst davor, in ihrem eigenen Lokal zu speisen?
Das würden Sie wohl denken. Nicht anders ist es in der Welt der Finanzen. Zu den besten langfristigen Indikatoren für potenzielles Unternehmenswachstum gehört die Beobachtung der Aktienkäufe und -verkäufe seitens der Menschen, die in dem Unternehmen arbeiten. Das macht absolut Sinn; wenn die Menschen, die dort arbeiten, Aktien des Unternehmens kaufen, dann wird es wahrscheinlich florieren. Sie glauben an das Unternehmen, und zwar so sehr, dass sie ihr schwer verdientes Geld hineinstecken.
Andererseits, wenn die Menschen, die dort arbeiten, ihre Aktien verkaufen und aus dem Markt aussteigen, dann könnte man ja vermuten, dass es dafür einen Grund gibt. Was könnte dieser Grund sein? Und wer könnte besser wissen, ob die Aktie steigt oder fällt, als die Menschen, die dort arbeiten?
Es ist eine Realität des Marktes, dass Insider erwiesenermaßen häufig genau zum richtigen Zeitpunkt aus ihren Unternehmensaktien aussteigen oder zur rechten Zeit einsteigen. Eines der besten Geschäfte in der Geschichte der Menschheit wurde von Bill Gates gemacht.
Die Menschen schreiben Bill Gates alles Mögliche zu; er sei ein Computer-Magier, ein revolutionärer, brillanter Geschäftsmann. Sie betrachten ihn als eine Art Genie, das Visionen einer Zukunft vor Augen hat, die wir nicht einmal annähernd erfassen können. Das mag ja alles sein, aber das ist nicht das, was mich am meisten beeindruckt. Am meisten beeindruckt mich an Bill Gates, dass er so vorausschauend war, Tausende und Abertausende von Microsoft-Aktien zu verkaufen, als sie 100 US-Dollar das Stück kosteten und kurz darauf unter 40 US-Dollar absackten. Er ist der beste Trader der Geschichte, denn mit seinem pünktlichen Verkauf machte er Hunderte Millionen Dollar Reingewinn.
Die Zahlen zu seinem Verkauf sind ungeheuerlich (siehe Abbildung 8.6). Am 22. Februar 2000 liquidierte er 2,9 Millionen Aktien. Sein Busenfreund Paul Allen, der im Herbst 1999 mit dem Verkauf von Microsoft begonnen hatte, stieß am 11. Februar 2000 die Menge von 164 Millionen Aktien ab.
Wenn man die Aktivitäten der beiden zu jener Zeit betrachtet, dann scheint es, als hätten sie mehr Zeit mit ihren Brokern und der Liquidie-

rung ihrer Aktien verbracht als in ihrem Unternehmen. Sie verkauften und verkauften!

Irgendwie und aus irgendeinem Grund, was auch immer es war, stiegen sie genau vor dem Beginn des Kursrutsches aus. Schlaue Leute machen schlaue Sachen. Die Besitzer von Unternehmen, besonders wenn sie so groß sind wie Microsoft, sind schlau. Wenn sie etwas tun, dann liegen sie damit meistens richtig, und die Geschichte lehrt, dass wir gut daran tun, es ihnen gleichzutun.

Eine wichtige Erkenntnis im Zusammenhang mit Insiderverkäufen ist die Tatsache, dass der Kauf oder Verkauf durch ein oder zwei Investoren nicht annähernd so signifikant ist wie der Kauf oder Verkauf durch eine ganze Gruppe von Insidern. Es kann immer sein, dass eine Einzelperson die Aktien aus steuerlichen Gründen verkaufen muss, oder um ein Haus zu kaufen oder was auch immer. Wenn aber ein ganzer Haufen dieser Menschen anfängt, ihre Aktien abzustoßen, dann kann man darauf wetten, dass sie nicht alle neue Häuser kaufen. Wahrscheinlich sehen sie alle einen Grund für diesen Schritt. Je mehr Insider zu einem bestimmten Zeitpunkt kaufen oder verkaufen, desto eindeutiger ist die Botschaft.

Und natürlich ist auch die Anzahl der verkauften Aktien von Bedeutung. Ein Insiderverkauf von 100 Aktien ist nicht so negativ wie der Insiderverkauf von 1.000. Insider sind verpflichtet, ihre Kauf- und Verkaufsaktivitäten bis zum Zehnten des Folgemonats an die Securities and Exchange Commission zu melden. Manchmal warten die Insider mit dem Kauf oder Verkauf so lange wie möglich, um die Meldepflicht zu unterlaufen.

Der Umfang der Insiderverkäufe übertrifft fast immer den Umfang der Käufe, also müssen wir die Verkäufe im Zusammenhang mit der Tatsache sehen, dass viele Führungskräfte neben ihrem Gehalt auch mit Aktien entlohnt werden. Im Allgemeinen kommen auf jede von Insidern gekaufte Aktie etwa 2,5 verkaufte Aktien. Die Beobachtung dieses Verhältnisses kann Auskunft darüber geben, was in den Unternehmen vorgeht, an denen Sie interessiert sind.

Zum Glück kann man die Käufe und Verkäufe der Insider im Internet kostenlos verfolgen. Meine Lieblingsseite dafür ist www.insiderreview .com. Auf dieser Internetseite gibt es alle Informationen über Insidertransaktionen, die man sich nur wünschen kann. Man kann sich entweder über das Tickersymbol bestimmte Aktien aussuchen, oder man kann

sich alle Insiderkäufe und -verkäufe anzeigen lassen. Außerdem gibt es eine Ansicht, in der man erkennen kann, wo momentan die meisten Käufe und Verkäufe stattfinden.
Zusätzlich kann man auf dieser Internetseite diejenigen Insider mit den signifikantesten Käufen und Verkäufen verfolgen, so dass man noch konzentriertere Informationen für die Anwendung dieser Trading- beziehungsweise Anlagestrategie bekommt. Bei der Securities and Exchange Commission gehen täglich buchstäblich Tausende von Formulare ein – viel mehr als Sie oder ich jemals überblicken könnten. Darum ist es einfach wunderbar, all diese Informationen per Mausklick zu bekommen.
Wenn Sie erst einmal Aktien gefunden haben, die Sie interessieren, dann können Sie sie entweder mithilfe meiner Methoden aussieben, mithilfe der Methoden anderer Autoren oder mit Ihren eigenen. Ich empfehle Ihnen, die erwähnte Internetseite zu besuchen und sicherzugehen, dass nicht bestimmte Insider die Aktie abstoßen, die Sie kaufen wollen. Hoffentlich finden Sie im Gegenteil viele Käufer. Anderenfalls fassen Sie vielleicht lieber eine andere Aktie ins Auge, von der die Insider große Mengen angehäuft haben, denn das ist gut. Dann überprüfen Sie den Unternehmensgewinn und so weiter.

Lassen wir noch einmal unsere drei wichtigsten Waffen für die Suche nach großartigen Investmentaktien Revue passieren. Erstens wollen wir auf die Gewinne achten. Wir lassen alle Unternehmen links liegen, die kein Geld verdienen oder nicht regelmäßig Geld verdienen
Dann überprüfen wir den Hintergrund unserer potenziellen Investments, um zu sehen, wie ihre Finanzlage beschaffen ist. Wenn sie viele Schulden haben, nein danke! Und schließlich, wenn die Menschen, die dort arbeiten, regelmäßig riesige Mengen unternehmenseigener Aktien verkaufen, ebenfalls nein danke!
Ja, es gibt noch viel mehr Informationen, die man als Auswahlkriterien verwenden kann. Ich habe allerdings herausgefunden, dass man sich bei der überwältigenden Informationsflut leicht in Details verliert. Die drei in diesem Kapitel angesprochenen Punkte sind so ziemlich alles, was man braucht. Im nächsten Kapitel geht es um die Verfeinerung der Methode und um die Informationsbeschaffung.

9. KAPITEL

Wie man die Anlegerstimmung für einzelne Aktien misst

ERFAHRUNG IST EIN GUTER LEHRER, ABER IHRE RECHNUNGEN SIND HORREND.
-ANONYM

Die meisten kurzfristig orientierten Trader machen Verlust. Gibt es eine Möglichkeit, das Gegenteil zu erreichen? Wenn die Mehrzahl der Trader die meiste Zeit das Falsche tut, würde es uns dann nicht etwas bringen, wenn wir das Gegenteil dessen tun würden, was die Mehrheit tut?

Diese Idee ist keineswegs neu. Garfield Drew war in den 1930er-Jahren wahrscheinlich der erste Analyst, der sich nicht nur diese Sichtweise zu eigen machte, sondern auch eine praktikable Durchführungsmöglichkeit darstellte. Drew teilte die Aktivität der Anlegeröffentlichkeit in zwei Kategorien ein: (1) Den Aktien- beziehungsweise Geldanteil der Kunden von Brokern und (2) die „odd lot short sales", also Leerverkäufe von Stückzahlen kleiner als 100.

Von diesen beiden Indikatoren haben sich die odd lot short sales am besten gehalten. Da ein Odd Lot weniger als 100 Aktien umfasst, sagte sich Drew, dass die entsprechenden Aktivitäten am ehesten auf Kleinanleger zurückgehen, eben auf Menschen, die nicht genug Geld haben, um die klassischen Stückelungen von 100 Aktien zu kaufen.

Dieser Gedanke hat sich über 70 Jahre hinweg als korrekt erwiesen. Ein ungewöhnlich hohes Aufkommen von kleinen Leerverkäufen tritt zu Börsentiefs auf, während ein Rückgang des Shortens im kleinen Rahmen (der eine bullische Stimmung der Öffentlichkeit signalisiert) meistens einem Anstieg des Marktes vorangeht. Es ist eine traurige Wahrheit, dass die Mehrheit der Investoren anscheinend nie richtig liegt.

Aber wir können die Mehrheit vergessen, denn die Mehrheit der Menschen ist nicht reich.

Andere Analysten, zum Beispiel Wally Heiby, Richard Dysart, Marty Zweig und Ned Davis haben in dieser Richtung weitergearbeitet. Ihre Arbeiten behandeln das Market Timing des gesamten Aktienmarkts. Am bemerkenswertesten ist dabei vielleicht der Service von *Investors Intelligence*. Er misst die Stimmung der Herausgeber von Börsenbriefen. Die Haltung der angesagtesten Börsenbriefherausgeber stimmt seit 35 Jahren mit der Unfähigkeit der Öffentlichkeit überein, künftige Bewegungen korrekt vorauszusagen.

Jim Sibbett, Rohstoffanalyst und erster Herausgeber von *Market Vane*, fing Ende der 1960er-Jahre an, die bullische Haltung von Börsenbriefschreibern bezüglich einzelner Rohstoffe aufzuzeichnen. Seine Untersuchungen zeigen, dass man Stimmungs-Daten nicht nur für allgemeines Market Timing verwenden kann, sondern auch für das Timing einzelner Rohstoffe.

Seine Zahlen sind eindeutig: Alle größeren Rohstoffbörsen reagieren auf allzu viele bullische Berater mit einem Abstieg und auf allzu wenige Bullen mit einem Aufstieg.

Sibbett arbeitete immer mit wöchentlichen Zahlen. Das änderte sich, als Jake Bernstein begann, täglich die Haltung von 50 Tradern zu registrieren.

Seine Daten zur täglichen Stimmung hinsichtlich einer Reihe populärer Rohstoffe bestätigen den gleichen Punkt: Sogar auf individueller und täglicher Basis kann die Anlegerstimmung zutreffende Einblicke in die kommende Bewegung des Marktes bieten.

Die Auswirkungen der Anlegerstimmung auf einzelne Aktien

In Fortführung dieses Konzepts habe ich angefangen, die Anlegerstimmung hinsichtlich einzelner Aktien zu messen, vor allem der 30 im Dow Jones Industrial Average enthaltenen Aktien und einiger anderer sehr beliebter Aktien wie Qualcomm, Sun Microsystems und Apple Computer. Dank des Internets ist es heutzutage möglich, zahlreiche Beraterdienste täglich und wöchentlich zu verfolgen und so die Meinung der Mehrheit herauszufinden. In früheren Zeiten wäre es so gut wie unmöglich gewesen, dies zeitgerecht zu tun. Aber jetzt, da man in Sekundenschnelle weltweit kommunizieren kann, ist es möglich, die Meinung der Mehrheit einzufangen.

Der Index, den ich gleich vorstellen werde, ist in seiner Zusammenstellung zwar neu, aber seine Komponenten sind es nicht. Wenn Sie die nötigen Mittel und die nötige Zeit hätten, könnten Sie ihn auch selbst zusammenstellen.

Er entsteht aus der Beobachtung von Internetseiten und Printmedien, aus denen hervorgeht, wie viele der beobachteten Analysten bullisch eingestellt sind. Daraus wird dann der Anteil an allen abgegebenen Stimmen errechnet, woraus sich eine grobe Zahl für den prozentualen Bullenanteil ergibt.

Die Daten werden dann noch etwas geglättet, aber zuerst kommt noch ein technisches Maß für die Bullenstimmung der Öffentlichkeit in den Topf. Anstatt täglich einzelne Mitglieder der Trader-Öffentlichkeit zu befragen, messen wir ihre wahrscheinlichste nächste Marktaktivität als Prozentsatz aller Marktaktivitäten.

Dieser Ansatz unterscheidet sich leicht von dem, was ich in den 1960er-Jahren in meinen Arbeiten über Akkumulation und Distribution geschrieben habe. Ein weiteres wichtiges Element des Indexes sind Put/Call Ratios. Diese Maße für die tägliche Aktivität werden in die Wochenwerte eingerechnet.

Was ich herausfand, war aufschlussreich und bestätigte die Erwartungen: Mittelfristigen Markthochs geht hoher Anlegeroptimismus voraus, während Börsentiefs meist von geringem Optimismus begleitet werden. René Descartes, der französische Philosoph des 17. Jahrhunderts, dem die Zeile „Ich denke, also bin ich“ zugeschrieben wird, ist vielleicht auch der Begründer dieser Philosophie. Er lebte anscheinend vom Glücksspiel, und neben seinen Lebensweisheiten hinterließ er uns auch diesen Gedanken an die Adresse der Spekulanten: „Es ist wahrscheinlicher, dass die Wahrheit von wenigen gefunden wird als von vielen.“

In Tradersprache übersetzt heißt das: „Gerade in dem Moment, in dem

viele entdeckt haben, dass der Trend nach oben geht, ist die Wahrscheinlichkeit am größten, dass er sich ändert."
Also egal ob nach Descartes' Gedanken, Garfield Drews Arbeiten, nach Marty Zweigs oder meinen – eine wahre Aussage über die Marktbewegungen wird dadurch enthüllt beziehungsweise bestätigt: Die meiste Zeit über kann man die Ansicht der uninformierten Anleger beziehungsweise der Mehrheit vernachlässigen.

Die Fakten sprechen für sich

Die Abbildungen 9.1, 9.2 und 9.3 sind Wochencharts der Investorenstimmung. Wie Sie sehen, habe ich extrem bullische Werte von mehr als 75 Prozent hervorgehoben, während Markttiefs am wahrscheinlichsten auftreten, wenn weniger als 25 Prozent der Erhebungsgruppe kaufen wollen.

Grundregel

Die erste Regel besagt, dass Zonen extremer Bullen- beziehungsweise Bärenstimmung gewöhnlich dann entstehen, wenn sich die Preise umkehren. Heraklit sagte um das Jahr 500 v. Chr.: „Jede Entwicklung muss zu weit gehen und sich in ihr Gegenteil verkehren "
Als Beweis für dieses Phänomen sehen wir uns Abbildung 9.1 an, J. P. Morgan von 1996 bis zum Frühjahr 2000. Ich habe die extrem bullischen und bärischen Bereiche markiert. In der überwältigenden Mehrzahl der Fälle boten sie die Chance auf Gewinn bringende Trades. Und das ist in der Tat eher die Regel als die Ausnahme.
Abbildung 9.2 zeigt, dass auf 3M die gleiche allgemeine Beobachtung zutrifft. Wenn eine zu große Mehrheit der Berater bullisch eingestellt ist, also mehr als 75 Prozent von ihnen, dann ist es in den nachfolgenden Wochen wahrscheinlicher, dass die Preise sinken, als dass sie steigen.
In gleicher Weise gilt, dass ein Anteil bullischer Berater unter 25 Prozent die Chancen für eine Markterholung kräftig erhöht. Tatsächlich wurden die profitabelsten Erholungen der betrachteten vier Jahre von Stim-

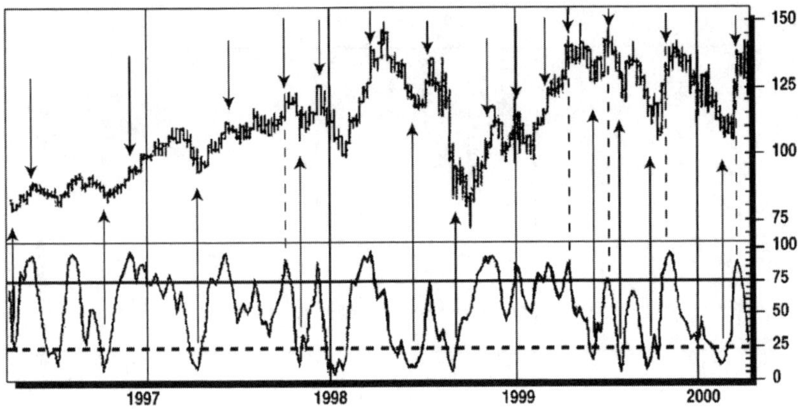

ABB. 9.1
J.P. Morgan 1996-2000

mungswerten im unteren Viertel hervorgerufen; ich habe das im Chart markiert. Der zweite Hauptsatz der Thermodynamik besagt, dass alles von einem geordneten Zustand zu einem weniger geordneten Zustand hin strebt. Die Unordnung wird immer größer. Die ganze Geordnetheit des Trends, also die scheinbare Ordnung der allgemeinen Aussichten vergrößert in Wirklichkeit die Unordnung – ein Trendwende wird wahrscheinlicher.

Wenden wir uns nun einem völlig anderen Unternehmen zu, nämlich Merck (siehe Abbildung 9.3). Es ist völlig egal, was das Unternehmen macht – es kann eine Bank sein wie J. P. Morgan, ein diversifiziertes Technologieunternehmen wie 3M oder eine Pharmagesellschaft wie Merck. Das Gesetz des Dschungels gilt auch da. Praktisch alle idealen Kauf- und Verkaufszeitpunkte seit 1997 fallen damit zusammen, dass sich unser Stimmungsindex im richtigen Bereich befindet.

Das Problem dabei ist nur, dass diese Werte nicht immer größere Bewegungen nach sich ziehen. Der Index hat so gut wie alle bedeutenden Hochs und Tiefs angezeigt – das ist die gute Nachricht –, aber manche Signale sind eben nicht zutreffend. Ich zeige Ihnen eine Methode, wie man einige davon umgehen kann, und vielleicht haben Sie dafür auch Ihre eigenen Methoden.

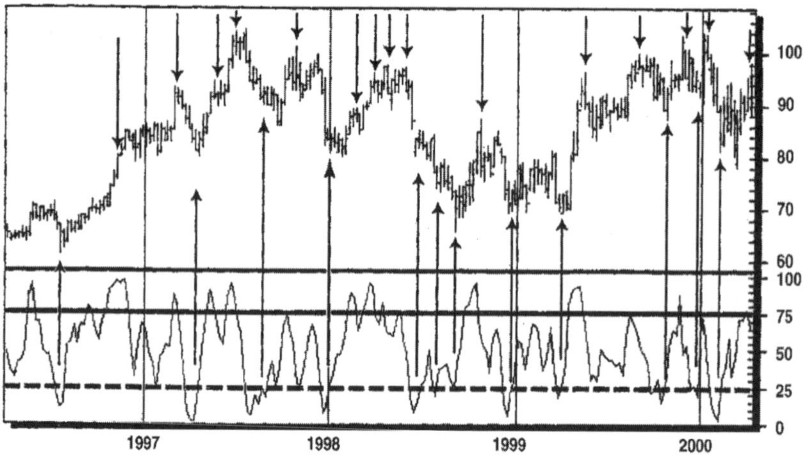

ABB. 9.2
3M 1996-2000

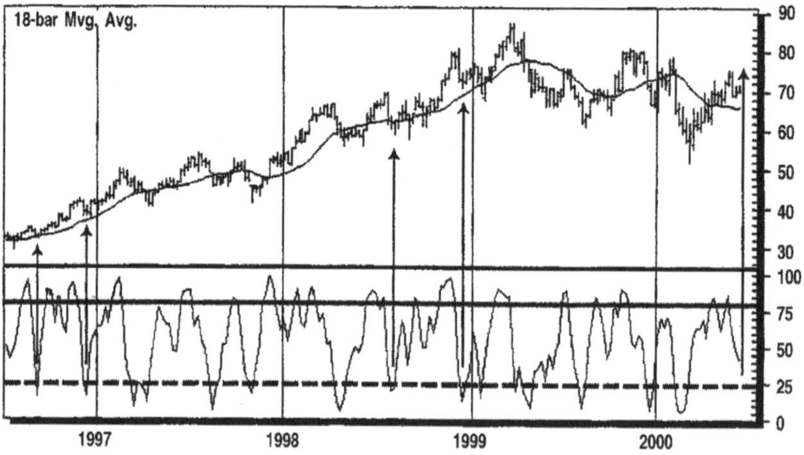

ABB. 9.3
Merck 1996-2000

Wie man diesen Index als Optionstrader benutzt

Vielleicht spekulieren Sie langfristig auf Merck. Sie besitzen die Aktie, wollen aber mithilfe von Puts und Calls noch etwas Extrageld verdienen. Dafür kann der Stimmungsindex sehr nützlich sein. Verkaufen Sie nur Puts, wenn weniger als 25 Prozent der Berater bullisch eingestellt sind, und verkaufen Sie nur dann Calls gegen Ihre Position, wenn mehr als 75 Prozent bullisch eingestellt sind.

Vielleicht beobachten Sie auch eine Aktie, die Sie in Ihr Portfolio aufnehmen wollen. Sie fragen sich nur noch, wann der beste Zeitpunkt für den Kauf gekommen ist. Der Sentiment Index kommt Ihnen zu Hilfe! Warum sollten Sie die Aktie gerade dann kaufen, wenn die Mehrheit gekauft hat? Denn die Mehrheit tut ja nachgewiesenermaßen meistens das Falsche. Warten Sie einfach ab, bis der wöchentliche Index in den Bereich von 25 Prozent oder tiefer absackt, und investieren Sie dann.

Zu Demonstrationszwecken habe ich einige Kaufpunkte in der 25-Prozent-Zone markiert. Bedenkt man die mechanische Einfachheit dieser Methode, sind ihre Ergebnisse wirklich bemerkenswert.

In Abbildung 9.4 zeigen Pfeile die Kaufgelegenheiten der Jahre 1993 bis

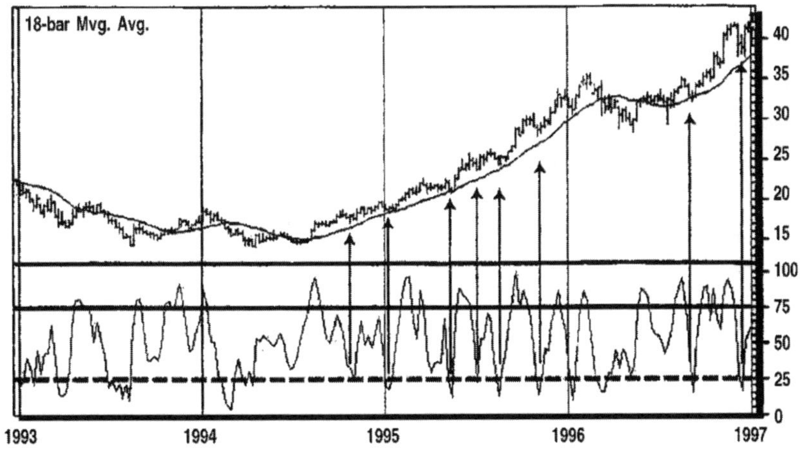

ABB. 9.4
Merck 1993-1997

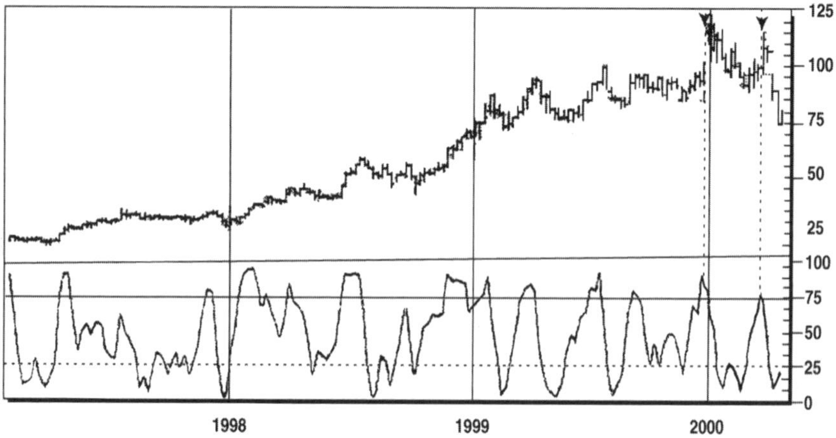

ABB. 9.5
Microsoft 1997-2000

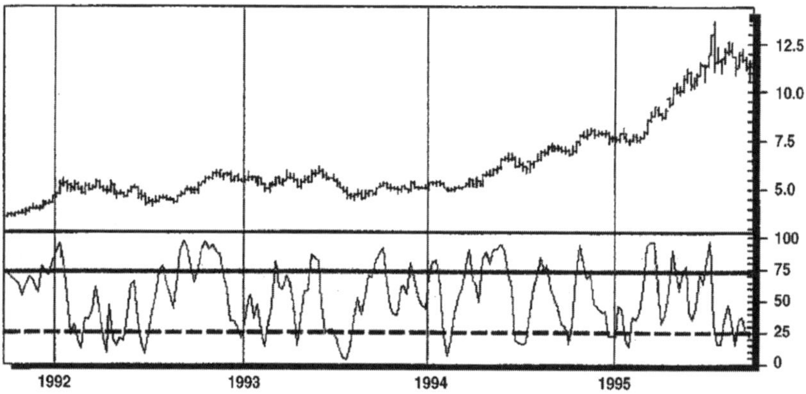

ABB. 9.6
Microsoft 1992-1995

2000 für diese Aktie. Sie sind zwar nicht perfekt (nichts in der wirklichen Welt der Spekulation ist perfekt), aber es ist unfassbar, wie viele Pfeile tatsächlich ideale Einstiegspunkte für den langfristigen Kauf von Merck bezeichnen. Falls man die Aktie besessen haben sollte, zeigen die Pfeile exakte Zeitpunkte für den Verkauf von Puts, so dass man Ertrag bekommt, ohne die Aktien wegzugeben.

Sie brauchen jetzt keine Dartpfeile mehr zu werfen; beobachten Sie lieber die Pfeilwerfer!

Amerikas Liebesaffäre mit Microsoft ging im Jahre 2000 zuende, und zwar vor allem wegen der staatlichen Eingriffe. Zahllose Familien verloren aufgrund folgender juristischen und bürokratischen Einstellung Millionen von Dollar: „Ich bin Staatsbeamter und will Ihnen helfen. Der erfolgreichste Unternehmer der amerikanischen Geschichte muss ein Betrüger sein; wie sonst könnte er so erfolgreich sein?"

Aber interessanterweise funktionierte unsere Regel, dass man die Masse ausblenden sollte – und wie! Eine Woche vor dem schwersten Kursverlust in der Geschichte des Unternehmens stand der Stimmungsindex auf 77 Prozent (siehe Abbildung 9.5). In der Tat wurden die meisten größeren Kursbewegungen durch eine extrem bullische oder extrem bärische Einstellung unserer Lieblingsgruppe von Anlageberatern eindeutig angezeigt.

Dieses Phänomen ist nicht neu. Abbildung 9.6 zeigt, dass in den Jahren 1992 bis 1995 das gleiche Muster am Werk war. Was wir hier sehen, ist der natürliche Zyklus eines Pendels, das von der Seite, auf der alle an den Trend glauben, auf die Seite ausschlägt, auf der niemand daran glaubt.

Spekulation ist vor allem die Kunst, das zu tun, was andere nicht tun, die glauben, sie täten genau das, was getan werden muss.

Wodurch werden die Berater zu bullisch oder zu bärisch?

Wie Sie sehen, sind die Indizien sehr überzeugend. Aber warum ist das so? Welcher Mechanismus steht hinter dem Stimmungsindex?

Die treibende Kraft hinter dem Index ist das bisherige Marktverhalten. Je stärker und länger der Anstieg, desto bullischer werden die Menschen. Anscheinend macht sie nur eines bullisch: eine kräftig steigende Börse. Und nur eines führt dazu, dass sie eine bärische Einstellung annehmen: ein Niedergang. Wir haben hier eine Paarung von Gegensätzen. Es stimmt, dass der Trend ein Freund ist. Aber eben die Stärke des Trends ist es auch, die die Berater zu bullischen oder bärischen Extremen treibt. Doch besagt nicht die erste Tradingregel, dass man sich dem Trend nicht entgegenstellen soll?

Ich glaube, der Stimmungsindex lässt uns den alten Spruch begreifen: „Der Trend ist dein Freund ... bis zum Ende."

Das Ende eines Trends – eine Möglichkeit, Geld zu verdienen – kommt dann, wenn zu viele Marktteilnehmer auf den fahrenden Zug aufgesprungen sind. Kurz gesagt zeigen uns die Stimmungsdaten erwiesenermaßen besser als alles andere, was ich in 40 Jahren der Aktienkursbeobachtung erlebt habe, dass wir uns dem Ende eines Trends nähern.

Eine starke Tendenz – das heißt, ein kräftiger Anstieg – hat auf die Börsenanalysten offenbar eine hypnotische Wirkung. Je höher es hinaufgeht, desto tiefer wird ihre schlafwandlerische Trance. Nichts stimmt diese Menschen bullischer als steigende Kurse. Es ist fast so, als würden sie aufhören zu denken, und je näher das Ende des Trends ist, desto mehr von ihnen wollen sich wie die Lemminge von der Klippe stürzen.

Wenn Sie sich die Zeit nehmen, den Index zu studieren, dann werden Sie sehen, dass dieses Lager gegen Ende des Trends auf der falschen Seite steht. Etwa in der Mitte des Trendverlaufs sind diese Menschen mit dem Trend auf einer Höhe, und dann wird ihre Haltung extrem, während sich der Trend seinem Abschluss nähert. Anders gesagt kann die Masse durchaus den Trend erfassen und eine Weile richtig liegen. Je stärker der Trend wird, desto mehr engagieren sich die Menschen.

Denken Sie daran, dass diese Gruppe in der Mitte des Trends richtig liegen kann und wird. Aber wenn sich die Masse extrem einseitig engagiert und der Anteil der potenziellen Verkäufer über 75 Prozent steigt beziehungsweise der Anteil der potenziellen Käufer unter 25 Prozent fällt, ist das für uns eine Chance.

Wir sind damit aufgewachsen, dass die Mehrheit Recht hat. Sie kommt an die Macht, sie gewinnt. Aber die Herrschaft der Mehrheit (oder des Pöbels) kann gefährlich sein. Wenn wir zu dritt sind und zwei von uns beschließen, den dritten umzubringen, ist das dann richtig? Je mehr ich die Fehlbarkeit der Masse sehe, desto mehr frage ich mich, wie gut die Politiker, die wir in ihre Ämter gewählt haben, wirklich sind. Seit der Kindheit bringt man uns bei, dass die Mehrheit Recht hat. Wir entschei-

den mittels einer Volksabstimmung über die Zukunft. Wenn wir uns nicht sicher sind, dann machen wir eine Umfrage!
Die Ansicht der Mehrheit ist nicht immer falsch; sie ist nicht garantiert unrichtig. Aber die Indizien zeigen ziemlich deutlich, dass in Extremfällen die Masse eher falsch als richtig liegt. Dies verschafft uns einen Vorteil, der unsere Erfolgschancen erhöht. Was will man als Spekulant mehr?
Aber dennoch sollte uns klar sein, dass wir vielleicht zu früh dran sind und deshalb höchstwahrscheinlich noch zusätzliche Bestätigungen oder eine Methode für den kurzfristigen Einstieg brauchen. Es gibt Myriaden von Einstiegsmethoden, aber ohne die richtige Vorbereitung – wie sie beispielsweise der Stimmungsindex ermöglicht – sind die meisten zum Scheitern verurteilt.

Ein tieferer Einblick in den Index

Ich bin sicher, dass Sie es jetzt begriffen haben – wir haben hier einen wirklich wertvollen Index. Und ich nehme an, dass Sie sich schon

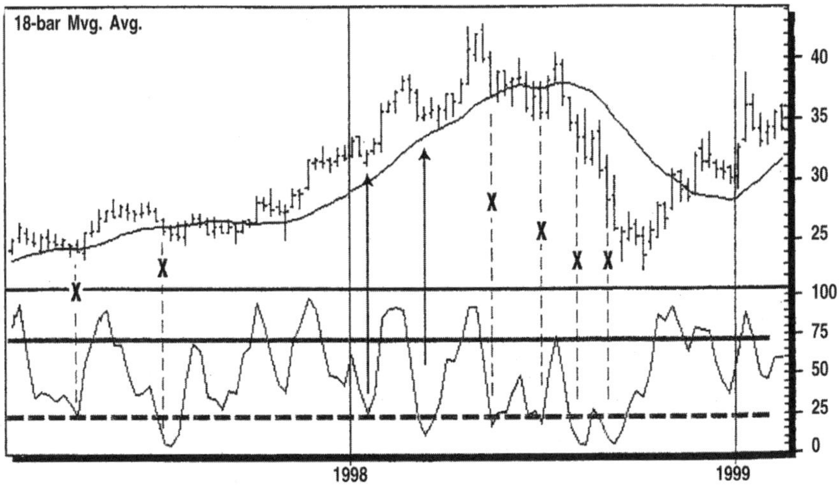

ABB. 9.7
Disney 1997-1999

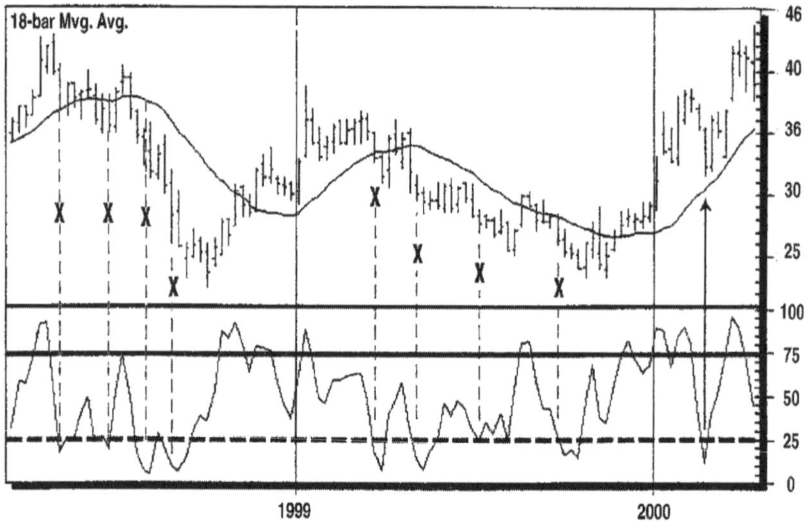

ABB. 9.8
Disney 1998-2000

gefragt haben, ob es eine Möglichkeit gibt, einige der weniger sinnvollen Signale herauszufiltern.

Die gibt es schon, aber rechnen Sie nicht damit, dass Sie alle Minenfelder umgehen können, denn das wird es nie geben.

Als langfristig orientierter Aktienkäufer habe ich festgestellt, dass die allerbesten 25-Prozent-Kauf-Signale auftreten, wenn der Markt insgesamt nach oben tendiert. Und das können wir auf einfachste Weise überprüfen: Wenn der Wochenschlusskurs über dem gleitenden 18-Wochen-Durchschnitt liegt, dann zeigt der längerfristige Trend nach oben.

Wenn zur gleichen Zeit der Stimmungsindex die Kaufzone erreicht, ist die Kaufgelegenheit besser, als wenn der aktuelle Kurs unterhalb des 18-Wochen-Durchschnitts liegt.

Beginnen wir unsere Analyse mit einem Wochenchart von Disney von 1997 bis 2000 (siehe Abbildungen 9.7 und 9.8). Ich habe mir erlaubt, die Momente mit Pfeilen zu markieren, in denen beide Bedingungen erfüllt sind: Der langfristige Trend ist positiv (das heißt, der Wochenschlusskurs liegt über dem 18-Wochen-Durchschnitt), und der Stimmungsin-

dex steht unter 25 Prozent. Alle anderen Signale habe ich mit Kreuzen durchgestrichen. Beachten Sie, wie viele das sind. Manche davon waren gut, andere weniger gut. Aber alle Signale, bei denen beide Werkzeuge parallel liefen, funktionierten. Von 1997 bis 2000 gab es davon nur drei Stück. Das gefällt mir, denn je weniger Trades, desto besser.
Behalten wir das eben Gesagte im Gedächtnis und betrachten wir uns noch einmal Merck in Abbildung 9.9; sie zeigt nur diejenigen Kaufgelegenheiten, bei denen sich die beiden Indikatoren deckten. Welch ein Unterschied zu Abbildung 9.3 – viel weniger Trades, aber praktisch alle brachten Geld, falls man ausgestiegen ist, sobald der Index zum ersten Mal über 75 Prozent stieg.

Nicht inhalieren!

Abbildung 9.10 über Philip Morris zeigt viele vom Stimmungsindex signalisierte Kaufgelegenheiten. Viele von ihnen brachten Gewinn, bis im Jahre 1999 Sammelklagen den Kurs unter Druck brachten. Beachten Sie, wie sich das auf einen der Kaufpunkte ausgewirkt hätte, denn der Wochenschlusskurs stand unter dem 18-Wochen-Durchschnitt.
Gewiss kann man sich als Investor auch andere Ansätze für die Aussor-

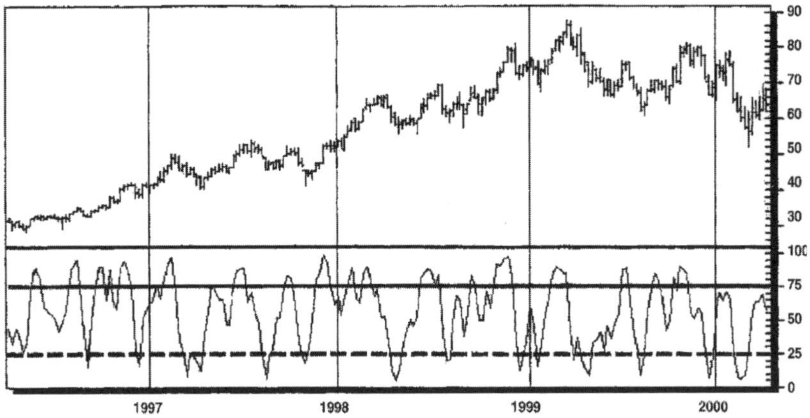

ABB. 9.9
Merck 1996-2000

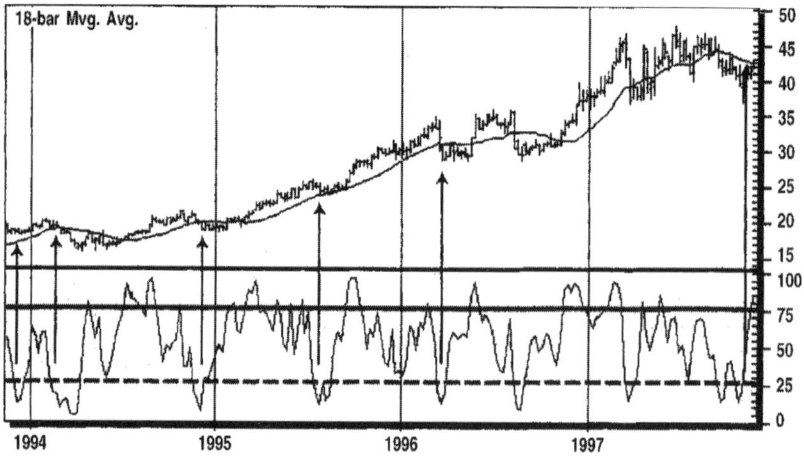

ABB. 9.10
Philip Morris 1994-1997

tierung der nicht ganz idealen Einstiegspunkte aussuchen, aber dieser hier ist nicht schlecht.Shortselling-Signale werden durch die umgekehrte Regel ausgelöst: Stimmungsindex über 75 Prozent, Wochenschlusskurs unter dem 18-Wochen-Durchschnitt.

Jetzt überlasse ich Sie dem Studium von sieben Charts (ab Seite 155) über sieben Aktien und sieben verschiedene Zeiträume, damit Sie ein besseres Gefühl für den Index bekommen und vielleicht sogar Ihre eigene Anwendungsmethode dieser wertvollen Daten entwickeln. Am besten gefällt mir an dem Konzept, dass es keinen Trugschlüssen unterliegt. Es entspricht der Funktionsweise der Märkte, und zwar seit den ersten Messungen von Garfield Drew.

Warum sich Aktien so verhalten, wie sie sich eben verhalten

Auf lange Sicht betrachtet bewegen sich Aktienkurse aus „wirklichen" Gründen nach oben und unten – Unternehmensgewinne, Schulden, Insiderkäufe und Ähnliches. Jeder langfristige Beobachter der Börsengeschichte stellt fest, dass diese Dinge wirklich zählen. Ich bin tatsächlich der Meinung, dass die Fundamentaldaten zu den besten Möglichkeiten gehören, langfristige Aktienpositionen auszuwählen.

Auf kurz- und mittelfristige Sicht jedoch schwanken die Aktienkurse, und zwar manchmal ganz schön wild. Häufig unterliegt dieses rasende Auf und Ab zweifellos dem Zufall und spottet jeder Voraussage. Aber die große Mehrzahl der mittelfristigen Hochs bildet sich exakt dann, wenn mein Stimmungsindex anzeigt, dass zu viele Käufer vorhanden sind.

Bei Markttiefs ist es genau umgekehrt. Die meisten bilden sich, wenn zu viele Menschen glauben, verkaufen zu müssen oder dies anderen empfehlen zu müssen; das ist ein klares Indiz dafür, dass es offensichtlich die Bestimmung des Marktes ist, zu beweisen, dass die Mehrheit der Menschen die meiste Zeit falsch liegt.

Genauso interessant ist der Punkt, dass es anscheinend egal ist, was das Unternehmen macht beziehungsweise in der aktuellen Marktlage nicht macht. Es ist aber eindeutig von Bedeutung, ob sich ein zu großer Teil der Mannschaft auf der gleichen Seite des Börsenschiffes aufhält, denn dieses kippt dann (im Gegensatz zu einem echten Schiff) in die entgegengesetzte Richtung; und genau dann, wenn die Mehrheit herausgefunden zu haben glaubt, dass der Trend nach oben geht, ist er zur Wende verurteilt.

Es bringt großen Gewinn, wenn man bei der Auswahl eines Unternehmen für die langfristige Anlage die fundamentalen Gegebenheiten untersucht. Wenn es allerdings um den Einstiegszeitpunkt in diese Werte geht, will ich lieber das tun, was die Mehrzahl der anderen nicht tut.

Dank der heutigen Kommunikationsmöglichkeiten und des Internets ist es möglich, die Einstellung vieler Teilnehmer an diesem Spiel festzustellen und zu verarbeiten, damit wir hoffentlich nicht in den Gruppenzwang hineingeraten, der Wendepunkte auslöst.

Aus meinen Trading-Erfahrungen mit diesem Index

Ich verwende diesen Index auf vielfältige Weise. Das Interessanteste dabei ist, dass ich Calls verkaufe, wenn die Mehrheit der Berater bullisch eingestellt ist (dabei kassiert man eine Prämie von dem Käufer des Calls, so dass im Depot sofort ein Guthaben über den Optionspreis entsteht. Mehr als die Prämie kann man nicht gewinnen, aber dieser Gewinn ist einem sicher. Wenn man allerdings falsch liegt und die Position eindeckt, kann man wenigstens die Prämie, die man von dem Käufer erhalten hat, von dem Verlust abziehen). Ich habe das noch nicht oft gemacht, aber bisher (toi, toi, toi!) habe ich damit noch keinen Verlust gemacht. Meine Strategie besteht dabei im Auffinden eines passenden Rohstoffs (denn damit handele ich hauptsächlich), aber das Gleiche gilt auch für Aktien, die sich in einem bedeutenden Abwärtstrend befinden. Der Trend darf nicht seit mehr als sieben Monaten nach unten zeigen, ganz einfach weil wir wissen, dass jeder Trend an irgendeinem Punkt enden muss. Bei einem Trend, der seit sieben oder acht Monaten gilt, ist eine Wende wahrscheinlicher als bei einem Trend, der erst seit wenigen Monaten läuft.

Wenn eine starke Abwärtstendenz vorliegt, warte ich ab, bis der Stimmungsindex über 80 Prozent steigt. In der Woche, in der das passiert, schreibe ich kurz vor Börsenschluss am Freitag Calls auf die entsprechenden Futures-Kontrakte. Um Ihr Gedächtnis aufzufrischen: Wenn ich einen Call schreibe, kann jemand zu einem späteren Zeitpunkt den Rohstoff (es kann auch eine Aktie sein) bei mir kaufen. Der Käufer des Calls spekuliert darauf, dass der Preis erheblich steigen wird, damit er erstens die Prämie wettmacht, die der Käufer an mich bezahlt hat, und zweitens den Ausübungskurs überschreitet (auf den der Call ausgestellt ist). Wenn ich einen Aktiencall zu 36 US-Dollar mit einer Laufzeit von 90 Tagen verkaufe, verfällt er wertlos, wenn der Kurs der Aktie zum Ausübungsdatum 36 US-Dollar oder weniger beträgt.

Da die Berater kurz vor dem Wendepunkt hinsichtlich der Aktie oder des Rohstoffs sehr bullisch gestimmt sind, ist die Optionsprämie dann höher als sonst, und zwar wegen des extremen Optimismus, dass die Preise steigen. Ich strebe mit meinem Trade einen Gewinn von 50 Prozent an. Wenn also die Option, die ich verkauft habe, mehr als 50 Prozent ihres Wertes verliert, ist mein Gewinn gesichert. Ich mache das immer am Freitag, weil der arme Wicht, der die Option kauft, dann schon vor zwei Tagen Prämienverlust steht. Wenn sich die Option gegen mich wendet – wenn also der Preis des Rohstoffs oder der Aktie so weit steigt, dass der virtuelle Verlust so groß wird wie die Prämie, die ich für die Option bekommen habe – dann steige ich aus und streiche den Trade.

Die Strategie besteht darin, einen schönen Abwärtstrend zu finden, abzuwarten bis zu viele Menschen zu bullisch werden und dann Call-Optionen zu verkaufen. Das Gegenteil davon (im Aufwärtstrend Puts verkaufen) habe ich mit dem gleichen Erfolg getan.
In diesem Fall suche ich nach einem Markt, der kräftig nach oben tendiert – aber auch hier wieder nicht länger als seit sieben Monaten. Und dann verkaufe ich Puts, wenn die Berater extrem bärisch werden. Ich glaube in diesem Fall, dass sich der Aufwärtstrend wahrscheinlich fortsetzt und sich die Berater wiederum irren. Das Schöne an dieser Optionstaktik ist die Tatsache, dass die Mehrzahl der Berater (und somit auch die Öffentlichkeit) die Aktie beziehungsweise den Futures-Kontrakt naiv-pessimistisch sehen und glauben, dass der Preis sinken wird – und dass sie deshalb bereit sind, in diesem Moment für eine Put-Option mehr zu bezahlen als zu Zeiten, in denen der Markt steigt. So bekomme ich von beidem das Beste, einen Markt, der gerade dann vor dem Ausbruch steht, wenn die Anleger noch mehr als normal für eine Put-Option bezahlen, weil sie gerade bearish sind.
Sie sehen, es gibt exzellente Beispiele dafür, wie wichtig der Index im Arsenal der Timing-Instrumente sein kann, die man als Investor benutzt. Zusätzlich zu den vorangegangenen zeige ich Ihnen im Folgenden zu Studienzwecken noch ein paar Aktien, vor allem Wal-Mart, Intel und IBM (siehe Abbildungen 9.11 bis 9.17).

Aktienkurse und Saisoneffekte

Rohstofftrader bringen eine besondere Perspektive an die Finanzmärkte, denn es ist seit vielen Jahren bekannt, dass Rohstoffpreise saisonalen Effekten unterliegen. Ich verweise dafür auf mein Buch *Sure Thing Commodity Trading: How Seasonal Factors Influence Commodity Prices* aus dem Jahre 1973. In dem Buch geht es darum, dass es Zeiten gibt, in denen Rohstoffpreise relativ zuverlässig steigen beziehungsweise fallen.
Im Rohstoffbereich ist das aufgrund der Auswirkungen des Wetters auf Pflanz- und Erntezeit eher offensichtlich. Außerdem kann man auch die Verbraucherseite der Gleichung betrachten, zum Beispiel am Eiermarkt.

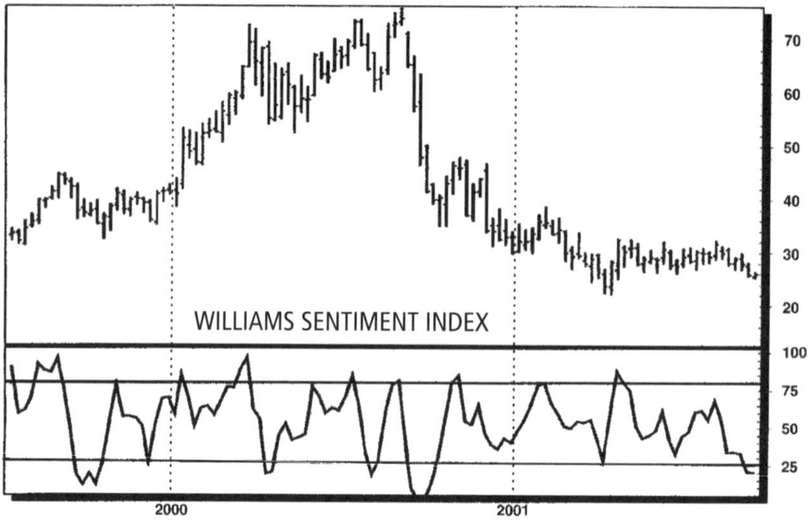

ABB. 9.11
INTEL (in US-Dollar)

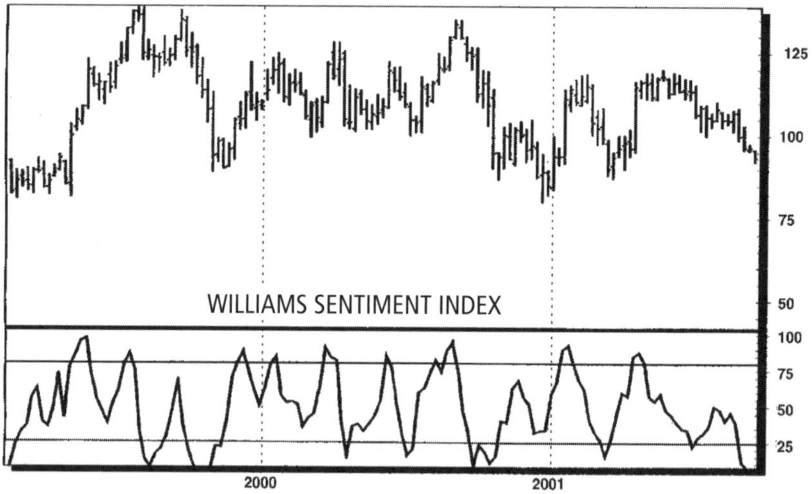

ABB. 9.12
IBM (in US-Dollar)

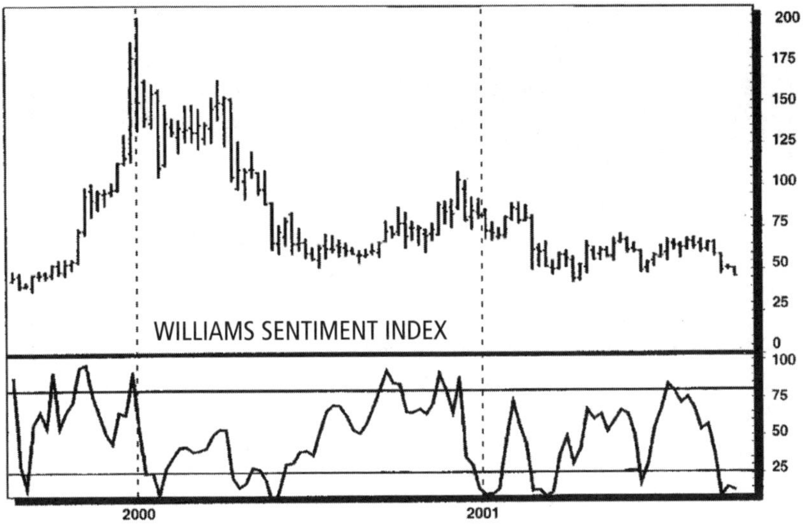

ABB. 9.13
Qualcomm (in US-Dollar)

ABB. 9.14
Sears (in US-Dollar)

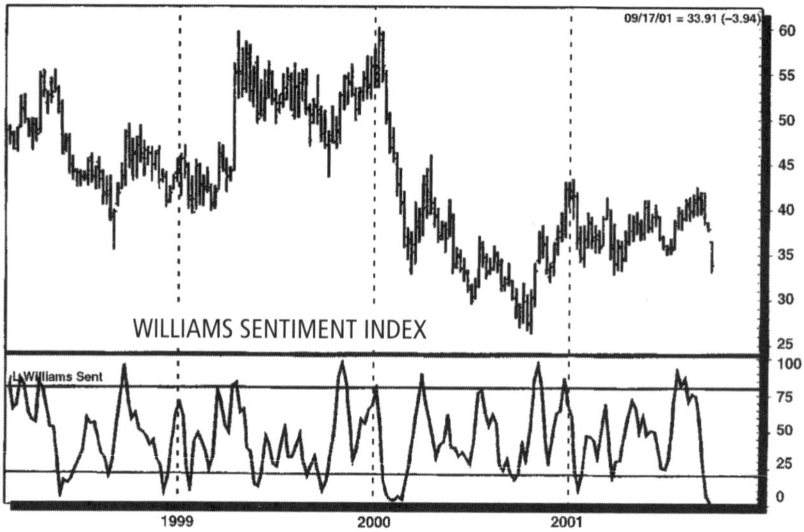

ABB. 9.15
International Paper (in US-Dollar)

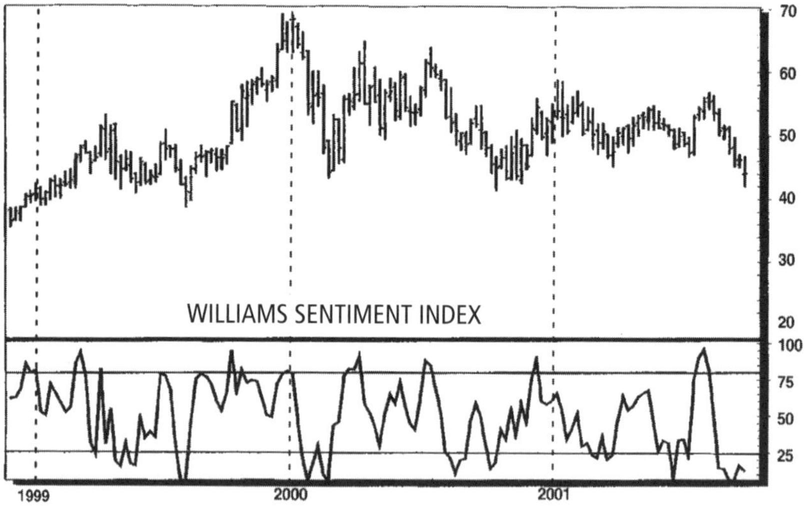

ABB. 9.16
Wal-Mart (in US-Dollar)

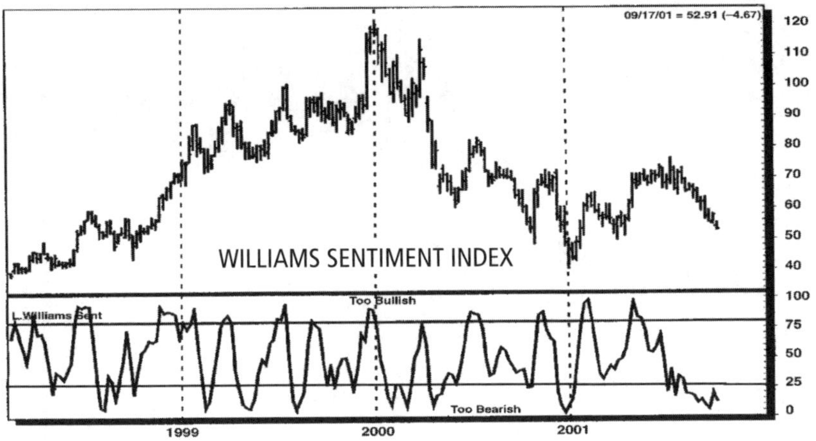

ABB. 9.17
Microsoft (in US-Dollar)

Leider gibt es diesen Markt nicht mehr, aber als es ihn noch gab, stiegen die Preise aus religiösen Gründen jedes Jahr kurz vor Ostern.
Meines Wissens bin ich der Erste, der die saisonalen Einflüsse auf Aktienkurse ernsthaft untersucht hat. Yale Hirsch hat sich in den 1960er-Jahren ein wenig mit diesem Thema beschäftigt, und ich habe in den späten 1970er-Jahren eine umfangreiche Studie unternommen. Ich habe über 500 Aktien daraufhin untersucht, ob sie eine zuverlässige Tendenz aufweisen, zu bestimmten Zeiten zu steigen beziehungsweise zu fallen.
Die erste Aktie, auf die ich sehr viel Aufmerksamkeit verwendete, war IBM. Vor fast 20 Jahren schrieb ich: „IBM ist normalerweise etwa in der letzten Oktoberwoche ein guter Kauf, und die Gewinne kann man gegen Ende Januar mitnehmen. [...] Und dann suchen Sie nach einem Kaufpunkt im April und nach Ausstiegsmöglichkeiten in der zweiten Septemberhälfte." Abbildung 9.18 zeigt, dass sich die saisonalen Tendenzen von IBM bis zum heutigen Tage fortsetzen.
Optionsverkäufer können den Index als Timingwerkzeug für den Verkauf von Calls zu saisonalen Hochs oder für den Verkauf von Puts zu Zeiten benutzen, zu denen normalerweise saisonal bedingte Tiefpunkte auftreten. Für die Festlegung des genauen Zeitpunkts für den Kauf oder

ABB. 9.18
IBM (in US-Dollar)

ABB. 9.19
Wal-Mart (in US-Dollar)

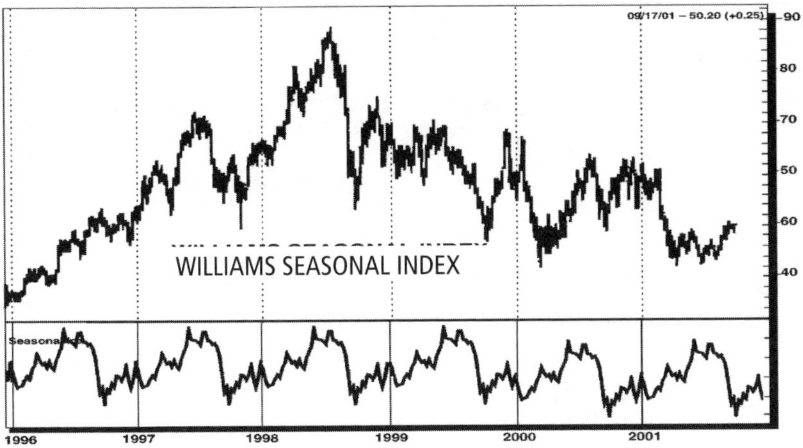

ABB. 9.20
Coca-Cola (in US-Dollar)

den Verkauf von Calls oder Puts können Sie auch noch den Stimmungsindex ins Spiel bringen, so dass sich beide decken. Das ist die ideale Strategie, egal ob Sie ein- und aussteigen wollen oder ein Tänzchen im Optionsgeschäft hinlegen wollen.

Wal-Mart, der größte Einzelhändler der Welt, weist ein deutliches saisonales Muster auf. Im Februar gibt es eine Kaufgelegenheit, und fast (aber nicht ganz) alle Hochs treten Mitte bis Ende Juli auf (siehe Abbildung 9.19). Manchmal ist das Hoch Ende Juli sehr ausgeprägt, aber zumindest ergibt sich ein Stopp-Punkt, wenn die Aktie in eine Trading Range eintritt, die dem Anleger keinen Fortschritt nach oben bringt.

Ich arbeite mit diesem Index nun schon so lange, dass ich großen Respekt davor habe. Er kann für jeden von Nutzen sein, der Aktienpositionen aufbauen will. Der Weg ist klar und eindeutig vorgezeichnet. Für die meisten Aktien gibt es Zeiten, die für den Kauf besser geeignet sind als andere. Vielen Fondsmanagern würde es genauso wie Ihnen und mir gut tun, wenn sie mit Käufen abwarten würden, bis gemäß dem Chart der saisonalen Tendenzen der richtige Zeitpunkt gekommen ist.

Coca-Cola weist eine interessante saisonale Tendenz auf, die wahrscheinlich den sommerlichen Getränkeumsatz widerspiegelt. Wie Sie der Abbil-

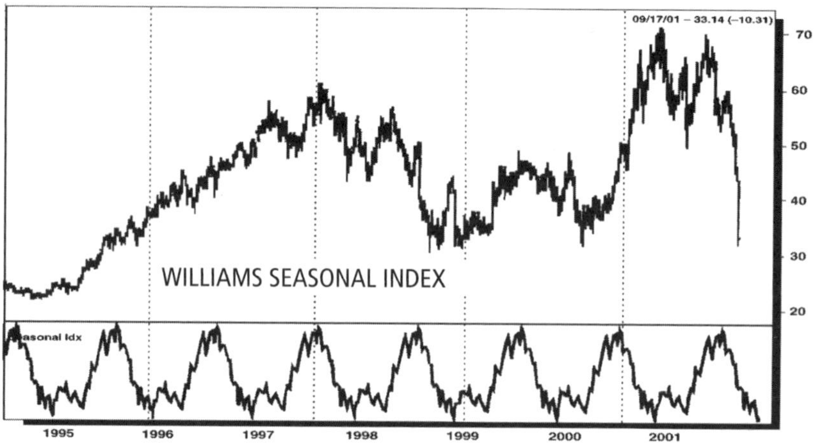

ABB. 9.21
Boeing (in US-Dollar)

dung 9.20 entnehmen können, kommt die beste Zeit für den Kauf in der letzten Septemberwoche oder in der ersten Oktoberwoche. Bedeutendere Hochs treten gerne Ende Juli auf, etwa zum Umsatzhöhepunkt dieses Unternehmens im Sommer – zumindest auf der Nordhalbkugel.

Sogar Aktien, von denen man keine saisonalen Tendenzen erwarten würde, neigen dazu, sich stark wiederholende Muster aufzuweisen. Abbildung 9.21 zeigt, dass die Aktie der Boeing Company normalerweise Mitte April ein Tief und in der ersten Augustwoche einen Verkaufspunkt erreicht.

Damit Sie die saisonalen Auswirkungen auf einzelne Aktien besser verstehen, lege ich Ihnen die saisonalen Tendenzen einiger der bekanntesten Aktien zur Einsicht vor.

Diese Charts sind wirklich sehr wertvoll, wenn man sie mit anderen Indikatoren kombiniert. So kommt zum Beispiel das ideale Verkaufsignal dann, wenn die Mehrzahl der Anlageberater (also 75 Prozent oder mehr) hinsichtlich einer Aktie bullisch eingestellt ist und wenn gleichzeitig der traditionelle Zeitpunkt für das saisonal bedingte Hoch einer Aktie vorliegt. In diesem Fall kombiniert man zwei Indikatoren, den übertriebenen Optimismus und die Ankündigung eines Niedergangs durch das saisonale Muster.

Das Gleiche gilt für Kaufsignale. In diesem Fall sucht man nach einer Aktie, die sich im Bereich des traditionellen Tiefs beziehungsweise im Kaufbereich befindet; und man hofft, dass der Index der Anlageberater zu diesem Zeitpunkt extrem negativ ausfällt. Wenn wir sehen, dass mindestens 75 Prozent der Herausgeber von Börsenbriefen sagen: „Kaufen Sie diese Aktie nicht!", dann wollen wir sie haben.

Den Stimmungsindex habe ich gemeinsam mit Genesis Financial Data Service entwickelt. Sie erhalten ihn entweder täglich aktualisiert bei Genesis, oder Sie kaufen einzelne Ausgaben davon für Ihre eigene Datenbank oder sonstige Softwarekonfiguration. Sie erreichen Genesis unter 1-800-808-3282 oder unter www.gfds.com. Außerdem finden Sie den Stimmungsindex auch bei Commodity Quote Graphics unter www.CQG.com.

10. KAPITEL

Ihre Investment-Herausforderung

DIE PHILOSOPHIE LÄCHERLICH ZU MACHEN IST AUCH PHILOSOPHIEREN.
-BLAISE PASCAL

Die meisten Investoren haben einfach überhaupt keine Ahnung, welches die wirklichen Parameter des Spiels sind. Der Grund, weshalb sie an die Börse kommen, besteht eher darin, schnell das große Geld zu machen, als eine Maschinerie zu entwickeln, mit der sie gleichmäßig Geld verdienen können. Wenn man nicht weiß, was man erwarten kann, gibt es keine abgegrenzten Kriterien für das, was gut und das, was schlecht ist. Lassen Sie mich erzählen, wie gut oder schlecht Aktien auf lange Sicht waren. Seit 1926 sind Aktien im Durchschnitt 12,3 Prozent pro Jahr gestiegen (1926-1993), während Schatzwechsel im Durchschnitt einen Ertrag von 3,74 Prozent pro Jahr gebracht haben. Langfristige Staatsanleihen warfen 5,3 Prozent ab, und Unternehmensanleihen brachten dem Anleger 5,9 Prozent.

Man muss das allerdings in der richtigen Perspektive sehen, denn während alle Papiere Gewinne vorwiesen, tickte die Uhr. Die Inflation betrug durchschnittlich 3,2 Prozent im Jahr, und das drückt kräftig auf die tatsächliche Ertragsrate. Dadurch machte man Verlust, wenn man sich einfach an Bargeld hielt. Die Inflation fordert auf jeden Fall ihren Tribut. Mit Schatzwechseln machte man in dem genannten Zeitraum von 67 Jahren durchschnittlich 0,54 Prozent Gewinn. Inhabern von Anleihen erging es besser, aber auch nicht spektakulär gut, wohingegen die durchschnittliche Rendite der Aktionäre abzüglich der Inflation 9,09 Prozent pro Jahr betrug. Somit wissen wir, welchen Ertrag wir von unseren Investments im Schnitt erwarten können. Wenn man inflationsbereinigt mehr als neun Prozent jährlich bekommt, hat man die Märkte übertroffen. Zu diesem Thema gehört außerdem noch die Frage, warum in aller Welt die Menschen Schulden mit 12 bis 18 Prozent Zinsen machen und damit einen schweren Tribut entrichten – meistens auch noch für einen Luxus, dessen Wert schnell verfällt. Diese Menschen sind doppelte Verlierer, denn sie verlieren nicht nur die jährlichen neun Prozent, die ihnen Aktien bringen könnten, sondern sie bezahlen dazu auch noch 12 bis 18 Prozent Zinsen. Das bedeutet, dass ihnen der Pleitegeier 21 bis 27 Prozent wegfrisst. Jetzt verstehen Sie, warum es so wichtig ist, als Anleger gar keine oder nur sehr wenige Schulden zu haben.

Was zu tun ist

Es gibt für Anleger aber noch eine andere Möglichkeit, den Anlageerfolg zu messen. Die übliche Messlatte ist der Betrag, um den man die breiten Marktindizes in einem bestimmten Zeitraum übertrifft; meistens sind das die vorangegangenen zwölf Monate.
Man könnte meinen, dass das doch nicht so schwierig sein dürfte, aber fast 80 Prozent der Investmentfonds übertreffen die Indizes nicht. Das ist von größter Bedeutung, denn wenn man mehr als die normale Performance will, stehen die Erfolgschancen nur zwei zu zehn, wenn man sein Geld einem angeblichen Experten übergibt. Dazu kommt noch, dass die 20 Prozent, die besser sind als die Indizes, nicht jedes Jahr die gleichen sind. Nur 20 Prozent von diesen 20 Prozent übertreffen den Dow Jones Industrial Average regelmäßig.
Bei der Darlegung unserer langfristigen Hauptstrategie beziehe ich mich auf dieses Verhältnis als Maß für den Erfolg beziehungsweise mangelnden Erfolg.

Alles dreht sich um Value

Wenn Sie dieses Buch bis zum Ende durchgelesen haben, können Sie das Wort „Value“ wahrscheinlich nicht mehr hören. Aber das ist das wichtigste Konzept, das man als Investor benutzen kann, um in dem Spiel einen Vorteil zu gewinnen. Wenn Sie begreifen, was sich hinter „Value“ verbirgt, übertreffen Sie nicht nur den Markt, sondern auch die große Mehrzahl der Fondsmanager.

Die Value-Idee gibt es schon erstaunlich lange. Wahrscheinlich beginnt die Geschichte dieses Investmentansatzes mit einem Artikel von Robert Weiss aus dem Jahre 1930 („Investing for True Value“, *Barron's*, 8. September 1930), der in folgendem Kommentar gipfelte: „Der eigentliche Preis jedes Wertpapiers, egal ob Aktie oder Anleihe, ist die Summe aller künftigen Gewinnausschüttungen diskontiert um den aktuellen Zinssatz, so dass sich der aktuelle Wert ergibt.“"

Samuel Elliott Gould füllte das Konzept 1931 mit seinem Artikel „Stock Growth and Discount Tables“ (*Boston Financial Publishing*) mit Leben. Dieser Autor definierte Value als die durchschnittliche Rate, mit der der Gewinn eines Unternehmens mit der Zeit wächst, als Dividende, die über diesen Zeitraum ausgeschüttet worden wäre, als Kurs-Gewinn-Verhältnis und schließlich als die innere Rendite, die der Investor erzielen müsste.

Wenn die Experten und Berater Ende der 1990er-Jahre diese Schriften aus den 1930er-Jahren gelesen und sie sich nur ein bisschen zu Herzen genommen hätten, dann hätten sie keinen Pfennig in die Aktien gesteckt, die die Langfristanlagen ihrer Kunden dezimierten. Insofern gibt es also Lehren aus der Vergangenheit, die für die Zukunft gelten.

Benjamin Graham, der anerkannte Vater der Fundamentalanalyse, schrieb im Jahre 1946 eine interessante Bemerkung: „In den kommenden Jahren müssen wir Analysten in die Schule gehen und die älteren etablierten Disziplinen lernen.“ Ein halbes Jahrhundert danach versuchen die Börsen-Wahrsager immer noch, neue Lehren und neue Regeln zu entwickeln, weil sie glauben, es gebe eine „New Economy“. Die gibt es aber nicht. Natürlich ändern sich die Dinge, und die Wirtschaft von heute ist nicht die Wirtschaft von gestern. Aber der Value-Ansatz ist genauso allgemeingültig wie die Schwerkraft: Unabhängig davon, welchen Gegenstand man in die Luft wirft – der Schwerkraft ist es egal, ob dieser alt oder neu ist, sie übt immer die gleiche Wirkung aus.

Und so ist es auch mit dem Value-Ansatz: Das ist der Grund, weshalb so viele nicht valueorientierte Anleger so schweren Schaden gelitten haben und immer Schaden leiden, wenn die Märkte fallen. Der Value-Ansatz ist der Kern jeglichen Anlageerfolges, und der Trend ist die Basis aller Profite. Der Trend ist ein unmittelbares Ergebnis fundamentaler Betrachtungen – und diesen liegt der innere Wert eines Unternehmens zugrunde. Die Anleger lassen sich zwar von der Möglichkeit gigantischer Gewinne locken, aber es ist unnötig zu sagen, dass größerer potenzieller Lohn auch ein größeres Risiko mit sich bringt.

Spekulation ist Ertragsmaximierung in kürzester Zeit. Bei der Geldanlage geht es nicht darum; bei der Anlage geht es darum, regelmäßig mehr zu bekommen als der Nachbar.

Mir geht es so, dass ich es dem Nachbarn gerne gönne, hier und da Monstergewinne zu erzielen, denn ich weiß, dass er auf lange Sicht Rückschläge einstecken muss, weil er unnötige Risiken eingeht. Das heißt, dass ich im Durchschnitt mehr erziele als jemand, der keine Strategie und kein Programm hat, mit dem er an die Märkte herangeht.

Man muss das Gleichgewicht zwischen Risiko und Lohn finden. Wenn Ihr hauptsächliches Lebensziel die Vermeidung von Ärger ist, dann bleiben Sie arm. Ruhe hat ihre Vorteile, aber sie bringt keinen finanziellen Wohlstand. Wenn ich die Wahl zwischen Ärger und Armut hätte, dann würde ich jederzeit den Ärger wählen. Als Sigmund Freud gefragt wurde, wie man einen Zustand des Gleichgewichts erreicht, antwortete er: „Und wozu? Gleichgewicht bringt nur das Glück der Stille."

Das Risiko ist ein seltsames Ding, denn es ist absolut hoffnungslos, an der Börse reich zu werden, ohne Risiken einzugehen. Das ist allerdings ein zweischneidiges Schwert, denn das gleiche Risiko kann zum Vermögensverlust führen. Deshalb ist Risikokontrolle der Schlüssel zum langfristigen Anlageerfolg. Risiko schafft und zerstört Vermögen.

Die einzigen drei Möglichkeiten der Risikokontrolle

Ich habe sehr viel nachgeforscht und bin letztlich zu dem Schluss gelangt, dass es nur drei Möglichkeiten gibt, wie man das Risiko kontrollieren und gleichzeitig das Gewinnpotenzial beibehalten kann. Die drei Kriterien oder Faktoren, die bestimmen, wie sehr wir uns Risiken aussetzen, sind:

1. *Die Qualität der Investition.*
2. *Der Zeitpunkt der Kaufentscheidung.*
3. *Der Anteil der Geldmittel, der in die Investition fließt.*

Je geringer die Qualität der Anlage, desto größer offensichtlich das Risiko. Wenn Sie in schlechte Leute investieren, bekommen sie minderwertige Resultate. Wenn Sie in Schrott investieren, bekommen Sie Schrott zurück. In diesem Kapitel geht es vor allem um die Entscheidung, was am Aktienmarkt „Schrott" [Junk] ist und was nicht.

Der Zeitpunkt, zu dem Sie sich zu einem Kauf entschließen, ist genauso wichtig wie die Qualität. Wenn Sie Microsoft zur rechten Zeit gekauft hätten, dann hätten Sie ein Vermögen verdient. Der Zeitpunkt macht also einen Unterschied. Lassen Sie sich nie und von niemandem etwas anderes erzählen.

Das Problem beim Auffinden von Qualität und bei der Wahl des richtigen Zeitpunkts besteht darin, dass es da feine Nuancen gibt. In einem gewissen Maß kann man dies aufschlüsseln und sogar Regeln und Strategien entwickeln, aber das ist nicht nur eine Wissenschaft, sondern auch eine Kunst. Anders gesagt ist Urteilsvermögen gefragt, aber ist das Urteilsvermögen nicht an jedem Tag unseres Lebens und bei allem gefragt, was wir tun? Natürlich, aber wenn Sie eine solide Grundlage haben, hilft Ihnen Ihr Urteilsvermögen mehr, als wenn Sie den betreffenden Sachverhalt nicht recht verstehen.

Und schließlich bestimmt der Geldbetrag, den Sie in Ihr Investment stecken, welchem Risiko Sie ausgesetzt sind. Wenn Sie eine einzelne Microsoftaktie gekauft hätten, selbst wenn Sie das zum Höchststand getan hätten, dann hätten Sie den Schmerz des Kursverfalls wohl durchaus ertragen können. Wenn Sie aber Ihre gesamten Ersparnisse eingesetzt hätten, läge der Fall ganz anders. Deshalb geht es im gesamten Kapitel 12 um Geldverwaltung – Sie müssen entscheiden, welcher Anteil Ihres Portfolios oder Ihrer Ersparnisse in eine bestimmte Anlage investiert werden sollte. Das garantiert, dass Sie das Risiko kontrollieren, dass Sie die treibende Kraft des Risikos sind und nicht das Risiko die treibende Kraft in Ihrem Leben.

Insgesamt ist das erfreulich: Der Anleger kann das Risiko kontrollieren. Spekulanten und Spieler versuchen, das Risiko in der Hoffnung auf größere Erträge zu vergrößern, aber letzten Endes rafft das Risiko selbst die spektakulärsten Gewinne hinweg.

Sieben traditionelle Wert-Maße

Traditionell verwenden Analysten sieben Methoden, um den fundamentalen Wert einer Aktie und ihre potenziellen künftigen Erträge zu beurteilen.

1. Kurs-Gewinn-Verhältnis

Das bekannteste Maß für den Wert ist das Kurs-Gewinn-Verhältnis (KGV), also der aktuelle Kurs der Aktie geteilt duch den aktuellen Unternehmensgewinn. Je größer dieser Wert ist, desto mehr bezahlen die Investoren für das, was das Unternehmen an Gewinn erzielt. Ein hohes KGV deutet daher darauf hin, dass ein weiterer Kursanstieg schwierig sein dürfte. Traditionell sagen die Analysten, dass die künftige Marktaktivität umso positiver sein wird, je niedriger das KGV ist.

2. Kurs-Buchwert-Verhältnis

Man erhält das Kurs-Buchwert-Verhältnis (KBV) durch Division des aktuellen Aktienkurses durch den Buchwert des Unternehmens pro Aktie. Dahinter steht der Gedanke, dass der Anleger bei einem niedrigen Wert ungefähr den Liquidationswert der Vermögenswerte eines Unternehmens bezahlt. Je niedriger der Wert, desto bullischer sollten die Aussichten für die Aktie sein.

3. Kurs-Cashflow-Verhältnis

Die nächste übliche Möglichkeit, den Wert einer Aktie zu beurteilen, ist das so genannte Kurs-Cashflow-Verhältnis. Man erhält es, indem man den Marktwert der Aktie durch den Cashflow des Unternehmens teilt. Die Analysten, die diesem Ansatz den Vorzug geben, weisen darauf hin, dass Gewinne durch buchhalterische Methoden manipuliert werden können, dass es aber sehr viel schwieriger ist, den gesamten Geldfluss zu verschleiern. Auch hier bevorzugt man einen niedrigen Wert, weil man annimmt, dass sich die Aktie dann in Zukunft besser entwickelt.

4. Kurs-Umsatz-Verhältnis

Ein relativ neues Maß für die Bewertung ist das Kurs-Umsatz-Verhältnis (KUV). Es ähnelt dem Kurs-Gewinn-Verhältnis, aber es vergleicht den Aktienkurs mit dem gesamten Jahresumsatz anstatt mit dem Gewinn. Hohe KUVs sind normalerweise bärisch, niedrige bullisch.

5. Dividendenrendite

Die Dividende ist ein weiteres Maß für die Bewertung. Hier wird gefragt, welchen Ertrag der Aktionär aus dem unmittelbaren Besitz der Aktie bezieht. Die Möglichkeit von Kursgewinnen besteht immer, aber wie sieht es mit der Dividende aus, die das Unternehmen ausschüttet? Die Theorie besagt, dass Aktien mit hohen Dividenden viel wert sind. Die schiere Tatsache, dass ein Unternehmen Dividenden ausschütten kann, zeigt uns, dass es Gewinn macht und bietet somit zwei Vorteile: Potenzielle Kurszuwächse und einen Anlageertrag.

6. Eigenkapitalrendite

Die Eigenkapitalrendite (ROE, Return on Equity) wird schon seit vielen Jahren als Bewertungsmaßstab verwendet. Dabei teilt man den Bruttogewinn (abzüglich aller Ausgaben außer Dividenden) durch das Aktienkapital. Diese Zahl wird mit 100 multipliziert, damit sich ein Prozentsatz ergibt. Hier gilt: je größer, desto besser.

7. Relative Stärke

Das letzte Maß, das von Fondsmanagern und anderen Geldverwaltern verbreitet genutzt wird, wurde in den 1960er-Jahren bekannt, als viele Analysten sagten, die relative Preisentwicklung einer Aktie im Vergleich zu anderen Aktien habe eine gewisse Vorhersagekraft. Das nennt sich dann relative Stärke und vergleicht normalerweise die Kursveränderungen aller Aktien am heutigen Tage mit den Kursveränderungen vor zwölf Monaten. Grob gesagt geht man davon aus, dass Aktien mit hoher relativer Stärke, die also gestiegen sind, weiter steigen werden.

Befassen wir uns nun näher mit diesen Wertmaßstäben. Jeder bringt einen gewissen Nutzen bei der Auswahl von Aktien, die mit höchster Wahrscheinlichkeit Kurszuwächse verzeichnen werden. Je besser man diese Methoden versteht, desto besser sollte man in der Lage sein, sie in seine eigenen Anlageentscheidungen einzubeziehen.

Über die Bestimmung des Wertes einer Aktie

Paul Miller, der damals bei Drexel & Co. arbeitete, führte im Jahre 1969 eine hochinteressante Untersuchung über den Dow Jones Industrial Average durch, den er dazu in zwei Gruppen einteilte. Zuerst nahm Miller die zehn Aktien mit den höchsten KGVs und untersuchte ihre Ertragsraten von 1937 bis 1969. Diese verglich er dann mit den Ertragsraten der zehn Aktien mit den niedrigsten KGVs. Und schließlich errechnete er als Vergleichsmaßstab den Gesamtertrag aller 30 Aktien des Dow Jones Industrial Average.

Das Resultat war in der Tat verblüffend. Miller schlüsselte die Untersuchung zwar in Vierjahreszeiträume auf, aber ich führe hier nur die Gesamtergebnisse für die 32 Jahre an. Allerdings weise ich darauf hin, dass die zehn Aktien mit den niedrigsten KGVs in allen Vierjahreszeiträumen besser abschnitten als die zehn Aktien mit den höchsten KGVs oder der Index an sich. Ein Vorteil im Spiel!

Kursentwicklung des Dow Jones von 1937 bis 1969

10 Aktien mit niedrigem KGV	11,7 %
10 Aktien mit hohem KGV	2,3 %
Alle 30 Dow-Jones-Werte	6,6 %

Wenn Sie sich je gefragt haben, ob die Qualität von Belang ist, ob manche Aktien von Natur aus besser sind als andere, dann stellt die oben stehende Liste eines ohne jeden vernünftigen Zweifel klar: Aktien mit niedrigem Kurs-Gewinn-Verhältnis entwickeln sich besser als Aktien mit hohem Kurs-Gewinn-Verhältnis. In diesem Fall übertrafen die Aktien mit niedrigem KGV die Aktien mit hohem KGV um 500 Prozent und brachten fast den doppelten Ertrag der durchschnittlichen Dow-Jones-Aktie.

Eine Studie von David Dreman aus dem Jahre 1979 untersuchte die Kursentwicklung von 1968 bis 1977 und verglich den Ertrag von Aktien mit hohem KGV mit dem Ertrag von Aktien mit niedrigem KGV über Zeiträume von sechs Monaten, einem Jahr und drei Jahren. Als Vergleichsbasis diente der Durchschnitt aller Aktien, der in den neun Jahren, die die Studie abdeckte, um 4,75 Prozent stieg.

Die Studie ergab, dass die Aktien mit den höchsten KGVs einen Verlust von durchschnittlich 1,4 Prozent brachten, wenn man sie kaufte und drei Jahre lang hielt.

Wenn man die Aktien mit den niedrigsten KGVs kaufte und drei Jahre lang hielt, gewann man im Schnitt 10,89 Prozent.

Hier nun die Aussage, die sich unter dem Strich ergibt: Aktien mit niedrigem KGV übertreffen Aktien mit hohem KGV. Dies wurde über viele verschiedene Zeiträume hinweg an verschiedenen Märkten und anhand von Unternehmen aller Art wieder und wieder bewiesen. Das ist die Wirklichkeit des Marktes. Auf diese Weise findet man Value, ortet Qualität und beseitigt oder verringert zumindest das Risiko.

Weitere Studien

John Slatter stellte in seinem Buch Safe Investing: *How to Make Money without Losing Your Shirt* (Books Britain 1991) eine Studie vor, die davon ausgeht, dass man jedes Jahr im Januar die zehn Aktien des Dow Jones Industrial Average mit den höchsten Dividendenrenditen kauft und dass man im darauf folgenden Januar die Aktien mit nunmehr niedrigeren Renditen durch Aktien mit höheren Renditen ersetzt.

Das Resultat dieser Methode ist beeindruckend. Wenn man mit diesem Programm vor 30 Jahren angefangen hätte, dann wären aus der ursprünglichen Anlagesumme von 10.000 US-Dollar bis zum Jahre 1990 mehr als 800.000 US-Dollar geworden. Aus den 10.000 US-Dollar von Anlegern, die einfach den Dow Jones gekauft und gehalten hätten, wären nur etwas mehr als 200.000 US-Dollar geworden. Begriffen? Aktien mit hoher Rendite übertreffen den Marktdurchschnitt um den Faktor vier.

Slatter zeigte außerdem, dass auch in Baissezeiten das hochrentable Portfolio die Indizes erheblich übertraf. Dow-Jones-Werte verloren durch Kursverluste in Baissen durchschnittlich 15,5 Prozent, während die zehn Aktien des Dow Jones mit der höchsten Rendite im Durchschnitt nur 3,3 Prozent verloren. So viel zur Risikokontrolle. Durch den Kauf von Aktien mit hoher Rendite hätte man das Verlustrisiko um den Faktor fünf verringert und gleichzeitig die Gewinnchancen um den Faktor vier erhöht.

Jeremy Siegel legt in *Stocks for the Long Run* (McGraw-Hill 2002) ähnliche Zahlen vor. Diesmal geht es um den Kauf der zehn Dow-Jones-Aktien mit den höchsten Renditen im Vergleich zum Kauf des Dow Jones Industrial Average über die Jahre 1928 bis 1997. Siegel betrachtet die Erträge über verschiedene Zeiträume.

Egal in welche Abschnitte man die Zeit aufteilt, Aktien mit hoher Rendite übertreffen über längere Zeit den Index an sich. Das Gesamtergebnis für die Jahre 1928 bis 1997 ist ein Gewinn von 13,2 Prozent für die zehn Aktien mit hoher Rendite und von 11,4 Prozent für den gesamten Dow Jones (bedenken Sie dabei, dass die Gesamtleistung des Dow Jones auch die zehn Aktien mit der höchsten Rendite umfasst und dass sich der Ertrag des Indexes erheblich vermindern würde, wenn man sie weglassen würde); der S & P 500 legte währenddessen 10,64 Prozent zu. Der einzige Zeitraum, in dem die Aktien mit hoher Rendite den Dow Jones nicht übertrafen, waren die 1930er-Jahre – die Weltwirtschaftskrise. Aber vor und nach der Depression haben die im Dow Jones enthaltenen Aktien mit den höchsten Renditen den gesamten Index immer übertroffen. Am bemerkenswertesten ist vielleicht die Baisse 1973-1974, als der Dow Jones 26 Prozent und der S & P 500 fast 40 Prozent verlor.

Das war ein guter Prüfstein für Systeme und Strategien, und Qualität wurde reichlich belohnt. Die zehn Aktien des Dow Jones mit den höchsten Renditen demonstrierten, wie klug es ist, auf Qualität und Wert zu achten. Sie erbrachten einen Gewinn von rund drei Prozent. Das ist zugegebenermaßen nicht sehr viel, aber im Gegensatz zu einem Verlust von 30 Prozent würde ich die mageren drei Prozent gerne jedes Jahr nehmen.

In dem Buch *What Works on Wall Street* (McGraw-Hill 1998) von James P. O'Shaughnessy werden die ganzen Verhältnisse zum ersten Mal bis ins Einzelne analysiert und ihre Auswirkungen auf die Aktienkurse zum ersten Mal dargestellt. Diese monumentale Studie ist höchst aussagekräftig und macht dieses Buch zu einem absoluten Muss. Ich fasse zwar

die Ergebnisse kurz zusammen, aber Sie müssen unbedingt das ganze Buch lesen. O'Shaughnessy zeigt die Auswirkungen der Bewertungsmaßstäbe auf die Aktien und berechnet die Ergebnisse für verschiedene Gruppen von Aktien. Ich habe mich dafür entschieden, dies nur anhand der großen Aktien zu zeigen, denn ich glaube, dass sie stabiler und somit mit weniger Risiken und Verlustgefahr behaftet sind.
Die Ergebnisse beziehen sich auf eine Anfangsinvestition von 10.000 US-Dollar im Jahre 1956 und die Wertentwicklung bis zum Jahre 1996.

	Bewertungskriterium	Ergebnis
jährlicher Gewinn	$ 3.787.460	14,10 %
Kurs-Buchwert-Verhältnis	$ 5.490.121	15,05 %
Kurs-Cashflow	$ 5.773.333	15,18 %
Kurs-Umsatz-Verhältnis	$ 3.853.418	14,15 %
Hohe Dividendenrendite	$ 2.898.099	13,43 %
Eigenkapitalrendite	$ 1.138.300	11,10 %
Relative Stärke	$ 4.429.185	14,50 %

Als Erstes ist festzuhalten, dass es zwar einen großen Unterschied macht, welche Methode man anwendet und dass man damit unterschiedliche Anlageergebnisse erzielt, dass aber jedes einzelne Wertkriterium die durchschnittliche Kursentwicklung im Vergleichszeitraum übertraf. Es ist eine erfreuliche Nachricht, dass wir mehrere Kennzahlen gefunden haben, die uns dabei helfen, die Indizes zu schlagen.
Nun stellt sich die Frage, wie man diese Methoden am besten anwendet. O'Shaugnessy trieb in seiner Studie die Analyse des Gewinns pro Aktie etwas weiter als ich es wagen würde. Er untersuchte hoch kapitalisierte Aktien mit den größten jährlichen Gewinnzuwächsen und stellte fest, dass diese Aktien den Aktienindizes unterlegen waren. Aus den hypothetischen 10.000 US-Dollar wurden 1.292.138 US-Dollar, was einen Jahreszuwachs von 11,68 Prozent ergibt. Dann nahm er die gleichen Aktien und überprüfte die Ergebnisse derjenigen, bei denen der Gewinn pro Aktie innerhalb von fünf Jahren am meisten gestiegen war.
Das ist genau das, was die große Masse derjenigen für sinnvoll hält, die

kaufen und halten – sie glaubt, dass diese Aktien den Markt überflügeln müssten. O'Shaugnessys Arbeiten lassen den gegenteiligen Schluss zu. Die 10.000 US-Dollar, die man in große Aktien mit den höchsten Fünfjahresgewinnen investiert hätte, hätten sich nicht besonders stark vermehrt. Am Ende des Untersuchungszeitraums wären sie 613.441 US-Dollar wert gewesen und hätten einen Jahresertrag von 10,3 Prozent gebracht. So viel zu langfristigen Gewinnzuwächsen.

Der Wahnsinn der Wall Street hat Methode

Wir sehen hier, dass die Funktionsweise der Wall Street bestimmten Regeln unterliegt. Man braucht kein Raketeningenieur zu sein, um sich auszurechnen, dass der Kauf von Value-Aktien, die man längere Zeit behält, zu jedem beliebigen Zeitpunkt besser ist als der Kauf von Indizes. Da wir als Langfristanleger das Ziel haben, die Indizes zu übertreffen, können wir jetzt höchst zuversichtlich sein, dass wir es erreichen werden. Unser Ziel liegt in greifbarer Nähe.

Falls wir beschließen, den Markt erheblich zu übertreffen, indem wir eine oder zwei heiße Aktien kaufen, dann wissen wir jetzt, dass wir unsere statistische Chance vergrößern können, wenn wir uns dabei an Aktien mit positiven Fundamentaldaten halten. Während die Broker und Investmentberater uns mit ihrem ewigen Lied von unserem hart erarbeiteten Geld weglocken wollen, können wir einfach nachsehen, ob die Aktien unseren Kriterien entsprechen.

Der schlimmste Negativpunkt ist nach Ansicht von O'Shaugnessy auf jeden Fall ein extremes Kurs-Umsatz-Verhältnis. Meine eigenen Untersuchungen und die Untersuchungen anderer haben gezeigt, dass es weitaus sicherer ist, eine Aktie mit einem Kurs-Umsatz-Verhältnis unter 1,0 zu kaufen, wenn man sich gegen Fehlschläge absichern will.

Wenn man das dann auch noch mit der Anforderung verbindet, dass die Aktie ein niedriges Kurs-Buchwert-Verhältnis oder Kurs-Cashflow-Verhältnis hat, dann kann man meines Erachtens so gut wie sicher sein, dass man die Marktindizes überflügelt. Wenn Sie die von mir vorgestellte Auswahlmethode „diskontierter Gewinn" anwenden wollen, dann können Sie Ihre Chancen noch verbessern, weil Sie auch da auf fundamentales Wissen beziehungsweise fundamentale Weisheit zurückgreifen. Vor allen Dingen will ich Sie davon abhalten, Aktien wegen Gerüchten oder Konzepten zu kaufen. Wir wissen, dass Aktien nur aus einem von zwei Gründen steigen: Hoffnung oder Value. Die Hoffnungs-Aktien können durchaus exponentiell steigen. Sie können sich spektakulär entwickeln, aber das Problem ist, dass sie auch auf ebenso spektakuläre Weise einbrechen können. Solche Aktien erleiden wirklich spektakuläre Kursverluste. Das ist bei der Investition in Aktien ohne zugrunde liegenden Value unvermeidlich. Warum sollten wir uns selbst und unser Geld einem solchen Risiko aussetzen? Es geht über meinen Verstand, dass ansonsten intelligente Menschen derart unintelligente Anlageentscheidungen treffen.

Aber die Gier ... Emotionen ... ein kurzer Anruf, ein paar Worte über die große Zukunft und wie weit die Aktie schon gestiegen ist – und schon brennen im menschlichen Geist alle logischen Sicherungen durch. Die innere Stimme sagt: „Da kann man schnell und leicht Geld machen, und das ist mein Geld.“ Aber eigentlich sollte man die dahinter stehenden Umstände überprüfen. Ich finde es höchst verwunderlich, dass Menschen Monate auf die Suche nach dem richtigen Auto verwenden, damit sie dasjenige kaufen, das ihren Bedürfnissen entspricht und den besten Wert darstellt, dass sie aber eine Investitionsentscheidung, bei der es um den zehnfachen Geldbetrag geht, in ein paar Sekunden treffen.

Für die Geldanlage hat man immer genug Zeit. Immer wenn irgendjemand über irgendeine Aktie sagt, man müsse jetzt und heute einsteigen, sollte die Warnlampe aufleuchten. Es gibt immer eine Möglichkeit, in den Markt einzusteigen. Die Zeit ist unser Freund, nicht unser Feind. Fällen Sie kein vorschnelles Urteil, wenn es um Geldanlage geht.

11. KAPITEL

Alles fügt sich zusammen zum langfristigen Anlageerfolg

NICHT WEN DU KENNST, SONDERN WAS DU WEISST ... UND JETZT WEISST DU'S.

Jetzt begreifen Sie, dass es einen Unterschied macht, wann Sie Aktien kaufen beziehungsweise verkaufen, aber auch welche Sie kaufen beziehungsweise verkaufen. Jetzt wissen Sie, dass der Markt reell ist, dass dort bestimmte Dinge zählen. Das sind in erster Linie die Gewinne, aber dazu gehören auch Käufe und Verkäufe der Aktie durch Investmentfonds oder Insider.

Wie im vorangehenden Kapitel beschrieben, schaltete James P. O'Shaugnessy seinen Computer ein und untersuchte Dinge wie Kurs-Gewinn-Verhältnisse, Kurs-Buchwert-Verhältnisse, Kurs-Cashflow-Verhältnisse, Dividendenrenditen und relative Stärke beziehungsweise das Momentum. Diejenigen unter Ihnen, die sein Werk gelesen haben, wissen, dass er die meiste Bedeutung dem Kurs-Umsatz-Verhältnis und dem Momentum beimisst; außerdem sollten die Aktien relativ niedrig kapitalisierte Unternehmen repräsentieren.

Ich halte zwar große Stücke auf die Arbeiten dieses Herrn, aber hinsichtlich zweier seiner Indikatoren bin ich anderer Meinung. Der erste ist die Marktkapitalisierung. O'Shaugnessy betrachtete die Erträge der Aktien und teilte sie in Unternehmen mit einer Kapitalisierung von weniger als 25 Millionen US-Dollar, 25 bis 100 Millionen, 100 bis 250 Millionen, dann bis 500 Millionen, bis eine Milliarde und schließlich Unternehmen mit mehr als einer Milliarde US-Dollar Marktkapitalisierung ein.

O'Shaugnessy kam zu dem Schluss, dass „Aktien mit einer Marktkapitalisierung zwischen 25 und 100 Millionen sowie Aktien mit einer Marktkapitalisierung zwischen 100 und 250 Millionen US-Dollar absolut betrachtet hoch kapitalisierte Aktien übertreffen, dass sie aber schlechter abschneiden, wenn man das Risiko berücksichtigt."

Das lässt mich vermuten, dass diese spezielle Gruppe von Aktien keinen deutlichen Vorteil bringt. Die meisten Analysten sehen das allerdings umgekehrt und konzentrieren sich vor allem auf Smallcap-Aktien. Ich glaube, dass das ein Fehler ist, und will auch den Grund dafür erklären. Außerdem scheint es bei dem Spiel der Aktienauswahl einen deutlichen Vorteil zu bringen, wenn die Kapitalisierung der Aktien unter 25 Millionen US-Dollar liegt. Daran besteht kein Zweifel; diese Aktiengruppe übertrifft die anderen Kapitalisierungsgruppen. Aus O'Shaughnessys Arbeiten geht hervor, dass 10.000 US-Dollar, die man im Jahre 1951 in solche Aktien investiert hätte, bis zum Jahre 1966 zu 800.000 US-Dollar geworden wären. Viele Beratungsdienste und Fonds griffen dieses Informationsbruchstück von O'Shaughnessy auf und wurden große Verfechter des Kaufs von niedrig kapitalisierten Unternehmen.

Bei diesem Ansatz gibt es allerdings ein eindeutiges Problem, und zwar ganz einfach Folgendes: In dieser und meines Wissens auch in allen anderen derartigen Untersuchungen tritt eine erhebliche Verzerrung auf. Sie entsteht dadurch, dass sehr viele Smallcap-Unternehmen die ganzen Jahre gar nicht überlebt haben. Irgendwann im Laufe der Zeit sind sie in Konkurs gegangen oder haben Bankrott gemacht. Und deshalb sind die Verlierer in der Datenbank gar nicht enthalten. Man findet dort nur die Gewinner! Diese einfache Realität führt meiner Meinung nach dazu, dass alle Berichte über die Vorteile der Investition in kleinere Unternehmen schwer einseitig sind. Wenn Sie also das nächste Mal das Lied von der Investition in Smallcaps hören, sollten Sie vielleicht an diese Einseitigkeit denken.

Und außerdem weist O'Shaugnessy selbst darauf hin, dass es äußerst schwierig ist, in solche Aktien zu investieren, ganz einfach weil das Handelsvolumen so gering ist.

Abbildung 11.1 zeigt die Ergebnisse von Smallcap-Fonds und den S & P 500 von 1991 bis 2001. Wie der Chart zeigt, entwickelten sich die Smallcaps von 1998 bis 2001 erheblich schlechter als der Markt, und danach

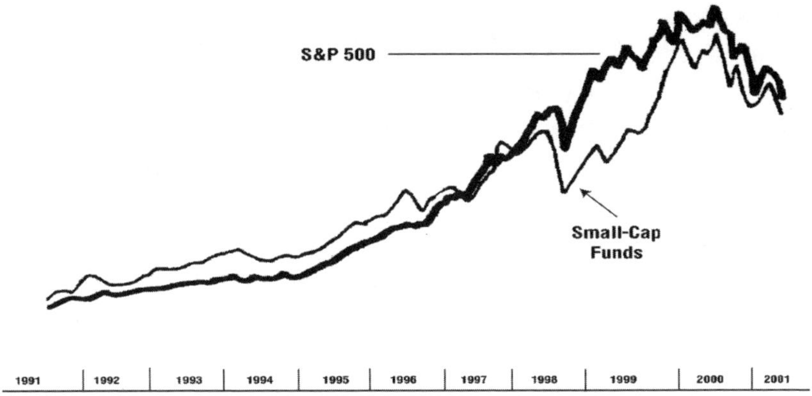

ABB. II.I
Gegenüberstellung S & P 500 und Smallcap-Fonds

liefen die Smallcaps und der S & P 500 parallel. Die tatsächliche Performance dieser Aktien deutet an, dass Smallcaps nur einen kleinen oder gar keinen Vorteil haben. Es stimmt, dass sie die Aktienindizes von 1991 bis 1998 übertrafen, aber nach jenem Zeitpunkt überflügelte der breit gestreute S & P 500 die Smallcaps.

Obwohl also viele Analysten sagen, dass Smallcap-Fonds die Indizes übertreffen sollten und dies auch tun, trifft dies in der Realität nicht zu. Meiner Meinung nach wichtiger ist jedoch die innere Einseitigkeit der Untersuchungen aufgrund des Ausfalls vieler Smallcap-Unternehmen, die nicht mehr bestehen.

Einen weiteren Einwand erhebe ich weniger gegen O'Shaughnessy als gegen die Anhänger seines Werkes. Sie haben eine Vorliebe für die Zahlen, die zeigen, dass sich die Aktien mit der größten relativen Stärke tendenziell auch in Zukunft am besten entwickeln. Das ist die alte Weisheit, dass alles, was steigt, weiter steigen dürfte. Aber in Wahrheit hält das nicht lange an. Seine beste Portfoliostrategie besteht darin, Aktien mit hoher relativer Stärke zu kaufen. Das Problem dabei ist, dass man sich mit diesen Aktien einem wesentlich höheren Risiko aussetzt als mit Aktien, die ausschließlich aufgrund fundamentaler Kriterien ausgewählt wurden. Aus diesem Grund lege ich den Schwerpunkt lieber auf die Umstände, die den Preis bedingen, als auf den Preis an sich.

Das ist genauso wie im Logikunterricht auf dem College, wo einem gesagt wird, dass A kein Prädikat von A sein kann – aber genau das tun die Techniker und Börsenmathematiker seit vielen Jahren. Sie betrachten einfach die Preistendenz und sagen daraus die künftige Preistendenz voraus. Dieser Ansatz führt dazu, dass man irgendwann Aktien zu einem bedeutenden Höchststand kauft. Das ist wie bei meinem Vergleich mit dem Russischen Roulette; da wartet eine Kugel auf Sie.

Mein Anlageziel sind beständige Ertragsraten, die über denen der Indizes liegen. Dann bin ich zufrieden. Und um das zu erreichen, muss ich das Risiko kontrollieren.

Daher halte ich es für weise, jemand anderen das Risiko auf sich nehmen zu lassen. Es ist mir wirklich egal, ob andere am Markt Monstergewinne erzielen oder zu irgendeinem Zeitpunkt besser fahren als ich. Ich sage das, weil ich weiß, dass sie mein konsequentes Programm langfristig nicht übertreffen. Unmöglich! Sie mögen durchaus große Gewinn-Jahre haben, aber sie werden auch fürchterliche Verlustjahre haben. Und diese Verlustjahre wischen den Champagner aus der Vergangenheit weg.

Wenn ich darauf spekulieren will, einen großen Gewinner zu erwischen, dann brauche ich nur die Methode des Kaufs von Aktien, die im Verhältnis zum Gewinnwachstum „unter Wert" gehandelt werden. Man kann diese Methode bei zahlreichen Gelegenheiten dafür verwenden, Aktien zu finden, denen kräftige Kurssteigerungen bestimmt sind, und bleibt gleichzeitig in Qualitätsaktien investiert.

Wenn ein Börsentief kommt

An irgendeinem Punkt in nicht allzu ferner Zukunft geraten die Aktienkurse unter Druck und fallen. Die meisten Anleger warten dann ab oder lecken die Wunden von den Schlägen, die sie eingesteckt haben. Das ist genau die Situation, in der man sich nach Investmentgelegenheiten umsehen sollte. Sie können anhand der Anlageberater oder eines anderen Stimmungsindikators feststellen, wann wahrscheinlich ein Tief des Marktes kurz bevorsteht.

Zu diesem Zeitpunkt können Sie anfangen, Chartsammlungen zu studieren, Zahlen von Ihrem Broker oder Beraterdienste wie zum Beispiel Value Line oder Investor's Business Daily, um Aktien aufzuspüren, deren zugrunde liegender Gewinn im aktuellen Quartal weiter angestiegen ist, während ihr Kurs zurückgegangen ist. Fast jede Brokerfirma wird Ihnen ihre Gewinnschätzungen mitteilen, so dass Sie gegen Ende des Quartals wissen, ob immer noch ein Zusammenhang besteht oder eine Abweichung entsteht.

Das Hauptelement der Untersuchungen von O'Shaughnessy ist meines Erachtens die Untersuchung der künftigen Preisbewegungen im Verhältnis zum errechneten Kurs-Umsatz-Verhältnis. Das ist so ähnlich wie das Kurs-Gewinn-Verhältnis. Nur gibt es nicht den Gewinn wieder, sondern vielmehr den Umsatz im Verhältnis zur Anzahl der umlaufenden Aktien multipliziert mit dem Aktienkurs. Zur Berechnung nimmt man die gesamte Marktkapitalisierung des Unternehmens und dividiert sie durch den Jahresumsatz. Man betrachtet also die Einnahmen pro Aktie und nicht den Gewinnn pro Aktie.

Dabei gibt es ein offensichtliches Problem; das Unternehmen kann hohe Einnahmen haben, aber keinen Gewinn. Das ist eindeutig möglich. O'Shaughnessy bezeichnet dieses Verhältnis als den „König der Bewertungsfaktoren". In einer seiner Studien nahm er die 50 Aktien mit dem niedrigsten Kurs-Umsatz-Verhältnis (die bullischen) und verglich sie mit den 50 Aktien mit den höchsten Kurs-Umsatz-Verhältnissen. Er errechnete, dass aus 10.000 US-Dollar, die man im Jahre 1951 in diese Aktien investiert hätte, bis zum Jahre 1996 8,2 Millionen US-Dollar geworden wären. Das ist eine Ertragsrate von 16 Prozent pro Jahr.

Hätte man die gleichen 10.000 US-Dollar im Jahre 1951 in die 50 Aktien mit den höchsten Kurs-Umsatz-Verhältnissen investiert, wären sie im Jahre 1996 nur 91.000 US-Dollar wert gewesen. Das Kurs-Umsatz-Verhältnis kann also einen riesigen, enormen Unterschied machen.

Wenn Sie das Risiko Ihrer Investments kontrollieren wollen, sollten Sie unbedingt auf das Kurs-Umsatz-Verhältnis achten. Dank der Mitarbeiter von Qualitative Analytics in Chicago (312-322-4690) konnte ich selbst auch eine interessante Studie unternehmen. Auch in meiner Studie „kauften" wir jedes Jahr Ende Oktober den Dow Jones Industrial Average. Unsere Aktien-Auswahlkriterien ergaben vier Aktiengruppen.

In dem einen Test kauften wir die fünf Dow-Jones-Werte mit den höchsten Kurs-Umsatz-Verhältnissen, und im nächsten die fünf Aktien des Dow Jones mit den niedrigsten Kurs-Umsatz-Verhältnissen. Dann wandten wir uns den fünf Aktien mit den höchsten Kurs-Gewinn-Verhältnissen zu und schlossen den Test mit den fünf Aktien mit den niedrigsten KGVs ab.
Die Ergebnisse sind faszinierend:

Auswahlkriterium	Jahresertrag 1980-2000
Hohes KUV	10,74 %
Niedriges KUV	15,74 %
Hohes KGV	14,69 %
Niedriges KGV	15,98 %
Niedrige Rendite	11,13 %
Hohe Rendite	15,95 %
Niedriger Kurs und hohe Rendite	20,08 %

Verblüffend! Ein Anleger, der so klug war, Geld in die fünf Dow-Jones-Aktien mit den niedrigsten KUVs oder KGVs zu investieren, machte fast 16 Prozent Gewinn pro Jahr. Einem Anleger, der die Aktien mit den höchsten KGVs kaufte, erging es nicht ganz so gut. Dem valueorientierten Käufer erging es besser, aber nur um einen Prozentpunkt.
Aber der Anleger mit den Aktien mit hohem KUV verschenkte eine Gewinnchance. Die bewertungsorientierten Anleger gewannen durchschnittlich fünf Prozent mehr pro Jahr. Fünf Prozent pro Jahr sind ungeheuer viel, weil sich die Performance akkumuliert.
Die Lehre, die daraus zu ziehen ist, dürfte vollkommen klar sein – Risiken sind zu vermeiden. Aktien mit hohem Kurs-Umsatz-Verhältnis sind zu meiden. Die Handlungsanweisung, die sich aus meiner Studie ergibt, besagt, dass man keine Aktien mit einem Kurs-Umsatz-Verhältnis größer als 1,0 kaufen sollte. Je kleiner, desto besser. Wenn man die Wahl zwischen zwei Aktien hat, die beide unsere fundamentalen Kriterien

erfüllen, wobei die eine ein Kurs-Umsatz-Verhältnis von 0,95 und die andere ein Kurs-Umsatz-Verhältnis von 0,65 hat, fällt die Entscheidung leicht: Nehmen Sie die mit 0,65.
Interessehalber haben wir die gleiche Untersuchung mit den Aktien des Dow Jones Utility Average [Versorgungsgesellschaften] durchgeführt, weil wir wissen wollten, welche Auswirkungen die gleiche Filterung bei diesem zinssensiblen Index haben würde. Mein Gedanke war es, die Versorger in der ersten Aprilwoche zu kaufen und in der ersten Oktoberwoche wieder zu verkaufen. Der Utility-Index hat eindeutig die saisonale Tendenz, sich gerade in dieser Zeit zu erholen, und deshalb konzentrierte sich die Studie auf diesen chancenreichen Zeitraum.
Werfen wir nun einen Blick auf die Kursentwicklung der Aktien im Dow Jones Utility Average, wenn man sie gemäß den gleichen fundamentalen Kriterien aufteilt, die wir auf den Dow Jones Industrial Average angewendet hatten:

Auswahlkriterium	Jahresertrag 1980-2000
Hohes KUV	8,89 %
Niedriges KUV	9,77 %
Hohes KGV	6,90 %
Niedriges KGV	10,43 %
Niedrige Rendite	10,36 %
Hohe Rendite	10,33 %
Niedriger Kurs und hohe Rendite	11,82 %

Wieder sehen wir die Bedeutung dieser Verhältnisse. Zwar reagierten die Versorger bei weitem nicht so stark auf das hohe Kurs-Umsatz-Verhältnis, aber es bestand immerhn ein erheblicher Unterschied zwischen dem schlechtesten und dem besten Ansatz, nämlich fast drei Prozentpunkte jährlich. Die Studien zeigen jedenfalls, dass hohe KGVs und hohe KUVs nicht so produktiv sind wie niedrige.
Beachten Sie, dass sowohl beim Dow Jones Industrial Average als auch

beim Dow Jones Utility Average der profitabelste Ertrag durch den Kauf der preiswertesten Aktien mit der höchsten Dividendenrendite zustande kam. Also ist das die beste Kombination für den Anlageerfolg. Es gibt zwei Gründe, aus denen das Kriterium des niedrigen Kurses die Leistung verbessert. Der erste Grund ist mathematischer Natur. Eine Aktie, die zehn US-Dollar kostet, legt leichter zehn Prozent zu als eine Aktie, die 100 US-Dollar kostet.

Vielleicht ist der erste Grund gleichzeitig die Erklärung für den zweiten, denn Investoren und Fonds fühlen sich von Aktien mit niedrigen Preisen mehr angezogen. Vielleicht merken sie auch, dass sie damit schneller und leichter große prozentuale Gewinne erzielen als mit teueren Aktien. Wonach suchen Schnäppchenjäger? Nicht nach Aktien mit hohem Kurs, sondern nach Aktien mit niedrigem Kurs. Deshalb hat die Kombination aus niedrigem Preis und hoher Rendite die Nase vorn.

Und jetzt lege ich Ihnen meine privaten Unterlagen über die Nachforschungen in dieser Richtung offen, die ich mit einer ganzen Reihe fundamentaler Kennzahlen angestellt habe. Von vielem haben Sie vielleicht schon gelesen oder werden noch davon lesen; und Sie werden viele Behauptungen über die Bedeutung dieser Verhältnisse zu hören bekommen. Ich glaube, dass wir hier zum ersten Mal die Erklärung dieser Verhältnisse haben. Hier ist die Verhältnis-Realität.

Die folgenden Studien betreffen nur die 30 Aktien im Dow Jones Industrial Average. Wie Sie sehen, habe ich verschiedene Verhältnisse getestet und diese manchmal auf die fünf Aktien des Dow Jones mit dem höchsten und auf die fünf Aktien mit dem niedrigsten Preis angewendet. Alle Tests sind hypothetische Käufe Mitte Oktober, wobei der Ausstiegszeitpunkt entweder der 15. April ist oder der letzte Handelstag im August des folgenden Jahres. „Apr15Pct" bezeichnet also die prozentuale Veränderung von Oktober bis April, und „AugLTDPct" die prozentuale Veränderung von Oktober bis August. Das gibt uns die Chance zu sehen, wie sich die Zeit auf Wertkennzahlen auswirkt. Die letzten beiden Spalten sind am meisten relevant, denn sie enthalten den prozentualen Gewinn oder Verlust im Überprüfungszeitraum

Der erste Test bildet die Basis, an der wir die Performance messen. Die Tabelle 11.1 beschreibt den Kauf aller 30 Aktien des Dow Jones Industrial Average zu den im vorangegangenen Absatz genannten Zeitpunkten. Der durchschnittliche Gewinn von Oktober bis April betrug für die Jahre 1975 bis 2001 durchschnittlich 5,5 Prozent. Das ist der Gewinn, den Sie hätten, wenn Sie alle 30 Aktien im Oktober gekauft hätten und im April wieder ausgestiegen wären. Aber genauso wie ich wollen Sie mehr. Vielleicht können wir ja mehr bekommen, aber dafür müssen wir die Ergebnisse der Auswahlmethoden mit der Performance aller 30 Dow-Jones-Aktien vergleichen, damit wir feststellen können, ob wir Aktien auswählen können, die eher steigen. Wenn wir diese Messlatte überbieten, haben wir den Markt geschlagen.

Größter Anstieg der Ertragsmarge

Fangen wir damit an, was mit den im Oktober gekauften Aktien passiert, deren Ertragsmargen in den vorangegangenen zwölf Monaten am stärksten gestiegen sind (siehe Tabelle 11.2).

Viele Autoren behaupten, dies sei das bestmögliche Bewertungsmaß für die Aktienauswahl. Wir sehen hier, dass diese Auswahlmethode seit 1975 gute und schlechte Jahre hatte, wobei die durchschnittliche Ertragsrate 8,9 Prozent „jährlich" beträgt (vergessen Sie nicht, dass wir nur sechs Monate halten, denn wir verkaufen im April wieder). In 20 von 27 Jahren wurde Geld verdient, also machte man mit dieser Methode in 74 Prozent der Zeit Gewinn. Und was noch wichtiger ist, wir schlagen damit den Markt mit einer Ertragsrate, die 62 Prozent über der Messlatte von 5,5 Prozent liegt.

Reinumlaufvermögen

Tabelle 11.3 zeigt die gleiche Timing-Strategie, aber diesmal bezogen auf die fünf Aktien mit dem größten Reinumlaufvermögen und die fünf Aktien mit dem niedrigsten Umlaufvermögen. Es gibt eine Theorie, wonach an der Börse das Umlaufvermögen König ist. Mit je mehr Geld man arbeiten kann, desto besser, und außerdem deutet das darauf hin, dass das Unternehmen gut geführt wird.

Hier das hochinteressante Ergebnis: Die Unternehmen mit dem größten

Erwerb des gesamten Dow Jones Industrial Average

Date	Port	Apr15Amnt	AugLTDAmnt	Apr15Pct	AugLTDPct
10/27/1975	DJ_ALL_PORT	0.986	18.487	1.066	19.977
10/29/1976	DJ_ALL_PORT	0.019	0.301	-0.478	-7.474
10/31/1977	DJ_ALL_PORT	-0.026	-0.460	0.839	15.028
10/30/1978	DJ_ALL_PORT	0.805	13.482	0.992	16.616
10/29/1979	DJ_ALL_PORT	-0.179	-2.854	1.279	20.401
10/27/1980	DJ_ALL_PORT	0.903	12.239	-0.034	-0.465
10/26/1981	DJ_ALL_PORT	0.330	4.799	1.282	18.616
10/29/1982	DJ_ALL_PORT	2.450	27.138	3.330	36.895
10/31/1983	DJ_ALL_PORT	-0.797	-6.264	0.340	2.673
10/29/1984	DJ_ALL_PORT	1.476	11.542	2.009	15.708
10/28/1985	DJ_ALL_PORT	4.566	31.969	5.096	35.682
10/27/1986	DJ_ALL_PORT	4.863	25.533	9.507	49.913
10/26/1987	DJ_ALL_PORT	3.378	17.688	3.890	20.368
10/31/1988	DJ_ALL_PORT	2.415	9.928	7.248	29.799
10/30/1989	DJ_ALL_PORT	1.756	5.851	-0.304	-1.014
10/29/1990	DJ_ALL_PORT	7.681	28.019	10.854	39.595
10/28/1991	DJ_ALL_PORT	5.346	13.932	3.907	10.182
10/26/1992	DJ_ALL_PORT	3.760	8.816	7.561	17.730
10/29/1993	DJ_ALL_PORT	-0.011	-0.021	4.051	7.994
10/31/1994	DJ_ALL_PORT	6.416	11.668	12.985	23.613
10/30/1995	DJ_ALL_PORT	13.897	19.735	15.135	21.493
10/28/1996	DJ_ALL_PORT	10.659	11.783	27.032	29.881
10/27/1997	DJ_ALL_PORT	35.171	32.391	11.205	10.319
10/26/1998	DJ_ALL_PORT	31.389	23.436	31.768	23.719
10/29/1999	DJ_ALL_PORT	-7.319	-4.401	1.028	0.618
10/30/2000	DJ_ALL_PORT	-6.703	-4.090	-5.513	-3.364
10/29/2001	DJ_ALL_PORT	17.838	12.187	-7.893	-5.392

5.5% Durchschnittlicher Gewinn

TABELLE II.I

Date	Port	Apr15Amnt	AugLTDAmnt	Apr15Pct	AugLTDPct
10/27/1975	DJProfit_PORT	2.164	1.538	24.998	17.762
10/29/1976	DJProfit_PORT	1.061	0.752	10.659	7.552
10/31/1977	DJProfit_PORT	-0.392	0.384	-3.841	3.757
10/30/1978	DJProfit_PORT	1.297	2.553	12.611	24.819
10/29/1979	DJProfit_PORT	-0.777	2.276	-6.893	20.193
10/27/1980	DJProfit_PORT	-0.764	-2.593	-5.860	-19.892
10/26/1981	DJProfit_PORT	0.419	1.500	4.615	16.513
10/29/1982	DJProfit_PORT	2.219	3.308	19.444	29.073
10/31/1983	DJProfit_PORT	-2.647	-0.494	-18.148	-3.387
10/29/19843	DJProfit_PORT	1.335	1.687	9.889	12.499
10/28/1985	DJProfit_PORT	4.597	0.224	33.634	1.641
10/27/1986	DJProfit_PORT	1.745	4.274	13.494	33.052
10/26/1987	DJProfit_PORT	2.821	3.443	26.445	32.274
10/31/1988	DJProfit_PORT	0.718	5.014	4.770	33.288
10/30/1989	DJProfit_PORT	0.539	-1.346	2.785	-6.946
10/29/1990	DJProfit_PORT	3.953	6.353	23.733	38.147
10/28/1991	DJProfit_PORT	0.891	0.845	3.929	3.723
10/26/1992	DJProfit_PORT	4.610	8.405	20.110	36.665
10/29/1993	DJProfit_PORT	-4.030	-3.215	-12.843	-10.247
10/31/1994	DJProfit_PORT	2.115	7.062	7.617	25.430
10/30/1995	DJProfit_PORT	8.412	5.259	23.234	14.526
10/28/1996	DJProfit_PORT	1.527	11.015	3.552	25.619
10/27/1997	DJProfit_PORT	13.176	1.290	27.991	2.741
10/26/1998	DJProfit_PORT	13.227	17.730	23.514	31.519
10/29/1999	DJProfit_PORT	-12.760	-9.845	-18.202	-14.044
10/30/2000	DJProfit_PORT	-0.624	-2.528	-0.974	3.944
10/29/2001	DJProfit_PORT	5.601	-1.870	9.800	-3.271

8.9% Durchschnittlicher Gewinn

TABELLE II.2

Erwerb der Aktien mit dem stärksten Anstieg der Gewinnmargen in den letzten 12 Monaten

Umlaufvermögen legten in den sechs Monaten durchschnittlich 9,2 Prozent zu und brachten in 81 Prozent der 27 Jahre Gewinn. Die Unternehmen mit dem niedrigsten Reinumlaufvermögen entwickelten sich aber tatsächlich besser, und das nicht wenig, denn sie brachten im Schnitt 13,9 Prozent. Die Zuverlässigkeit ist mit 21 Gewinnjahren beziehungsweise 77 Prozent etwas geringer. Diese simplen Berechnungen zeigen einen Weg, durchschnittlich 3,2-mal so viel Gewinn zu erzielen wie der Markt. Für den Fonds, den ich verwalte, benutze ich diesen Ansatz zuzüglich einiger Gewichtungsfaktoren.

Auf den Kurs kommt es an

Und jetzt will ich Ihnen zeigen, was passiert, wenn man den Aktienkurs als Filter auf die gleiche Gruppe von Aktien anwendet. Tabelle 11.4 zeigt, was herauskommt, wenn man die fünf teuersten Aktien des Dow Jones Industrial Average mit dem größten Umlaufvermögen kauft. Die zweite Tabelle zeigt die fünf preiswertesten Aktien mit dem kleinsten Reinumlaufvermögen. Hier zeigt sich eine beträchtliche Differenz, die sich quer durch die Bewertungen zieht – Aktien mit niedrigeren Preisen übertreffen ihre höherpreisigen Pendants. Dahinter steckt eine gewisse Logik: Schnäppchenjäger lieben niedrige Preise, und leichter gewinnt eine Aktie zu 30 US-Dollar drei Dollar hinzu – also zehn Prozent – als eine 200-Dollar-Aktie 20 Dollar hinzugewinnt und damit ebenfalls zehn Prozent zulegt. Die Aktien mit hohen Preisen brachten 10,9 Prozent, während die niedrigpreisigen 11,7 Prozent einbrachten. Beachten Sie auch die Zuverlässigkeit: Von den 27 Jahren, die die Studie abdeckt, machten die teuren Aktien in sechs Jahren Verlust, die billigen dagegen in drei Jahren.

Die Wahrheit über Rendite, Cashflow, Kurs-Umsatz-Verhältnisse und vieles mehr

Die Tabellen 11.5 und 11.6 zeigen die Arbeit, die ich für Sie erledigt habe. Ich stelle hier meine Studien vor. Bedenken Sie auch hier wieder die Halteperiode für ein breites Spektrum von Aktien. Sie sehen auch hier

Auswahl nach Umlaufvermögen

Date	Port	Apr15Amnt	AugLTDAmnt	Apr15Pct	AugLTDPct
10/27/1975	DJWCAPHI_PORT	1.176	1.302	15.413	17.072
10/29/1976	DJWCAPHI_PORT	-0.218	-0.332	-2.404	-3.657
10/31/1977	DJWCAPHI_PORT	-0.209	0.120	-2.464	1.423
10/30/1978	DJWCAPHI_PORT	0.560	1.388	6.883	17.075
10/29/1979	DJWCAPHI_PORT	-0.551	1.308	-6.136	14.551
10/27/1980	DJWCAPHI_PORT	0.319	-0.177	3.153	-1.754
10/26/1981	DJWCAPHI_PORT	0.329	1.051	3.648	11.665
10/29/1982	DJWCAPHI_PORT	1.935	3.392	17.455	30.600
10/31/1983	DJWCAPHI_PORT	0.131	1.574	0.904	10.843
10/29/1984	DJWCAPHI_PORT	1.422	1.824	9.126	11.700
10/28/1985	DJWCAPHI_PORT	4.621	4.970	26.508	28.508
10/27/1986	DJWCAPHI_PORT	5.463	10.938	25.289	50.631
10/26/1987	DJWCAPHI_PORT	1.922	1.912	8.652	8.610
10/31/1988	DJWCAPHI_PORT	2.710	8.334	10.152	31.225
10/30/1989	DJWCAPHI_PORT	1.372	-1.540	4.086	-4.586
10/29/1990	DJWCAPHI_PORT	2.953	3.163	9.441	10.111
10/28/1991	DJWCAPHI_PORT	2.208	3.164	6.332	9.076
10/26/1992	DJWCAPHI_PORT	2.857	4.891	8.082	13.837
10/29/1993	DJWCAPHI_PORT	3.496	9.065	8.800	22.816
10/31/1994	DJWCAPHI_PORT	5.583	11.849	11.255	23.889
10/30/1995	DJWCAPHI_PORT	11.416	13.297	17.779	207.017
10/28/1996	DJWCAPHI_PORT	10.438	27.768	12.523	33.316
10/27/1997	DJWCAPHI_PORT	33.111	16.396	34.083	16.850
10/26/1998	DJWCAPHI_PORT	19.906	52.803	15.394	40.835
10/29/1999	DJWCAPHI_PORT	29.825	61.826	19.046	39.481
10/30/2000	DJWCAPHI_PORT	-26.119	-27.441	-15.969	-16.777
10/29/2001	DJWCAPHI_PORT	-0.442	-29.014	-0.323	-21.201

9,2% Durchschnittlicher Gewinn

TABELLE 11.3 A

Erwerb der Aktien mit dem höchsten Umlaufvermögen

Auswahl nach Umlaufvermögen

Date	Port	Apr15Amnt	AugLTDAmnt	Apr15Pct	AugLTDPct
10/27/1975	DJWCAPLOW_PORT	5.587	6.568	35.304	41.500
10/29/1976	DJWCAPLOW_PORT	0.873	-0.112	3.971	-0.510
10/31/1977	DJWCAPLOW_PORT	0.246	2.187	1.166	10.378
10/30/1978	DJWCAPLOW_PORT	1.900	2.745	9.010	13.016
10/29/1979	DJWCAPLOW_PORT	-1.266	3.530	-5.944	16.571
10/27/1980	DJWCAPLOW_PORT	3.914	1.206	15.663	4.826
10/26/1981	DJWCAPLOW_PORT	-0.708	-0.967	-2.857	-3.901
10/29/1982	DJWCAPLOW_PORT	12.617	15.585	46.398	57.314
10/31/1983	DJWCAPLOW_PORT	-1.084	-1.568	-2.141	-3.097
10/29/1984	DJWCAPLOW_PORT	10.010	14.463	21.352	30.852
10/28/1985	DJWCAPLOW_PORT	18.954	8.255	34.708	15.116
10/27/1986	DJWCAPLOW_PORT	17.751	38.335	31.162	67.297
10/26/1987	DJWCAPLOW_PORT	28.313	27.622	48.135	46.961
10/31/1988	DJWCAPLOW_PORT	10.613	14.367	11.800	15.975
10/30/1989	DJWCAPLOW_PORT	5.287	-4.545	5.317	-4.571
10/29/1990	DJWCAPLOW_PORT	19.315	27.073	21.058	29.517
10/28/1991	DJWCAPLOW_PORT	10.984	13.994	8.873	11.305
10/26/1992	DJWCAPLOW_PORT	18.762	20.820	13.753	15.261
10/29/1993	DJWCAPLOW_PORT	-2.469	8.254	-1.478	4.942
10/31/1994	DJWCAPLOW_PORT	26.431	46.010	14.470	25.188
10/30/1995	DJWCAPLOW_PORT	49.118	57.158	19.578	22.783
10/28/1996	DJWCAPLOW_PORT	37.074	78.828	11.769	25.025
10/27/1997	DJWCAPLOW_PORT	108.350	27.737	29.450	7.539
10/26/1998	DJWCAPLOW_PORT	85.308	41.888	19.438	9.544
10/29/1999	DJWCAPLOW_PORT	-29.872	-71.081	-6.219	-14.799
10/30/2000	DJWCAPLOW_PORT	-68.806	-42.182	-15.474	-9.487
10/29/2001	DJWCAPLOW_PORT	26.126	-29.506	6.955	-7.855

13,9% Durchschnittlicher Gewinn

TABELLE 11.3 B

Erwerb der Aktien mit dem niedrigsten Umlaufvermögen

Date	Port	Kombination aus Kurs und Umlaufvermögen Apr15Amnt	AugLTDAmnt	Apr15Pct	AugLTDPct
10/27/1975	DJPTOWCAPHI_PORT	10.008	9.977	32.074	31.974
10/29/1976	DJPTOWCAPHI_PORT	2.685	-3.447	6.787	-8.712
10/31/1977	DJPTOWCAPHI_PORT	0.406	7.358	1.230	22.286
10/30/1978	DJPTOWCAPHI_PORT	3.672	7.026	10.346	19.796
10/29/1979	DJPTOWCAPHI_PORT	-5.803	2.581	-15.412	6.856
10/27/1980	DJPTOWCAPHI_PORT	3.165	-6.096	7.790	-15.003
10/26/1981	DJPTOWCAPHI_PORT	-1.191	-4.385	-3.752	-13.819
10/29/1982	DJPTOWCAPHI_PORT	10.414	14.550	36.509	51.008
10/31/1983	DJPTOWCAPHI_PORT	-1.995	-2.862	-3.850	-5.523
10/29/1984	DJPTOWCAPHI_PORT	4.426	12.545	9.749	27.635
10/28/1985	DJPTOWCAPHI_PORT	14.616	5.411	24.095	8.920
10/27/1986	DJPTOWCAPHI_PORT	15.558	35.349	25.950	58.960
10/26/1987	DJPTOWCAPHI_PORT	19.765	23.208	35.584	41.782
10/31/1988	DJPTOWCAPHI_PORT	8.408	15.180	10.090	18.215
10/30/1989	DJPTOWCAPHI_PORT	4.358	1.123	4.692	1.209
10/29/1990	DJPTOWCAPHI_PORT	13.594	21.422	15.098	23.793
10/28/1991	DJPTOWCAPHI_PORT	5.375	7.174	4.865	6.494
10/26/1992	DJPTOWCAPHI_PORT	17.796	15.208	14.849	12.690
10/29/1993	DJPTOWCAPHI_PORT	3.230	28.324	2.268	19.888
10/31/1994	DJPTOWCAPHI_PORT	-2.334	0.617	-1.454	0.384
10/30/1995	DJPTOWCAPHI_PORT	40.783	42.317	25.684	26.650
10/28/1996	DJPTOWCAPHI_PORT	9.235	63.866	4.414	30.527
10/27/1997	DJPTOWCAPHI_PORT	59.173	-14.379	21.639	-5.258
10/26/1998	DJPTOWCAPHI_PORT	34.682	49.325	12.432	17.681
10/29/1999	DJPTOWCAPHI_PORT	-25.415	-45.129	-7.984	-14.177
10/30/2000	DJPTOWCAPHI_PORT	-2.571	-12.425	-0.862	-4.166
10/29/2001	DJPTOWCAPHI_PORT	59.783	17.848	21.947	6.552

10,9% Durchschnittlicher Gewinn

TABELLE II.4 A

Erwerb der teuersten Aktien mit dem größten Umlaufvermögen

Kombination aus Kurs und Umlaufvermögen

Date	Port	Apr15Amnt	AugLTDAmnt	Apr15Pct	AugLTDPct
10/27/1975	DJPTOWCAPLOW_PORT	0.415	0.770	17.738	32.895
10/29/1976	DJPTOCAPLOW_PORT	0.012	0.027	0.397	0.864
10/31/1977	DJPTOCAPLOW_PORT	0.042	0.354	1.384	11.587
10/30/1978	DJPTOCAPLOW_PORT	0.235	0.378	7.052	11.342
10/29/1979	DJPTOCAPLOW_PORT	0.039	0.763	1.131	22.073
10/27/1980	DJPTOCAPLOW_PORT	0.679	0.376	16.273	9.024
10/26/1981	DJPTOCAPLOW_PORT	0.110	0.520	2.511	11.829
10/29/1982	DJPTOCAPLOW_PORT	0.921	1.588	17.262	29.768
10/31/1983	DJPTOCAPLOW_PORT	0.096	0.941	1.394	13.659
10/29/1984	DJPTOCAPLOW_PORT	1.345	2.496	17.220	31.962
10/28/1985	DJPTOCAPLOW_PORT	4.587	5.582	44.053	53.605
10/27/1986	DJPTOCAPLOW_PORT	4.123	7.098	27.065	46.587
10/26/1987	DJPTOCAPLOW_PORT	2.811	3.248	18.522	21.401
10/31/1988	DJPTOCAPLOW_PORT	2.036	5.337	10.237	26.835
10/30/1989	DJPTOCAPLOW_PORT	1.783	0.507	7.460	2.120
10/29/1990	DJPTOCAPLOW_PORT	5.322	6.311	22.861	27.110
10/28/1991	DJPTOCAPLOW_PORT	3.466	4.765	11.685	16.064
10/26/1992	DJPTOCAPLOW_PORT	1.804	4.352	5.740	13.846
10/29/1993	DJPTOCAPLOW_PORT	-0.551	1.842	-1.478	4.942
10/31/1994	DJPTOCAPLOW_PORT	5.900	10.270	14.470	25.188
10/30/1995	DJPTOCAPLOW_PORT	9.610	12.983	16.989	22.952
10/28/1996	DJPTOCAPLOW_PORT	8.578	18.240	11.769	25.025
10/27/1997	DJPTOCAPLOW_PORT	34.848	25.210	40.455	29.266
10/26/1998	DJPTOCAPLOW_PORT	17.861	4.140	14.584	3.380
10/29/1999	DJPTOCAPLOW_PORT	-12.673	-25.699	-10.361	-21.012
10/30/2000	DJPTOCAPLOW_PORT	-9.832	-6.113	-11.065	-6.879
10/29/2001	DJPTOCAPLOW_PORT	7.613	-3.162	10.029	-4.166

11,7% Durchschnittlicher Gewinn

TABELLE 11.4 B

Erwerb der billigsten Aktien mit dem kleinsten Umlaufvermögen

Auswahl nach Cashflow

Date	Port	Apr15Amnt	AugLTDAmnt	Apr15Pct	AugLTDPct
10/29/1976	DJCASHFLOW_PORT	0.907	0.363	7.642	3.061
10/31/1977	DJCASHFLOW_PORT	-0.088	0.959	-0.756	8.239
10/30/1978	DJCASHFLOW_PORT	1.432	2.219	11.956	18.523
10/29/1979	DJCASHFLOW_PORT	-1.084	1.850	-8.620	14.708
10/27/1980	DJCASHFLOW_PORT	-1.340	-2.326	-9.533	-16.552
10/26/1981	DJCASHFLOW_PORT	-2.379	-2.348	-22.616	-22.324
10/29/1982	DJCASHFLOW_PORT	3.198	4.816	37.762	56.877
10/31/1983	DJCASHFLOW_PORT	0.406	-0.171	2.674	-1.124
10/29/1984	DJCASHFLOW_PORT	1.414	1.939	9.948	13.643
10/28/1985	DJCASHFLOW_PORT	5.019	0.245	33.634	1.641
10/27/1986	DJCASHFLOW_PORT	3.232	5.817	22.553	40.590
10/26/1987	DJCASHFLOW_PORT	5.843	6.313	45.741	49.422
10/31/1988	DJCASHFLOW_PORT	2.214	6.082	10.800	29.667
10/30/1989	DJCASHFLOW_PORT	1.721	-0.645	7.140	-2.675
10/29/1990	DJCASHFLOW_PORT	5.785	7.261	27.717	34.786
10/28/1991	DJCASHFLOW_PORT	-1.377	-2.080	-4.925	-7.438
10/26/1992	DJCASHFLOW_PORT	2.797	2.938	11.067	11.624
10/29/1993	DJCASHFLOW_PORT	-0.176	1.507	-0.587	5.030
10/31/1994	DJCASHFLOW_PORT	2.007	4.336	6.947	15.007
10/30/1995	DJCASHFLOW_PORT	7.162	5.655	21.719	17.149
10/28/1996	DJCASHFLOW_PORT	2.521	6.997	6.476	17.976
10/27/1997	DJCASHFLOW_PORT	18.279	2.767	41.939	6.348
10/26/1998	DJCASHFLOW_PORT	12.698	15.437	25.001	30.393
10/29/1999	DJCASHFLOW_PORT	-5.562	6.268	-8.116	9.147
10/30/2000	DJCASHFLOW_PORT	-6.802	-7.703	-9.522	-10.784
10/29/2001	DJCASHFLOW_PORT	8.933	-6.194	15.513	-10.757

10,8% Durchschnittlicher Gewinn

TABELLE 11.5
Erwerb der fünf Aktien mit dem niedrigsten Cashflow

Date	Port	Apr15Amnt	AugLTDAmnt	Apr15Pct	AugLTDPct
10/27/1975	DJPTOSALES_PORT	0.338	0.670	12.703	25.177
10/29/1976	DJPTOSALES_PORT	0.294	0.329	8.818	9.891
10/31/1977	DJPTOSALES_PORT	0.021	0.349	0.615	9.981
10/30/1978	DJPTOSALES_PORT	0.357	0.877	9.662	23.748
10/29/1979	DJPTOSALES_PORT	0.123	0.961	2.826	22.152
10/27/1980	DJPTOSALES_PORT	0.319	0.066	6.059	1.252
10/26/1981	DJPTOSALES_PORT	0.500	1.178	10.003	23.542
10/29/1982	DJPTOSALES_PORT	1.469	2.316	21.295	33.569
10/31/1983	DJPTOSALES_PORT	0.740	1.039	8.162	11.467
10/29/1984	DJPTOSALES_PORT	1.587	2.110	16.245	21.591
10/28/1985	DJPTOSALES_PORT	3.977	6.250	33.269	52.290
10/27/1986	DJPTOSALES_PORT	3.602	8.283	20.348	46.791
10/26/1987	DJPTOSALES_PORT	1.878	2.540	9.953	13.458
10/31/1988	DJPTOSALES_PORT	2.267	8.623	9.773	37.183
10/30/1989	DJPTOSALES_PORT	1.618	0.339	5.115	1.071
10/29/1990	DJPTOSALES_PORT	12.121	12.911	41.938	44.670
10/28/1991	DJPTOSALES_PORT	3.127	1.905	7.972	4.857
10/26/1992	DJPTOSALES_PORT	5.989	9.313	15.204	23.641
10/29/1993	DJPTOSALES_PORT	3.368	7.546	6.894	15.445
10/31/1994	DJPTOSALES_PORT	7.456	14.259	13.264	25.366
10/30/1995	DJPTOSALES_PORT	13.788	13.243	18.871	18.124
10/28/1996	DJPTOSALES_PORT	7.913	33.482	8.377	35.445
10/27/1997	DJPTOSALES_PORT	49.981	36.878	39.163	28.896
10/26/1998	DJPTOSALES_PORT	58.751	74.503	31.813	40.343
10/29/1999	DJPTOSALES_PORT	10.288	29.095	3.967	11.219
10/30/2000	DJPTOSALES_PORT	-13.687	-11.244	-4.680	-3.845
10/29/2001	DJPTOSALES_PORT	18.606	-16.780	7.101	-6.404

Auswahl nach dem Kurs-Umsatz-Verhältnis

13,5% Durchschnittlicher Gewinn

TABELLE 11.5

Erwerb der fünf Aktien mit dem niedrigsten Kurs-Umsatz-Verhältnis

Auswahl nach der Dividendenrendite

Date	Port	Apr15Amnt	AugLTDAmnt	Apr15Pct	AugLTDPct
10/27/1975	DJDIVYIELD_PORT	1.978	2.987	21.119	31.886
10/29/1976	DJDIVYIELD_PORT	0.767	0.543	6.136	4.349
10/31/1977	DJDIVYIELD_PORT	0.418	1.352	3.384	10.935
10/30/1978	DJDIVYIELD_PORT	3.193	4.437	24.955	34.670
10/29/1979	DJDIVYIELD_PORT	-1.004	2.836	-6.277	17.729
10/27/1980	DJDIVYIELD_PORT	2.471	1.802	13.204	9.626
10/26/1981	DJDIVYIELD_PORT	-0.113	-1.654	-0.572	-8.366
10/29/1982	DJDIVYIELD_PORT	4.096	6.524	19.953	31.778
10/31/1983	DJDIVYIELD_PORT	3.265	3.830	12.163	14.265
10/29/1984	DJDIVYIELD_PORT	1.580	5.462	5.249	18.147
10/28/1985	DJDIVYIELD_PORT	6.267	10.443	16.920	28.197
10/27/1986	DJDIVYIELD_PORT	11.704	18.944	25.218	40.817
10/26/1987	DJDIVYIELD_PORT	12.741	13.589	28.103	29.973
10/31/1988	DJDIVYIELD_PORT	5.370	16.630	8.585	26.587
10/30/1989	DJDIVYIELD_PORT	5.293	1.853	6.925	2.424
10/29/1990	DJDIVYIELD_PORT	19.536	41.425	27.684	58.703
10/28/1991	DJDIVYIELD_PORT	17.260	20.682	15.677	18.785
10/26/1992	DJDIVYIELD_PORT	17.317	28.570	14.262	23.530
10/29/1993	DJDIVYIELD_PORT	-2.881	20.012	-1.865	12.955
10/31/1994	DJDIVYIELD_PORT	12.418	40.952	7.047	23.240
10/30/1995	DJDIVYIELD_PORT	45.707	62.689	20.101	27.569
10/28/1996	DJDIVYIELD_PORT	33.354	92.049	10.596	29.242
10/27/1997	DJDIVYIELD_PORT	79.415	46.908	20.346	12.018
10/26/1998	DJDIVYIELD_PORT	80.749	92.945	16.613	19.122
10/29/1999	DJDIVYIELD_PORT	-38.375	22.936	-6.805	4.067
10/30/2000	DJDIVYIELD_PORT	37.913	57.500	6.659	10.099
10/29/2001	DJDIVYIELD_PORT	90.205	5.719	16.897	1.071

12,3% Durchschnittlicher Gewinn

TABELLE 11.5

Erwerb der fünf Aktien mit der höchsten Dividendenrendite

Auswahl nach dem Cashflow

Date	Port	Apr15Amnt	AugLTDAmnt	Apr15Pct	AugLTDPct
10/29/1976	DJCASHFLOW_PORT	-0.003	-2.062	-0.029	-17.722
10/31/1977	DJCASHFLOW_PORT	-0.013	0.618	-0.141	6.911
10/30/1978	DJCASHFLOW_PORT	1.822	2.155	21.037	24.880
10/29/1979	DJCASHFLOW_PORT	0.330	2.446	3.260	24.141
10/27/1980	DJCASHFLOW_PORT	2.449	1.160	19.504	9.233
10/26/1981	DJCASHFLOW_PORT	0.993	0.698	7.905	5.553
10/29/1982	DJCASHFLOW_PORT	3.103	6.769	21.140	46.116
10/31/1983	DJCASHFLOW_PORT	-1.483	-1.206	-7.279	-5.921
10/29/1984	DJCASHFLOW_PORT	-0.282	1.781	-1.617	10.230
10/28/1985	DJCASHFLOW_PORT	2.007	4.789	10.516	25.099
10/27/1986	DJCASHFLOW_PORT	6.886	16.800	29.595	72.203
10/26/1987	DJCASHFLOW_PORT	8.353	7.079	33.272	28.197
10/31/1988	DJCASHFLOW_PORT	2.400	9.848	7.306	29.976
10/30/1989	DJCASHFLOW_PORT	0.212	-7.709	0.501	-18.251
10/29/1990	DJCASHFLOW_PORT	8.284	9.638	26.975	31.384
10/28/1991	DJCASHFLOW_PORT	11.178	7.335	28.391	18.629
10/26/1992	DJCASHFLOW_PORT	4.623	8.195	10.064	17.841
10/29/1993	DJCASHFLOW_PORT	4.924	13.820	8.936	25.079
10/31/1994	DJCASHFLOW_PORT	2.612	4.851	3.668	6.811
10/30/1995	DJCASHFLOW_PORT	15.366	21.022	19.573	26.776
10/28/1996	DJCASHFLOW_PORT	4.133	23.400	3.811	21.578
10/27/1997	DJCASHFLOW_PORT	19.788	-18.546	15.480	-14.509
10/26/1998	DJCASHFLOW_PORT	17.406	11.193	14.035	9.025
10/29/1999	DJCASHFLOW_PORT	-2.337	-5.375	-1.734	-3.988
10/30/2000	DJCASHFLOW_PORT	0.716	5.940	0.538	4.465
10/29/2001	DJCASHFLOW_PORT	20.598	-7.248	16.145	-5.681

11,2% Durchschnittlicher Gewinn

TABELLE 11.6 A

Erwerb der fünf Aktien mit dem größten Cashflow

Auswahl nach dem Gewinnwachstum

Date	Port	Apr15Amnt	AugLTDAmnt	Apr15Pct	AugLTDPct
10/29/1976	DJEARNGROW_PORT	0.152	0.251	4.765	7.872
10/31/1977	DJEARNGROW_PORT	0.005	0.731	0.151	22.532
10/30/1978	DJEARNGROW_PORT	0.082	0.348	2.263	9.654
10/29/1979	DJEARNGROW_PORT	-0.087	0.664	-2.415	18.502
10/27/1980	DJEARNGROW_PORT	0.749	0.279	18.420	6.858
10/26/1981	DJEARNGROW_PORT	0.374	1.068	8.503	24.252
10/29/1982	DJEARNGROW_PORT	1.069	1.081	17.355	17.549
10/31/1983	DJEARNGROW_PORT	-0.149	0.696	-1.984	9.278
10/29/1984	DJEARNGROW_PORT	0.605	1.782	7.298	21.507
10/28/1985	DJEARNGROW_PORT	3.890	5.623	34.423	49.756
10/27/1986	DJEARNGROW_PORT	4.673	10.073	29.343	63.251
10/26/1987	DJEARNGROW_PORT	1.009	1.395	5.587	7.720
10/31/1988	DJEARNGROW_PORT	3.540	8.625	16.813	40.966
10/30/1989	DJEARNGROW_PORT	2.563	1.568	8.617	5.272
10/29/1990	DJEARNGROW_PORT	10.919	12.800	37.390	43.834
10/28/1991	DJEARNGROW_PORT	6.679	6.916	15.923	16.488
10/26/1992	DJEARNGROW_PORT	-0.664	2.276	-1.439	4.931
10/29/1993	DJEARNGROW_PORT	-0.806	3.675	-1.576	7.186
10/31/1994	DJEARNGROW_PORT	9.552	17.447	17.146	31.316
10/30/1995	DJEARNGROW_PORT	13.764	17.102	16.900	20.999
10/28/1996	DJEARNGROW_PORT	17.902	29.799	16.764	27.906
10/27/1997	DJEARNGROW_PORT	44.369	29.537	35.274	23.482
10/26/1998	DJEARNGROW_PORT	70.982	54.210	39.957	30.516
10/29/1999	DJEARNGROW_PORT	-19.798	-9.354	-7.700	-3.638
10/30/2000	DJEARNGROW_PORT	-22.091	-21.000	-8.616	-8.191
10/29/2001	DJEARNGROW_PORT	19.876	-33.235	8.975	-15.007

12,2% Durchschnittlicher Gewinn

TABELLE II.6 B *Erwerb der fünf Aktien mit dem höchsten ununterbrochenen Gewinnwachstum*

Date	Port	Auswahl nach dem Gewinn Apr15Amnt	AugLTDAmnt	Apr15Pct	AugLTDPct
10/29/1976	DJFUTEARN_PORT	3.348	-5.307	6.889	-10.919
10/31/1977	DJFUTEARN_PORT	0.677	6.349	1.649	15.458
10/30/1978	DJFUTEARN_PORT	2.822	6.060	6.763	14.523
10/29/1979	DJFUTEARN_PORT	-5.524	4.250	-12.893	9.920
10/27/1980	DJFUTEARN_PORT	-1.316	-5.967	-2.810	-12.739
10/26/1981	DJFUTEARN_PORT	-1.860	-2.619	-4.930	-6.942
10/29/1982	DJFUTEARN_PORT	3.111	4.837	8.601	13.374
10/31/1983	DJFUTEARN_PORT	-2.538	1.243	-5.949	2.914
10/29/1984	DJFUTEARN_PORT	6.269	10.126	14.619	23.615
10/28/1985	DJFUTEARN_PORT	14.001	5.890	25.105	10.561
10/27/1986	DJFUTEARN_PORT	11.191	23.416	19.244	40.267
10/26/1987	DJFUTEARN_PORT	13.592	11.885	26.827	23.458
10/31/1988	DJFUTEARN_PORT	7.655	7.943	11.619	12.055
10/30/1989	DJFUTEARN_PORT	0.243	-8.899	0.402	-14.752
10/29/1990	DJFUTEARN_PORT	5.920	9.032	13.200	20.141
10/28/1991	DJFUTEARN_PORT	1.443	4.262	2.866	8.467
10/26/1992	DJFUTEARN_PORT	8.815	15.529	15.718	27.691
10/29/1993	DJFUTEARN_PORT	-3.302	-2.817	-4.587	-3.912
10/31/1994	DJFUTEARN_PORT	2.431	5.558	3.664	8.379
10/30/1995	DJFUTEARN_PORT	16.325	11.752	23.603	16.992
10/28/1996	DJFUTEARN_PORT	6.919	15.426	8.226	18.338
10/27/1997	DJFUTEARN_PORT	10.027	-12.982	10.411	-13.480
10/26/1998	DJFUTEARN_PORT	22.358	20.248	24.558	22.241
10/29/1999	DJFUTEARN_PORT	1.799	13.824	1.697	13.036
10/30/2000	DJFUTEARN_PORT	2.009	4.667	1.983	4.607
10/29/2001	DJFUTEARN_PORT	12.193	5.985	12.532	6.152

8,0% Durchschnittlicher Gewinn

TABELLE 11.6 C

Erwerb der fünf Aktien mit dem höchsten erwarteten Jahresgewinn

Auswahl nach dem Kurs-Buchwert-Verhältnis

Date	Port	Apr15Amnt	AugLTDAmnt	Apr15Pct	AugLTDPct
10/27/1975	DJPRICEBOOK_PORT	2.162	3.163	26.262	38.413
10/29/1976	DJPRICEBOOK_PORT	1.625	-0.797	15.338	-7.523
10/31/1977	DJPRICEBOOK_PORT	0.183	1.875	2.020	20.716
10/30/1978	DJPRICEBOOK_PORT	2.387	2.267	25.467	24.186
10/29/1979	DJPRICEBOOK_PORT	-1.313	1.595	-12.662	15.379
10/27/1980	DJPRICEBOOK_PORT	2.322	-0.260	18.855	-2.115
10/26/1981	DJPRICEBOOK_PORT	-1.129	-2.840	-10.293	-25.897
10/29/1982	DJPRICEBOOK_PORT	4.075	5.667	46.123	64.149
10/31/1983	DJPRICEBOOK_PORT	0.384	-0.445	2.346	-2.720
10/29/1984	DJPRICEBOOK_PORT	2.154	2.136	15.120	14.990
10/28/1985	DJPRICEBOOK_PORT	3.801	0.963	25.172	6.377
10/27/1986	DJPRICEBOOK_PORT	3.817	9.914	25.330	65.796
10/26/1987	DJPRICEBOOK_PORT	8.789	9.081	61.009	63.035
10/31/1988	DJPRICEBOOK_PORT	2.655	6.924	10.731	27.985
10/30/1989	DJPRICEBOOK_PORT	2.167	-3.008	7.186	-9.974
10/29/1990	DJPRICEBOOK_PORT	10.399	20.143	41.607	80.594
10/28/1991	DJPRICEBOOK_PORT	9.904	3.973	21.673	8.693
10/26/1992	DJPRICEBOOK_PORT	8.248	14.636	15.864	28.150
10/29/1993	DJPRICEBOOK_PORT	2.967	11.515	4.332	16.818
10/31/1994	DJPRICEBOOK_PORT	8.112	22.306	9.998	27.490
10/30/1995	DJPRICEBOOK_PORT	29.396	32.808	27.865	31.099
10/28/1996	DJPRICEBOOK_PORT	4.640	51.322	3.050	33.728
10/27/1997	DJPRICEBOOK_PORT	35.277	-26.503	18.378	-13.807
10/26/1998	DJPRICEBOOK_PORT	47.435	49.443	25.173	26.239
10/29/1999	DJPRICEBOOK_PORT	6.703	28.613	2.805	11.972
10/30/2000	DJPRICEBOOK_PORT	16.471	37.933	6.122	14.100
10/29/2001	DJPRICEBOOK_PORT	38.373	-21.448	14.028	-7.841

16,6% Durchschnittlicher Gewinn

TABELLE 11.6 D

Erwerb der fünf Aktien mit dem niedrigsten Kurs-Buchwert-Verhältnis

Auswahl nach der Eigenkapitalrendite

Date	Port	Apr15Amnt	AugLTDAmnt	Apr15Pct	AugLTDPct
10/27/1975	DJRTNEQTY_PORT	2.755	3.468	30.152	37.958
10/29/1976	DJRTNEQTY_PORT	-0.481	-0.428	-3.980	-3.543
10/31/1977	DJRTNEQTY_PORT	0.189	2.235	1.725	20.387
10/30/1978	DJRTNEQTY_PORT	0.144	0.988	1.194	8.212
10/29/1979	DJRTNEQTY_PORT	-0.494	1.870	-4.219	15.978
10/27/1980	DJRTNEQTY_PORT	1.914	0.218	14.570	1.661
10/26/1981	DJRTNEQTY_PORT	0.321	1.167	2.549	9.266
10/29/1982	DJRTNEQTY_PORT	4.869	6.985	32.340	46.391
10/31/1983	DJRTNEQTY_PORT	-3.426	0.201	-12.855	0.755
10/29/1984	DJRTNEQTY_PORT	2.079	2.052	7.715	7.616
10/28/1985	DJRTNEQTY_PORT	15.071	16.821	52.858	58.994
10/27/1986	DJRTNEQTY_PORT	10.862	23.057	25.992	55.177
10/26/1987	DJRTNEQTY_PORT	5.035	8.472	11.335	19.073
10/31/1988	DJRTNEQTY_PORT	8.692	18.793	15.615	33.759
10/30/1989	DJRTNEQTY_PORT	0.939	1.444	1.300	2.000
10/29/1990	DJRTNEQTY_PORT	17.978	27.163	24.644	37.235
10/28/1991	DJRTNEQTY_PORT	17.785	18.340	17.598	18.147
10/26/1992	DJRTNEQTY_PORT	-14.552	-10.718	-12.369	-9.110
10/29/1993	DJRTNEQTY_PORT	-7.542	8.000	-6.804	7.216
10/31/1994	DJRTNEQTY_PORT	10.746	25.442	8.757	20.734
10/30/1995	DJRTNEQTY_PORT	27.481	33.961	17.856	22.067
10/28/1996	DJRTNEQTY_PORT	28.137	55.539	14.294	28.215
10/27/1997	DJRTNEQTY_PORT	66.222	28.513	31.001	13.348
10/26/1998	DJRTNEQTY_PORT	15.585	13.512	5.739	4.975
10/29/1999	DJRTNEQTY_PORT	-30.689	18.197	-10.714	6.353
10/30/2000	DJRTNEQTY_PORT	11.476	6.485	3.702	2.092
10/29/2001	DJRTNEQTY_PORT	1.611	-43.309	0.534	-14.364

10,0% Durchschnittlicher Gewinn

TABELLE II.6 E

Erwerb der fünf Aktien mit der höchsten Eigenkapitalrendite

Auswahl nach Umsatz pro Mitarbeiter

Date	Port	Apr15Amnt	AugLTDAmnt	Apr15Pct	AugLTDPct
10/27/1975	DJSALESEMP_PORT	0.814	1.230	14.018	21.167
10/29/1976	DJSALESEMP_PORT	0.002	0.226	0.031	3.257
10/31/1977	DJSALESEMP_PORT	-0.069	0.545	-0.985	7.760
10/30/1978	DJSALESEMP_PORT	0.758	1.605	10.446	22.114
10/29/1979	DJSALESEMP_PORT	0.643	2.273	7.570	26.765
10/27/1980	DJSALESEMP_PORT	-0.004	0.100	-0.038	0.887
10/26/1981	DJSALESEMP_PORT	0.400	0.976	3.559	8.692
10/29/1982	DJSALESEMP_PORT	2.511	3.421	18.641	25.390
10/31/1983	DJSALESEMP_PORT	0.824	1.632	5.004	9.911
10/29/1984	DJSALESEMP_PORT	2.101	3.682	12.023	21.066
10/28/1985	DJSALESEMP_PORT	1.999	5.588	8.961	25.054
10/27/1986	DJSALESEMP_PORT	5.799	10.898	21.685	40.755
10/26/1987	DJSALESEMP_PORT	7.665	7.426	30.063	29.122
10/31/1988	DJSALESEMP_PORT	4.597	8.339	13.698	24.849
10/30/1989	DJSALESEMP_PORT	3.635	4.993	8.367	11.494
10/29/1990	DJSALESEMP_PORT	13.746	12.519	30.315	27.609
10/28/1991	DJSALESEMP_PORT	6.494	10.446	11.289	18.159
10/26/1992	DJSALESEMP_PORT	7.013	10.516	10.392	15.583
10/29/1993	DJSALESEMP_PORT	0.905	11.161	1.132	13.958
10/31/1994	DJSALESEMP_PORT	4.722	13.195	5.003	13.979
10/30/1995	DJSALESEMP_PORT	24.749	31.021	21.619	27.097
10/28/1996	DJSALESEMP_PORT	17.156	37.555	11.067	24.226
10/27/1997	DJSALESEMP_PORT	36.017	3.979	19.427	2.146
10/26/1998	DJSALESEMP_PORT	40.768	43.103	20.260	21.421
10/29/1999	DJSALESEMP_PORT	15.255	57.924	6.150	23.352
10/30/2000	DJSALESEMP_PORT	-42.553	-53.828	-14.491	-18.331
10/29/2001	DJSALESEMP_PORT	15.912	-18.379	6.796	-7.850

10,4% Durchschnittlicher Gewinn

TABELLE 11.6 F

Erwerb der fünf Aktien mit dem höchsten Umsatz pro Mitarbeiter

Auswahl nach dem niedrigsten vorhergesagten KGV auf ein Jahr

Date	Port	Apr15Amnt	AugLTDAmnt	Apr15Pct	AugLTDPct
10/29/1976	DJPTOEARN_PORT	1.567	-1.810	10.583	-12.222
10/31/1977	DJPTOEARN_PORT	0.856	3.714	6.950	30.153
10/30/1978	DJPTOEARN_PORT	2.969	4.266	22.152	31.830
10/29/1979	DJPTOEARN_PORT	-0.909	2.735	-5.840	17.576
10/27/1980	DJPTOEARN_PORT	0.964	-2.044	5.073	-10.761
10/26/1981	DJPTOEARN_PORT	0.872	1.668	5.554	10.629
10/29/1982	DJPTOEARN_PORT	6.824	9.409	36.116	49.794
10/31/1983	DJPTOEARN_PORT	-1.918	0.578	-5.722	1.723
10/29/1984	DJPTOEARN_PORT	3.723	4.423	11.243	13.356
10/28/1985	DJPTOEARN_PORT	11.193	10.539	33.583	31.621
10/27/1986	DJPTOEARN_PORT	13.499	31.404	29.617	68.903
10/26/1987	DJPTOEARN_PORT	23.278	21.375	53.603	49.221
10/31/1988	DJPTOEARN_PORT	6.472	7.998	9.666	11.944
10/30/1989	DJPTOEARN_PORT	-1.263	-12.097	-2.107	-20.185
10/29/1990	DJPTOEARN_PORT	19.016	26.896	45.333	64.118
10/28/1991	DJPTOEARN_PORT	13.165	6.443	21.606	10.575
10/26/1992	DJPTOEARN_PORT	13.468	20.111	20.322	30.348
10/29/1993	DJPTOEARN_PORT	-0.794	5.787	-0.923	6.730
10/31/1994	DJPTOEARN_PORT	3.623	18.351	4.010	20.310
10/30/1995	DJPTOEARN_PORT	18.662	7.884	17.773	7.508
10/28/1996	DJPTOEARN_PORT	9.942	31.381	8.675	27.382
10/27/1997	DJPTOEARN_PORT	32.709	0.006	21.906	0.004
10/26/1998	DJPTOEARN_PORT	42.216	31.200	25.406	18.776
10/29/1999	DJPTOEARN_PORT	-12.283	7.341	-6.805	4.067
10/30/2000	DJPTOEARN_PORT	18.946	33.589	10.265	18.198
10/29/2001	DJPTOEARN_PORT	37.885	0.224	19.870	0.117

15,3% Durchschnittlicher Gewinn

TABELLE 11.6 G *Erwerb der fünf Aktien mit dem niedrigsten vorhergesagten KGV auf ein Jahr*

Auswahl nach Kurs-Umsatz-Verhältnis

Date	Port	Apr15Amnt	AugLTDAmnt	Apr15Pct	AugLTDPct
10/27/1975	DJPTOSALES_PORT	9.613	9.735	25.710	26.037
10/29/1976	DJPTOSALES_PORT	0.668	-6.394	1.409	-13.481
10/31/1977	DJPTOSALES_PORT	-0.287	6.981	-0.775	18.827
10/30/1978	DJPTOSALES_PORT	4.335	8.402	11.126	21.563
10/29/1979	DJPTOSALES_PORT	-2.904	5.806	-6.973	13.942
10/27/1980	DJPTOSALES_PORT	0.792	-7.432	1.713	-16.088
10/26/1981	DJPTOSALES_PORT	-1.971	-5.250	-5.828	-15.522
10/29/1982	DJPTOSALES_PORT	10.173	14.230	33.343	46.640
10/31/1983	DJPTOSALES_PORT	-3.367	-2.329	-6.607	-4.571
10/29/1984	DJPTOSALES_PORT	7.782	15.818	17.447	35.464
10/28/1985	DJPTOSALES_PORT	20.212	4.226	32.865	6.871
10/27/1986	DJPTOSALES_PORT	16.988	29.561	28.329	49.295
10/26/1987	DJPTOSALES_PORT	12.234	8.970	21.764	15.957
10/31/1988	DJPTOSALES_PORT	8.531	10.939	12.556	16.101
10/30/1989	DJPTOSALES_PORT	6.686	-5.620	10.235	-8.604
10/29/1990	DJPTOSALES_PORT	13.197	12.457	23.479	22.164
10/28/1991	DJPTOSALES_PORT	2.35	-0.252	3.436	-0.369
10/26/1992	DJPTOSALES_PORT	12.229	8.133	17.568	11.684
10/29/1993	DJPTOSALES_PORT	4.415	17.956	5.426	22.067
10/31/1994	DJPTOSALES_PORT	0.866	5.298	0.922	5.642
10/30/1995	DJPTOSALES_PORT	19.705	13.079	19.590	13.002
10/28/1996	DJPTOSALES_PORT	9.230	26.701	8.186	23.682
10/27/1997	DJPTOSALES_PORT	18.407	-9.881	13.541	-7.268
10/26/1998	DJPTOSALES_PORT	20.516	32.075	15.609	24.404
10/29/1999	DJPTOSALES_PORT	-13.465	-10.677	-8.493	-6.734
10/30/2000	DJPTOSALES_PORT	-5.533	-4.319	-3.774	-2.946
10/29/2001	DJPTOSALES_PORT	16.109	3.301	12.115	2.483

10,5% Durchschnittlicher Gewinn

TABELLE 11.6 H

Erwerb der fünf Aktien mit dem höchsten Kurs-Umsatz-Verhältnis

die Auswirkungen der Verhältnisse auf die typische Marktentwicklung. Ein Beispiel: Die fünf Aktien mit dem größten Cahsflow stiegen im Durchschnitt um 11,2 Prozent, während die fünf Aktien mit dem kleinsten Cashflow durchschnittlich 10,8 Prozent brachten. Das ist nicht wenig.
Die fünf Aktien mit den niedrigsten Kurs-Umsatz-Verhältnissen brachten einen Ertrag von 13,5 Prozent, während diejenigen mit den höchsten KUVs nur 10,5 Prozent hergaben. Das ist schon ein Unterschied.
Viele Analysten sagen, es gehe nur um kontinuierliches Gewinnwachstum. Könnte sein, aber meine Untersuchungen zeigen einen durchschnittlichen Kursgewinn von 12,2 Prozent; gut, aber es gibt bessere Wertmaßstäbe. Eine Überraschung war für mich die Eigenkapitalrendite. Ich dachte, die hohe Rentabilität des Eigenkapitals eines Unternehmens wäre ein gutes Zeichen für künftige Kurszuwächse. Das ist jedoch gemäß der Studie nicht der Fall, denn der Ertrag beträgt mäßige 10,0 Prozent. Da sollte man lieber auf den Umsatz pro Mitarbeiter achten, denn dieser ergab 10,4 Prozent.
Jedenfalls haben Sie jetzt die Zahlen, zum genaueren Studium, zum Nachdenken und zur Erbauung. Auf meiner Internetseite www.larrywms.com bringe ich die Studie gelegentlich auf den neuesten Stand.
Das Schöne an diesen Verhältnissen ist, dass sie uns Ärger ersparen. Wir wandern nicht durch die irreführenden dunklen Gassen der Wall Street. Intelligente Anleger wollen kein Risiko, sondern Erträge. Und jetzt kennen wir einen Weg, einen Großteil des Risikos zu beseitigen. Wenn Sie das tun, ist es mathematisch unmöglich, dass unsere Erträge nicht größer sind als die Erträge von jemandem, der einfach die Indizes kauft.
Anders gesagt können Sie jetzt das tun, was der Durchschnittsmensch und 80 Prozent der Investmentfonds nicht schaffen – Sie können den Markt schlagen! Das ist eine ungeheuerliche Aussage, wenn man bedenkt, dass 80 Prozent der Fonds den S & P 500 oder den Dow Jones Industrial Average nicht überbieten können. Fonds sind anscheinend keine besonders tolle Investition. Wenn wir wissen, dass nur 20 Prozent der Fondsmanager den Markt schlagen, dann wissen wir, dass wir nur eine 20-prozentige Chance haben, den richtigen Fonds auszuwählen. In acht von zehn Fällen ist der ausgewählte Fonds schlechter als der Dow Jones Industrial Average. Und das ist ungeheuerlich.

Mit den verschiedenen hier gezeigten Methoden kann man jede Aktie bewerten, und zwar zu jeder Zeit. Vielleicht bekommen Sie einen heißen Tipp von Ihrem Broker oder Ihrem Schwager. Vielleicht ist er ja wirklich gut.

Den Beweis bringt die Überprüfung der hier vorgestellten Bewertungskennzahlen. Sie können das selbst ausprobieren, indem Sie CNBC hören oder sich auf Fox die Sendung von Neil Cavuto anschauen. Wenn Sie das nächste Mal hören, dass ein Aktienkurs purzelt, prüfen Sie die Bewertung. Wenn Sie diese spaßige Übung machen, stoßen Sie unweigerlich auf Aktien mit fürchterlichen Bewertungen – ein Grund für den Crash.

Die Kehrseite davon ist, dass man durch Anwendung einiger sehr einfacher Regeln beständig den Dow Jones und nebenbei auch die Fondsmanager überflügeln kann. Wir schaffen das, ohne den Fondsmanagern ihre überhöhten Gebühren zu bezahlen, ohne einem Aktienkorb ausgeliefert zu sein, über den wir nichts wissen, und ohne den denkbaren Schikanen von böswilligen Fondsmanagern ausgesetzt zu sein. Wenn die Chancen acht zu zwei gegen uns stehen, dass wir mit einem Fonds den Markt schlagen, warum sollten wir es dann nicht einfach selber machen? Dafür gibt es nur einen Grund: Bisher wussten Sie nicht, wie. Aber das ist jetzt Vergangenheit. Sie können die Börsenindizes schlagen. Sie können die Asse von der Wall Street überflügeln.

Noch mehr über Investmentfonds

Es ist kein Geheimnis, dass die Investmentfonds, die während der letzten Hausse so viel Geld verdient haben, es in der Baisse massenweise wieder verloren haben. Das sagt uns, dass vergangene Performance so sicher wie das Amen in der Kirche keine Garantie für künftigen Erfolg ist. Hier noch ein weiterer Beweis: Ich habe festgestellt, dass die vier besten Fonds der letzten drei Jahre – 2000, 2001 und 2002 – in den großen Bullenjahren 1998 und 1999 schlechter gewesen waren als der S & P 500. Wenn man nach ihrer Performance in den guten Jahren gegangen wäre, hätte man sie in den schlechten Jahren nicht gekauft. Ach ja, die Ersten werden die Letzten sein.

Die Wall Street à la Williams schlagen

Die Verhältniszahlen bieten uns ein ideales Investmentszenario. Wir haben gesehen, dass die besten Aktien normalerweise diejenigen mit dem niedrigsten Preis und der höchsten Rendite innerhalb des entsprechenden Indexes oder Sektors sind. Das ist also unser erstes Kriterium. Was die Auswahl der Aktien angeht, in die man investieren sollte, wissen wir exakt, welche Aktien insgesamt mehr Performance bringen als die Indizes. Die Regel ist einfach: Man kaufe die preiswerte Aktie mit der höchsten Dividendenrendite oder dem niedrigsten Kurs-Umsatz-Verhältnis.

Ich gehe noch einen Schritt weiter und füge einen Mechanismus hinzu, mithilfe dessen man bestimmen kann, wann man die ausgewählten Aktien kaufen sollte, sozusagen die heißen Aktien. Im ersten Teil des vorliegenden Buches habe ich gezeigt, dass der Dow Jones Industrial Average eindeutig dazu neigt, von Oktober bis in das Frühjahr hinein zu steigen. Aber jetzt zeige ich Ihnen den wirklichen Hammer, und das ist der Dow Jones Utility Average.

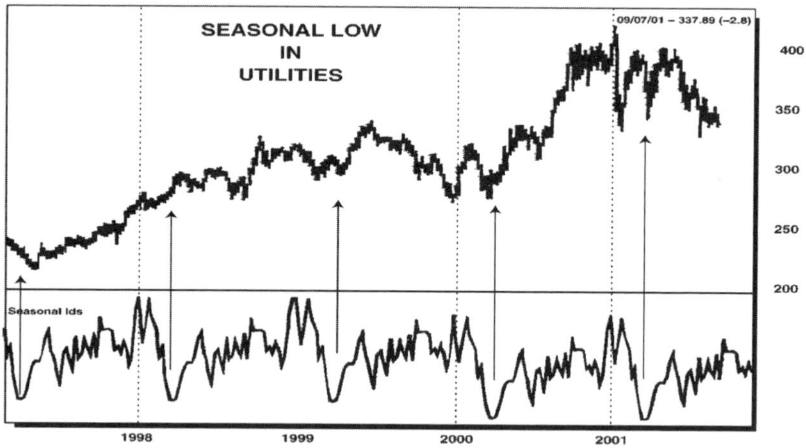

ABB. II.2

Dow Jones Utility Average

Saisontiefs der Versorgungsunternehmen

Wie Sie in Abbildung 11.2 sehen, beginnt der Versorger-Index seinen großen Anstieg meistens dann, wenn der Aktienmarkt insgesamt nicht mehr steigt beziehungsweise in die Seitwärtsbewegung einer Trading Range einschwenkt. Grob gesagt beginnt das jedes Jahr im April. Der breite Aktienmarkt entwickelt sich normalerweise vom April bis zum Oktobertief nicht annähernd so gut. Es stimmt zwar, dass er diese Tendenz in manchen Jahren nicht aufweist und sich stattdessen weiter hoch arbeitet, aber das ist die Ausnahme. Kluge Anleger setzen nicht auf Ausnahmen.

Der Utility-Index bewegt sich gewöhnlich von der ersten Aprilwoche bis zur ersten Oktoberwoche aufwärts.

Damit haben wir jetzt einen durchgehenden Investmentplan. Die nächsten Zahlen zeigen den Kauf des Dow Jones Industrial Average in der letzten Oktoberwoche jedes Jahres und den Ausstieg am ersten Freitag im April des nächsten Jahres, dann zum gleichen Zeitpunkt den Kauf der fünf preiswertesten und renditestärksten Aktien des Dow Jones Utility Average, die dann bis zur ersten Handelswoche im Oktober gehalten werden. Dieses Portfolio bringt bemerkenswerte Gewinne, die alle Investmentfonds bei weitem übertreffen, und das bisher konsequent.

Die Larry-Williams-Dividendenanlage

Dieser Ansatz, bei dem man mit preiswerten und hochrentablen Aktien von einem Dow Jones Average zum anderen und wieder zurück springt, hat seit 1985 einen durchschnittlichen Jahresertrag von 24,1 Prozent gebracht (siehe Tabelle 11.7). Meine Zahlen gehen noch weiter zurück und zeigen eine vergleichbare Ertragsrate. Der Dow Jones Industrial Average gewann von 1976 bis 2001 netto 8,3 Prozent pro Jahr hinzu. Unser Durchwechselprogramm hätte im gleichen Zeitraum fast 30 Prozent pro Jahr gebracht.

Die Schönheit des Programms beruht meines Erachtens auf zwei Faktoren. Wir umgehen damit den Zeitraum, in dem die Aktien des Dow Jones Industrial Average am ehesten fallen. In dieser Gefahrenzone sind wir nicht investiert. In dieser Zeit sind wir nicht in den Industrie-Index investiert, sondern in den Index der Versorgungsunternehmen, die im Durch-

	Ertrag in % beim Kauf von Versorgungs-aktien zum saisonalen Tief, Ausstieg zum saisonalen Hoch	Ertrag in % beim Kauf von Industrieaktien zum saisonalen Tief, Ausstieg zum saisonalen Hoch	Ertrag in % durch Kaufen und Halten des Dow 30	Ertrag in % des Dow Jones Industrial Average
1985	5,90	24,495	30,8	28,0
1986	5,330	29,998	35,2	25,0
1987	-0,202	-7,824	-8,0	0,0
1988	11,2	13,161	24,3	11,0
1989	19,809	9,182	28,9	29,4
1990	-1,843	20,919	19,0	-5,0
1991	3,957	14,399	18,2	18,0
1992	0,774	25,037	25,8	3,0
1993	6,444	2,413	8,8	14,0
1994	-6,142	12,963	6,7	2,0
1995	8,537	14,896	23,3	33,0
1996	4,750	17,879	21,8	28,0
1997	19,486	18,905	38,3	17,0
1998	13,42	19,377	32,7	19,0
1999	3,692	7,709	11,3	24,0
2000	35,8	5,4	54,8	-6,0
2001	13,9-7/2001	17,7	30,9	-5,0
		Durchschnitt	24,1	13,8

TABELLE II.7
Abwechselndes Investmentprogramm

schnitt höhere Erträge bringen als der Dow Jones Industrial Average, und die in Abstiegsphasen weniger stark nach unten ausschlagen. Dafür gibt es einen fundamentalen Grund: Versorgungsaktien bieten dem Anleger eher eine kontinuierliche Rendite als langfristige Kapitalgewinne.

Das ist der Grund, weshalb die Versorger in der Gefahrenzone den Dow Jones Industrial Average die meiste Zeit übertreffen. Die Erklärung ist einfach. Wenn die Aktien ins Rutschen geraten, verlassen die Menschen den Dow Jones Industrial Average und suchen nach einem sichereren Hafen für ihr Geld. Und genau das bieten die Versorgungsaktien, eine höhere Rendite und mögliche Kapitalgewinne. Deshalb fließen Mittel vom Dow Jones Industrial Average in die Versorgungsaktien. Unser Investmentprogramm sorgt ganz einfach dafür, dass wir in die Versorgungsunternehmen kurz vor dem Zeitpunkt einsteigen, zu dem der breite Markt normalerweise seinen Abstieg beginnt.

Es passiert in diesem Leben nicht oft, dass wir das beste aus beiden Welten bekommen. Aber wenn man die Wall Street nach Williams-Art bewusst schlägt, geschieht genau das, denn dann verbindet man das langfristig-zyklische Wissen mit dem fundamentalen Wissen.

Das lehrt uns auch, dass man in bedeutenden Börsentiefs in die preiswertesten Aktien mit den höchsten Dividenden investieren sollte. Nicht alle Tiefs treten im Oktober auf. Die Marktentwicklung der nächsten 20 bis 100 Jahre bietet noch zahlreiche andere Kaufgelegenheiten. Und warum sollte man an Tiefpunkten – anstatt die Führer vom letzten Jahr zu kaufen – nicht stabile und solide Aktien vom Typ Bluechip kaufen? Die sind sicherer; sie sind vorhersehbarer, präziser und überleben mit höherer Wahrscheinlichkeit. Sie trotzen den Stürmen.

Die Aktien der Versorgungsunternehmen führen die Hausse nicht an und beginnen sie auch nicht. Sie sind einfach widerstandsfähiger gegen Niedergänge als Industrieaktien und Bluechips. Der Beginn einer Hausse trägt als erstes Bluechips und Wachstumsaktien nach oben. Diese Aktien werden die anderen Werte der populären Marktindizes deutlich überflügeln. Also kennen wir die allgemeine Aktienkategorie, in die wir investieren sollten.

Dieser Teil unseres Auswahlverfahrens ist recht einfach. Als nächsten Schritt sollte man dann in die örtliche Bibliothek gehen und Investor's Business Daily oder Value Line lesen, um herauszufinden, welche in der Liste enthaltenen Bluechip- und Wachstumsaktien derzeit den niedrigsten Preis und die höchste Dividendenrendite aufweisen. Das sind die sichersten Aktien, die man kaufen kann. Noch einmal, es mag sein, dass andere Sie kurzfristig betrachtet übertreffen, vielleicht im ersten Abschnitt einer Hausse oder so, aber auf lange Sicht lassen Sie sie im Regen stehen. Das wird Ihnen gelingen, weil die anderen nicht konsequent sind und schließlich irgendwann richtige „Schrottaktien" kaufen – Aktien, die nicht nur nicht steigen, sondern auch noch trotz der allgemeinen Hausse beträchtlich nach unten gehen. Wenn Sie absolut sicher gehen wollen, dass Sie an jenen Punkten die besten Aktien kaufen, dann beachten Sie auch das viel geschmähte Kurs-Umsatz-Verhältnis; kaufen Sie nur Aktien mit einem KUV unter 1,0, denn wir wissen, dass der Kauf von Aktien mit hohem KUV extrem gefährlich ist.

Wie man als Faulpelz die Fonds schlägt

Wenn Sie beschließen, keine einzelnen Aktien auszuwählen, gibt es dennoch eine einfache Möglichkeit, durch Schlagen der Fonds den Markt zu schlagen.

Das Konzept ist einfach: Da die Fonds an sich gar nicht so toll sind und jederzeit beträchtlich nach unten gehen können, brauchen wir nur ein Timingsystem oder eine Methode zu entwickeln, mittels deren wir Investmentfonds so kaufen und verkaufen können, dass wir während der Anstiegsphasen dabei sind und wenn die Fonds fallen mit Bargeld auf der Hand abwarten.

Das ist ein höchst interessantes Konzept – wir überlassen die Aktienauswahl den angeblichen Experten. Wir bemühen uns, Fonds zu finden, die bei steigender Börse schnell nach oben gehen, und dann unsere Positionen vor dem nächsten größeren Niedergang zu liquidieren.

Dabei stehen wir vor drei Herausforderungen. Erstens wollen wir keine heißen Aktien finden, sondern Investmentfonds, die sich in der Vergangenheit bei steigender Börse sehr gut entwickelt haben. Zweitens verlangen diese Fonds für den Wechsel von der Long- zur Cashposition gar keine oder nur geringe Gebühren. Drittens brauchen wir ein System oder ein Instrument, das uns sagt, wann es Zeit ist, den Gewinn zu sichern, weil schon hinter der nächsten Ecke die Gefahr des Wertverlustes lauert.

Es gibt mehrere Ratingagenturen für die Fondsperformance, aber es ist die traurige Wahrheit, dass ihre Einstufungen herzlich wenig mit der künftigen Performance der Fonds zu tun haben.

Nehmen wir den enorm erfolgreichen Dienst von Morningstar. Wenn Sie jemals Anzeigen für die Fonds der Gesellschaft gesehen haben, wissen Sie, dass vier oder fünf Sterne für eine hohe Einstufung stehen, für eine überdurchschnittliche Wertentwicklung. Aber diese Sternebewertung sagt überhaupt nichts! Tatsächlich bekommen 75 Prozent der Fonds, die Morningstar abdeckt, vier oder fünf Sterne; nur 25 Prozent bekommen mit einem oder zwei Sternen eine schlechtere Bewertung.

Es kommt noch dicker: Der Wharton-Professor Martin Blume enthüllte kürzlich, dass vier oder fünf Sterne auch an Fonds vergeben werden können, die es erst seit drei Jahren gibt. Diese Zeit ist viel zu kurz, als dass man auf die Leistung des Fonds vertrauen könnte. Das Fenster ist einfach zu schmal. Wenn es einen fröhlichen dreijährigen Börsenaufschwung gegeben hat, steht der neue Fonds gut da, hat aber noch keine Erfahrung mit fallenden Märkten (oder keine Vorgeschichte, die die starkte dreijährige Performance herunterziehen würde) – im Gegensatz zu den älteren Fonds, die nicht so leicht so viele Sterne bekommen.

Ein kürzlich in *Investor's Business Daily* abgedruckter Chart mit der Überschrift „Die führenden Fonds des letzten Jahres" veranschaulicht diesen Punkt. Die Jahresergebnisse reichen für acht Fonds bis in das Jahr 1994 zurück, als der Aktienmarkt 1,3 Prozent gestiegen ist. Von den angeblich besten Fonds machten in jenem Jahr fünf von acht Verlust!

Für das Jahr 1995 sind die Fakten ebenso hart und nüchtern; der S & P 500 stand mit 37,6 Prozent im Plus. Nur einer der acht Investmentfonds übertraf den Markt. Dann kam das Jahr 1997 mit einem Gewinn von 35,1 Prozent, aber nur zwei der Fonds entwickelten sich besser. Vielleicht ist an der Leistung der Investmentfonds mehr – oder vielmehr weniger – dran, als Sie dachten oder Ihnen gesagt wurde.

Markt Hulberts Financial Digest verfolgt die Einstufungen von Morningstar seit 1991 und stellt nüchtern fest, dass die „Spitzenfonds im Durchschnitt um drei Prozent hinter dem Aktienmarkt zurückbleiben".

Die Zeitschriften *Forbes* und *Value Line* erstellen ebenfalls Fonds-Rangfolgen, und Hulbert kommt mit seinen Berechnungen zum gleichen Schluss: Diese Einstufungen können die besten Fonds für den nächsten Zeitraum nicht identifizieren. Unter dem Strich blieben die als gut eingestuften Fonds hinter dem Markt zurück, in manchen Fällen um fast fünf Prozent pro Jahr.

Da wir nun wissen, dass selbst die Profis die besten Fonds für das nächste Jahr nicht herausfinden können, müssen wir uns fragen: „Ist es möglich, die Zeitpunkte für die Fonds herauszufinden?“ Wenn das möglich wäre, dann könnten wir theoretisch die großen Verluste auslassen, die die Performance der Fonds schwächen, und könnten Baissen umgehen.
Die Antwort ist eindeutig: „Ja, man kann die Fonds mit ein, zwei einfachen mechanischen Regeln schlagen. Es ist möglich, sich von den Märkten fern zu halten, wenn die großen Crashs kommen.“
Natürlich bedeutet es einen gewissen Aufwand, die Fonds zu timen, die Sie besitzen. Man braucht dazu jedoch höchstens 15 Minuten pro Woche, und in vielen Wochen braucht man gar nichts zu tun.
Wie immer stelle ich meine Behauptung unter Beweis, und dann gebe ich Ihnen die Formel, mit der Sie alles umsetzen können.
Der erste Schritt ist der Kauf eines Investmentfonds. Aber welchen? Aufgrund der Zahlen, die ich gerade vorgelegt habe, ist das wohl ziemlich egal. Altbewährte Fonds sind Kaufman, Oppenheimer Quest A, AIM Funds Aggressive Growth, Fidelity Low Priced, Fidelity Contrafund, Fidelity Inv. sowie Destiny 1 oder 2. Die meisten Brokerhäuser haben ebenfalls Fonds mit ordentlicher Performance. Was Sie brauchen, ist ein Wachstumsfonds, aus dem Sie gebührenfrei oder gegen eine sehr geringe Gebühr herauskommen. Charles Schwab, Dean Witter und Merrill Lynch haben Fonds, in die Sie Ihr Geld stecken können, und wir wissen, dass Rangfolgen und Einstufungen nicht viel über die künftige Performance aussagen. Tatsächlich ist der einzige Weg, den besten Fonds der nächsten Zeit zu kaufen ... Glück!
Bei einigen Fondsgesellschaften gibt es „Fonds-Familien“, innerhalb derer Sie von einem Wachstumsfonds auf einen weniger aggressiven Fonds oder sogar einen Fonds aus Bargeldäquivalenten umsteigen können. Das beste Beispiel dafür ist wahrscheinlich Fidelity.
Wenn Sie Ihr Geld hingelegt haben, passiert eines von zwei Dingen: Der Kurs beziehungsweise der Wert der Anlage steigt, oder er fällt. Gewinne machen uns keine Sorgen. Wir wissen, dass die Aktienkurse pro Jahr ungefähr neun Prozent zulegen.
Was uns Sorgen macht, sind die Verluste. Langfristig bringt uns ein sorgfältig ausgewählter wachstumsorientierter Fonds Geld. Das Problem dabei ist nur, dass langfristig – irgendwann – eine Baisse nur da-

rauf wartet, 20 Prozent des Fondswertes zu kappen und uns ein Fünftel unseres Geldes zu stehlen.
Unser Ziel, unser Wunsch ist es, die Fonds mittels eines Sicherheitsventils oder einer Ausstiegsluke zu schlagen, indem wir aussteigen, bevor ein Verkaufssturm das Wachstum unserer Geldanlage niedertrampelt.
Sie wissen inzwischen, dass ich mit beiden Füßen fest auf dem Boden stehe. Ich reagiere nicht auf Launen und Gerüchte. Ich will und brauche belegbare Fakten, bevor ich meine hart erarbeiteten Dollar zum Abschuss freigebe. Sie sollten es genauso halten.

Aus 10.000 US-Dollar werden 8.000.000 – mit Fonds

Der führende Verfechter von Fonds-Timing und Fondswechseln ist Richard Fabian. Dick handelt seit mehr als einem Vierteljahrhundert mit Fonds. In dieser Zeit hat er eindeutig bewiesen, dass es vorteilhaft ist, die Fonds zu timen, und dass es überhaupt möglich ist. Sein Beratungsservice und seine Telefonhotline schlagen die Fonds in Echtzeit. Die Telefonnummer lautet 800-950-8765.
Nelson Freeburg, der Herausgeber von *Formula Research* (901-767-1956) hat die „Fabian Formula“ im Jahre 1994 ausführlich untersucht und kam zu dem Schluss: „Das System übertrifft den Aktienmarkt seit 1929, und die Ergebnisse bleiben trotz eines breiten Parameterspektrums konstant. [...] Die Methode wurde unter Realbedingungen erprobt.“
Freeburg weist darauf hin, dass striktes Kaufen und Halten von 1929 bis heute einen Jahresertrag von 9,2 Prozent gebracht hätte. Wenn man damals 10.000 US-Dollar investiert hätte, wären daraus bis Ende 1993 genau 2,94 Millionen US-Dollar geworden.
Unter Verwendung der Fabian-Formel wären die 10.000 US-Dollar auf 8,10 Millionen angewachsen.
Hören Sie mir noch zu?
Gut, dann sage ich Ihnen Folgendes: Bei den zehn größten Eintagesverlusten des Aktienmarktes seit 1929 stand die Fabian-Formel in 80 Prozent der Fälle auf „Abwarten“.
Ist unser Risiko begrenzt, wenn wir Market Timing betreiben? Ja. Laut Freeburg birgt die Formel fast 40 Prozent weniger statistisches Risiko

als die Strategie des Kaufens und Haltens. Das ist offensichtlich. Wenn die Methode funktioniert, dann umgeht sie größere Niedergänge. Und hier kommen wir zu einem interessanten Punkt. Die Genauigkeit der Signale liegt zwar nur knapp über 50 Prozent, aber der durchschnittliche Gewinn beträgt etwa das Sechsfache des durchschnittlichen Verlustes. Die Gewinner halten sich zehnmal so lange wie die Verlierer. Ich will Sie nicht länger auf die Folter spannen – hier sind die Regeln:

– Kaufen Sie, wenn der Wochenschlusskurs des Fonds über dem gleitenden 39-Wochen-Durchschnitt der Wochenschlusskurse liegt und entweder der Dow Jones Industrial Average oder der Dow Jones Utility Average ebenfalls über dem 39-Wochen-Durchschnitt schließt.
– Verkaufen Sie, wenn der Wochenschlusskurs des Fonds unter dem 39-Wochen-Durchschnitt liegt und entweder der Dow Jones Industrial Average oder der Dow Jones Utility Average ebenfalls unterhalb des 39-Wochen-Durchschnitts schließt.

Das ist alles. Nur diese Regeln hat Freeburg getestet, auch wenn Fabian in den letzten Jahren noch ein paar Kniffe hinzugefügt hat.
Sie können die Fabian-Formel entweder in dieser Form oder in einer von Fabian verbesserten Version anwenden. Diese Formel macht aus 10.000 US-Dollar im Jahre 1929 die Summe von 11,7 Millionen, und das mit einem geringeren statistischen Risiko als das ursprüngliche Fabian-Modell.
Das beste Beispiel für diesen risikosenkenden Ansatz ist die Zeit von 1929 bis 1939. Die Aktienindizes verloren damals 2,1 Prozent pro Jahr, während das Modell, das Sie gerade kennen lernen, einen Gewinn von 5,3 Prozent jährlich aufwies. Gemessen als Standardabweichung war das Risiko der Formel um 31 Prozent niedriger als das Marktrisiko.
Und hier die Regeln:

– Kaufen Sie, wenn der Dow Jones Industrial Average zwei Prozent über dem tiefsten Punkt des Kursrückgangs schließt, der Dow Jones Transport Average vier Prozent über dem Tiefpunkt und der Dow Jones Utility Average acht Prozent über dem Tiefpunkt des Niedergangs.
– Verkaufen Sie, steigen Sie auf Bargeld um und liquidieren Sie Ihren

Fonds, wenn der Dow Jones Industrial Average zwei Prozent unter dem höchsten Punkt der Aufwärtsbewegung steht, wenn gleichzeitig der Dow Jones Transport Average vier Prozent und der Dow Jones Utility acht Prozent unter dem höchsten Punkt stehen.

Das ist alles. Sie können jederzeit feststellen, ob ein Aufwärtstrend herrscht, und dann auf das Signal eines zweiprozentigen Rückgangs, eines Einbruchs des Transport-Indexes um vier Prozent sowie des Versorger-Indexes um acht Prozent warten. Wenn alle drei Indizes solchen Trendwenden unterliegen, ist es an der Zeit, die Party zu verlassen.
Wichtige Überlegung: Da sehr viele Börsenrückgänge die Aktien an Freitagen und Montagen am schlimmsten heimsuchen, empfehle ich Ihnen, sich Ihre eigenen „Zahlen zum Wochenende" zusammenzustellen. Damit meine ich, dass Sie die Schlusskurse der Indizes vom Donnerstag als Signale verwenden sollen. Wenn der Donnerstags-Schlusskurs ein Signal gibt, steigen Sie am Freitagmorgen aus dem Fonds aus. Wenn am Donnerstag kein Signal kommt, aber am Freitag, dann steigen Sie gleich am Montagmorgen aus.
Wenn Sie mit diesen Berechnungen einmal angefangen haben, dann sehen Sie schon ziemlich bald, welche Schlusskurse Kauf- oder Verkaufssignale bilden, so dass Sie am Freitag kurz vor Börsenschluss entsprechende Schritte unternehmen können. Ich weiß, dass das für Sie ein bisschen mehr Aufwand bedeutet, aber vergessen Sie nicht, dass die meiste Zeit über die Kurse Woche für Woche in eine bestimmte Richtung tendieren und dass Sie somit meistens nichts zu tun brauchen. Die Überwachung der Schlusskurse nehmen Sie nur zu Zeiten vor, in denen eine Trendwende bevorsteht und es sich lohnt, auf dem Sprung zu sein.

Zusammenfassung der Kennzahlen – den größten Ertrag bringen:

Niedrigstes Kurs-Umsatz-Verhältnis	*13,9 %*
Niedrigstes Kurs-Buchwert-Verhältnis	*17,1 %*
Niedrigstes prospektives Kurs-Gewinn-Verhältnis, 1 Jahr	*19,3 %*

12. KAPITEL

Geldverwaltung: Die Schlüssel zum Königreich

DIESER BRIEF IST ETWAS LÄNGER ALS GEWÖHNLICH, WEIL ICH KEINE ZEIT HATTE, ES KURZ ZU MACHEN.
-BLAISE PASCAL

Der Reichtum eines Spekulanten beruht darauf, wie er mit seinem Geld umgeht, nicht auf einem magischen, mysteriösen System oder einem alchimistischen Geheimnis. Erfolgreiche Investitionen bringen Geld; erfolgreiche Investitionen und richtige Geldverwaltung können immensen Reichtum hervorbringen.

Jetzt kommt das wichtigste Kapitel dieses Buches, das wichtigste Kapitel meines Lebens, die wertvollsten Gedanken, die ich Ihnen mitteilen kann. Was Sie gleich erfahren werden, ist das Wertvollste, was ich Ihnen geben kann. Das ist keine Übertreibung.

Es geht um das Rezept, nach dem ich aus kleinen Geldbeträgen wie zum Beispiel 2.000 US-Dollar 100.000 und daraus 1.000.000 US-Dollar gemacht habe. Und das waren keine theoretischen Siege! Hier geht es nicht um Nachkarten, sondern um Echtzeit, echtes Geld und echte Gewinne – Gewinne, die man ausgeben kann und für die man sich allen Luxus der Welt kaufen kann. Solange Sie kein Geldverwaltungssystem verwenden, sind Sie ein Kleinspekulant, der mal gewinnt und mal verliert, aber nie den großen Treffer landet. Das Tor zum Rohstoffhandel wird unerreichbar bleiben, wenn Sie von einem Trade zum anderen hüpfen und ein paar Dollars einsammeln, aber kein Vermögen verdienen.

Das wirklich Erschreckende an der Geldverwaltung ist die Tatsache, wie wenige Menschen sich dafür interessieren oder die richtigen Regeln kennen. Wenn ich irgendwo zum Essen oder zu einer Cocktailparty eingeladen bin, kommt das Gespräch irgendwann unweigerlich auf die Märkte. Die Menschen wollen heiße Tipps, oder sie wollen wissen, wie ich es schaffe, meinen Lebensunterhalt zu verdienen, ohne zu arbeiten. Sie wollen mein Geheimnis wissen. Als ob es eines gäbe!

Der durchschnittliche oder ungebildete Spekulant glaubt, Trading habe etwas Magisches an sich, irgendwo gebe es jemanden mit einem Zauberring, der das Marktgeschehen anzeigt.

Nichts könnte weiter von der Wahrheit entfernt sein. In diesem Geschäft verdient man Geld, indem man sich einen Spielvorteil verschafft, diesen Vorteil konsequent ausnutzt und systematisch festlegt, wie viel von seinem Vermögen man in jeden Trade investiert.

Die meisten Trader investieren aufs Geradewohl

Die meisten Investoren haben folgendes Problem: Wenn sie zuversichtlich genug sind, große Summen (zumindest für sie) zu investieren, dann sind sie auch zuversichtlich genug zu glauben, sie könnten die Zukunft voraussehen. Daraus ergeben sich zwei Probleme.

Erstens glaubt man dann, man könne mit seinem System die Gewinner von den Verlierern unterscheiden. Noch schlimmer ist es jedoch, wenn man sich für neunmalklug hält und für jeden Trade unterschiedliche Anzahlen von Kontrakten oder Aktien kauft.

Genauso wie wir unseren Schlachtplan konsequent verfolgen müssen, wenn wir Erfolg haben wollen, müssen wir auch mit dem Geldbetrag konsequent sein, den wir für jeden Trade auffahren. Ab dem Moment, in dem man der Fantasievorstellung erliegt, man könne die großen Gewinner „mit Sicherheit" herauspicken, und in dem man größere Positionen aufbaut als sonst, ist der Ärger vorprogrammiert.

Zugegeben, ab und zu landet man einen Treffer und zieht das große Los, aber am Ende macht man immer Verlust, wenn man die große Position hält. Verluste sind an sich schon schlimm genug, aber wenn man von dem richtigen Umgang mit Geld abweicht, wird man emotional und hängt vielleicht zu lange an einem Trade, weil man hofft, dass man den großen Treffer wiederholen kann. Und dadurch macht man es nicht besser, sondern schlimmer!

Kommen wir noch einmal auf unseren altbewährten Vergleich mit dem Casino in Las Vegas zurück. Alle Casinos der Welt begrenzen ihre Verluste dadurch, dass es für alle Entscheidungen in allen Spielen Höchstbeträge gibt, die man als Spieler setzen darf. Die Casinos begrenzen ihre Verluste wie gute Investoren. Können Sie sich vorstellen, dass ein Croupier einen Spieler, der gerade eine Glückssträhne hat, mehr setzen lässt als das Hauslimit, weil er glaubt, der Kunde werde bei der nächsten Runde verlieren? Natürlich nicht. Der Croupier würde sofort gefeuert werden, weil er eine Grundregel der Geldverwaltung gebrochen und zu viel eingesetzt hat.

Zu viel zu traden und zu viel zu setzen kostet Sie weitaus mehr als schlechte Marktprognosen. Vergessen Sie nicht, dass man das Risiko kontrolliert, indem man nur einen begrenzten Anteil seiner Mittel dem Risiko aussetzt.

Möglichkeiten der Geldverwaltung: Eine ist die richtige für Sie

Es gibt verschiedene Wege, dieses Problem anzugehen, viele Rezepte, die man befolgen kann. Aber alle sehr guten Systeme für die Verwaltung von Geldanlagen haben einen zentralen Punkt gemeinsam: Wenn man Gewinn macht, erhöht man die Anzahl der Einheiten, Kontrakte oder Aktien, und wenn man Verlust macht, verringert man sie. Das ist die Essenz der süßen Wissenschaft von der Schlachtordnung der Geldmittel. Man kann diese grundlegende Wahrheit auf mehrere Arten umsetzen.

Ich führe Ihnen die hauptsächlichen Methoden vor und hoffe, dass Sie den passenden Schuh finden. Jede Behandlung dieses Themas wäre unvollständig ohne die Erwähnung des Namens Ralph Vince. Im Jahre 1986 stieß ich auf ein Geldverwaltungsrezept für Blackjack (17 + 4), das ursprünglich in einer Schrift aus dem Jahre 1956 mit dem Titel „A New Interpretation of Information Data“ über Informationsflüsse entwickelt wurde und das heute unter Rohstoffhändlern als „Kelly-Formel“ bekannt ist.

Über Mathematik weiß ich nicht viel mehr als das, was man mit Daumen und Zeigefinger addieren kann, aber ich weiß, dass Mathematik funktioniert, und deshalb habe ich angefangen, nach der Kelly-Formel zu traden. Hier ist sie, wobei F der Betrag in Ihrem Depot ist, den Sie pro Trade investieren:

$$F = \frac{(R + 1) X P - 1}{R}$$

dabei sind: P= Gewinnwahrscheinlichkeit des Systems
R= Verhältnis aus Trading-Gewinn und Trading-Verlust

Ein Beispiel: Das System hat eine Treffgenauigkeit von 65 Prozent, und die Gewinne betragen das 1,3-fache der Verluste. Wenn man also für P den Wert 0,65 einsetzt und für R den Wert 1,3, ergibt sich folgende Berechnung:

$$\frac{(1{,}3 + 1) X 0{,}65 - 1}{1{,}3} = F$$

$$\frac{2{,}3 X 0{,}65 - 1 = 1{,}495 - 1 = 0{,}495}{1{,}3} = \text{38 Prozent des Depots für Trades}$$

In diesem Fall würde man für alle Trades 38 Prozent des Geldes einsetzen. Wenn sich das Depot auf 100.000 US-Dollar beläuft, nimmt man also 38.000 US-Dollar und teilt sie durch den Preis, so dass man die Anzahl der Kontrakte erhält. Wenn der Preis 2.000 US-Dollar beträgt, würde man somit 19 Kontrakte kaufen.

Das Gute, das Schlechte und das Üble an der Geldverwaltung

Die Auswirkungen dieser Formel auf meine Tradingergebnisse waren phänomenal. In sehr kurzer Zeit wurde ich zu einer lebenden Legende, weil sich sehr kleine Geldbeträge unglaublich schnell vermehrten. Meine

Taktik bestand darin, den nach der Kelly-Formel berechneten Anteil des Depots dividiert durch den Preis einzusetzen. Das funktionierte so gut, dass ich von einem Trading-Wettbewerb ausgeschlossen wurde, weil der Spielleiter glaubte, ich hätte meine Ergebnisse nicht ohne Mogelei erzielen können. Bis heute wird im Internet behauptet, ich hätte zwei Konten benutzt, eines für Gewinne und eines für Verluste! Diese Menschen scheinen zu vergessen oder nicht zu wissen, dass diese Praxis nicht nur höchst illegal ist, sondern dass man für jeden Trade eine Kontonummer angeben muss; und wie hätten mein Broker oder ich im Voraus wissen können, welcher Trade auf welches Konto laufen sollte?
Aber was soll man anderes erwarten, wenn (meines Wissens) nie zuvor in der Handelsgeschichte jemand eine solche Performance erreicht hat? Und was noch schlimmer ist, ich habe das mehr als einmal gemacht. Das war weder Zufall noch Glück. Die Verlierer jammerten, da müssten unterwegs ein paar Zahlen oder Trades weggelassen worden sein.
Was ich tat, war revolutionär. Und wie bei allen guten Revolutionen floss in den Straßen auch etwas Blut. Das erste Blut des Unglaubens war die Tatsache, dass die National Futures Association und die Commodity Futures Trading Commission (CFTC) meine sämtlichen Konten beschlagnahmten und wegen Betruges ermittelten.
Die CFTC durchkämmte die Unterlagen des Brokerhauses bis ins Kleinste, nahm dann meine Unterlagen und behielt sie ein Jahr, bevor sie sie wieder zurückgab. Und raten Sie mal, was ein Jahr, nachdem ich sie zurückbekommen hatte, passierte – sie wollte sie wieder haben. Erfolg ist tödlich.
Und all das nur wegen meiner unerhörten Markt-Performance. Eines der Depots, die ich verwaltete, stieg unter Anwendung der neuen Geldverwaltung innerhalb von 18 Monaten von 60.000 US-Dollar auf gut 500.000 US-Dollar. Und dann verklagte mich die Klientin, weil ihr Anwalt sagte, sie hätte 54 Millionen statt einer halben Million verdienen müssen! Jetzt hoben mich die Gläubigen also auf den Sockel, wenn sie dadurch zu Geld kamen. Die Revolution war für alle zu viel. Unglaublich! Aber das Schwert der Geldverwaltung ist zweischneidig.
Meine außerordentliche Performance lockte viel Geld an, das ich verwalten sollte. Sehr viel Geld. Und dann passierte es – die Rückseite des Schwertes blitzte in der Sonne. Während ich damit beschäftigt war, zum

Manager zu werden (also ein Geldverwaltungsunternehmen zu führen), ging es mit meinem Marktsystem bergab; ich geriet in eine Pechsträhne, die das Vermögen genauso spektakulär wieder auffraß, wie es entstanden war. Nachdem ich spielend Geld verdient hatte, verlor ich nun spielend Geld.

Die Broker und die Klienten schrieen auf. Die meisten ergriffen die Flucht – sie konnten eine derartige Volatilität in ihren Depots nicht ertragen. Mein eigenes Depot, in dem ich im ersten Jahr mit 10.000 US-Dollar angefangen hatte (ja, richtig, 10.000 US-Dollar) und das auf 2.100.000 US-Dollar (ja, richtig, 2,1 Millionen) angewachsen war, erwischte es genauso wie alle anderen. Es geriet ebenfalls in den Strudel und wirbelte auf magere 700.000 US-Dollar hinunter.

Zu diesem Zeitpunkt sprangen alle ab außer mir selbst. Schließlich bin ich Rohstoffhändler und fahre gerne Achterbahn. Kann man überhaupt anders leben? Nicht dass ich wüsste, und deshalb blieb ich dabei und tradete mich bis Ende 1987 wieder auf 1.100.000 US-Dollar hoch.

Was für ein Jahr!

Bei alledem blickte mir jeden Tag Ralph Vince über die Schulter. Zusammen arbeiteten wir an neuen Systemen und Geldverwaltungsmethoden. Lange vor mir erkannte er, dass die Kelly-Formel einen fatalen Fehler enthielt. Ich war einfach zu dumm. Ich tradete weiter, während sich das Mathegenie Ralph intensiv mit Geldmanagement befasste. Als Höhepunkt entstanden daraus drei großartige Bücher.

Das erste war *The Mathematics of Money Management*, dann kam *Portfolio Management Formulas*, und schließlich mein Lieblingsbuch, *The New Money Management*, alle erschienen bei John Wiley & Sons, Inc. Als ernsthafter Trader oder Vermögensverwalter muss man sie einfach gelesen haben.

Ralph fand, dass Kelly einen Fehler gemacht hatte, weil die Formel ursprünglich für elektrischen Strom gedacht war und dann für Blackjack verwendet wurde. Der Haken an der Sache ist nur, dass Blackjack kein Rohstoff- oder Aktienhandel ist. Beim Blackjack ist der mögliche Verlust bei jedem Spiel auf die gesetzten Chips beschränkt, und der potenzielle Gewinn steht immer im gleichen Verhältnis zu den gesetzten Chips.

Wir Spekulanten haben kein so leichtes Leben. Der Umfang unserer Gewinne und Verluste springt wild hin und her. Manchmal machen wir einen großen Gewinn, und manchmal einen winzigen. Mit unseren Verlusten ist es genauso; ihr Umfang ist unberechenbar.

Vielleicht will man die 5.000 Anleihen, die erlaubt sind, gar nicht kaufen. In diesem Fall würde ein „Tick“, die kleinstmögliche Preisänderung einer Anleihe, 162.500 US-Dollar kosten, wenn er in die falsche Richtung geht. Ich habe das erlebt, da steht man wirklich unter Druck. Außerdem ist es nicht ungewöhnlich, dass Anleihen acht bis zehn Ticks gegen einen eröffnen. Das sind jeden Morgen 1.625.000 US-Dollar! Lassen Sie sich von den Gewinnen also nicht hinreißen. Konzentrieren Sie sich auf die möglichen Auswirkungen und Resultate guter Geldverwaltung.

Sobald Ralph dies erkannt hatte, konnte er die wilden Schwankungen meines Anlagevermögens erklären. Wir hatten einfach die falsche Formel benutzt. Von unserem neuen Jahrhundert aus gesehen mag das sehr simpel erscheinen, aber damals steckten wir mitten in einer Geldverwaltungs-Revolution, und es war gar nicht so einfach, solche Dinge zu erkennen. Wir forschten und tradeten in Regionen, die meines Wissens noch nie zuvor jemand betreten hatte. Wir erzielten mehrere phänomenale Tradingergebnisse, und deshalb wollten wir nicht allzuweit von dem abweichen, was wir gerade taten.

Ralph hatte dann eine Idee, die er „Optimal F“ nannte. Sie ähnelt der Kelly-Formel, aber im Gegensatz zu Kelly kann sie an Handelsplätze angepasst werden und liefert einen festen Prozentsatz des Guthabens, den man dann für sämtliche Trades einsetzen kann.

In neue Richtungen blicken: Vermögensabbau als Vermögenswert

Mein Trading stolperte mit spektakulärem Auf und Ab weiter, während wir weiterhin nach Verbesserungen suchten, nach irgendetwas, das die Bestie zähmen könnte. Aus dieser Suche entsprang der Grundgedanke, dass wir eine Formel brauchten, die uns sagte, wie viele Kontrakte oder Aktien wir beim nächsten Trade nehmen sollten.

Eine unserer Ideen bestand darin, unser Guthaben durch den Preis plus den größten Vermögensabbau zu dividieren, den das System bisher erlitten hatte. Das ist auf jeden Fall sehr sinnvoll. Man kann nämlich sicher sein, dass man in Zukunft einen ähnlichen oder gar größeren

Rückschlag erleiden wird, und dann sollte man lieber genug Geld und Marginkredit dafür übrig haben. Mir wurde klar, dass man tatsächlich Preis plus Rückschlag mal 1,5 vorrätig haben muss, wenn man auf der sicheren Seite sein will.

Wenn also der Preis 3.000 US-Dollar beträgt und der größte Rückschlag 5.000 US-Dollar gekostet hat, dann braucht man für den Kontrakthandel 10.500 US-Dollar [3.000 + (5.000 X 1,5)]. Diese Formel ist zwar nicht schlecht, aber mit Problemen behaftet.

Ich führe Ihnen jetzt eine Reihe von Geldverwaltungsplänen vor, indem ich sie auf das gleiche Trading-System anwende. Dieses System ist eines meiner besten, und deshalb sehen die Ergebnisse vielleicht etwas zu gut aus. Beachten Sie dabei die Performance-Unterschiede, die sich aus den unterschiedlichen Methoden der Geldverwaltung ergeben. Das System handelt mit Anleihen, die einen Preis von 3.000 US-Dollar haben. Der erste Ausdruck zeigt das Gesamtergebnis des Systems von Januar 1990 bis Mitte Juli 1998 (siehe Tabelle 12.1).

Dann nehmen wir das gleiche System und wenden verschiedene Geldverwaltungsstrategien darauf an, damit Sie sehen, welche für Sie am besten geeignet ist. Zur Erzeugung der verschiedenen Werte ließ ich das System die ersten sieben Jahre einfach laufen und tradete die späteren Jahre mit Geldverwaltung, so dass der Rückschlag, die prozentuale Genauigkeit, das Chance-Risiko-Verhältnis und dergleichen auf erhobenen Daten beruhen und dann auf nicht erhobene Daten angewendet werden. Ich erlaubte dem System, bis zu 5.000 Anleihen zu handeln, und das ist ganz schön viel.

Ryan Jones und das Fixed Ratio Trading

Ein anderer Freund von mir, Ryan Jones, versuchte wie ein Besessener, das Problem der Geldverwaltung zu lösen. Anfangs war er Teilnehmer bei einem meiner Seminare, und später besuchte ich seine Seminare zu meinem Lieblingsthema Geldverwaltung. Ryan hat sich über dieses Problem viele Gedanken gemacht und Tausende von Dollar sowie viel Forschungsaufwand aufgebracht, um schließlich eine Lösung namens „Fixed Fractional Trading“ zu formulieren.

Systembericht	11. 09. 98	15:06:14 Uhr
System Nummer: 387	Beschreibung: Anleihen 7/98 keine Fremdhaftung	
Systemregeln:		
Markt:	Testzeitraum 01. 01. 90 bis 16. 07. 98	

Trades:	310	Anfangsguthaben:	$30.000
GV-Verhältnis:	1,4	Endguthaben:	$18.107.546
Kapitalverlust absolut:	($3.988)	Spitzenkapital:	$18.107.546
Kapitalverlust prozentual:	-61,3%	Ertrag:	60.258,5%

Gewinntrades:		Verlusttrades:	
Anzahl Gewinne:	230	Anzahl Verluste:	80
Prozent der Trades:	74,2%	Prozent der Trades:	25,8%
Durchschnittlicher Gewinn:	$1.350,68	Durchschnittlicher Verlust:	$985,55
Größter Gewinn:	$10.137,50	Größter Verlust:	($1.956, 25)
Längste Gewinnfolge:	31	Längste Verlustfolge:	6
Durchschnittliche Gewinnfolge:	4,11	Durchschnittliche Verlustfolge:	1,45

Anzahl der Trades für die Erreichung der Höchstzahl gehandelter Einheiten: 310
Anzahl der Tage für die Erreichung der Höchstzahl gehandelter Einheiten: 0

Regeln zur Berechnung der Basiseinheiten:

BASIS-Einheiten = Guthaben/(Kapitalabbau * 2)
Wenn Guthaben wächst: Einheiten wie letzter Trade
ERHÖHE Anzahl der Einheiten beim nächsten Trade um: 1
Wenn Guthaben sinkt: Einheiten wie letzter Trade
VERMINDERE Einheiten beim nächsten Trade um: 1

TABELLE 12.1
Gesamtergebnis des Handelssystems von 1990 bis 1998

Systembericht	11. 09. 98	15:54:44 Uhr
System Nummer: 387	Beschreibung: Anleihen 7/98 keine Fremdhaftung	
Systemregeln:		
Markt:	Testzeitraum 01. 01. 90 bis 16. 07. 98	

Trades:	310	Anfangsguthaben:	$20.000
GV-Verhältnis:	1,4	Endguthaben:	$251.813
Kapitalverlust absolut:	($3.988)	Spitzenkapital:	$251.813
Kapitalverlust prozentual:	-18,3%	Ertrag:	1.159,1%

Gewinntrades:		Verlusttrades:	
Anzahl Gewinne:	230	Anzahl Verluste:	80
Prozent der Trades:	74,2 %	Prozent der Trades:	25,8 %
Durchschnittlicher Gewinn:	$1.350,68	Durchschnittlicher Verlust:	$985,55
Größter Gewinn:	$10.137,50	Größter Verlust:	($1.956, 25)
Längste Gewinnfolge:	31	Längste Verlustfolge:	6
Durchschnittliche Gewinnfolge:	4,11	Durchschnittliche Verlustfolge:	1,45

Anzahl der Trades für die Erreichung der Höchstzahl gehandelter Einheiten: 43
Anzahl der Tage für die Erreichung der Höchstzahl gehandelter Einheiten: 370

Regeln zur Berechnung der Basiseinheiten:

Nur ein Kontrakt

TABELLE 12.2
Ergebnis des Handelssystems mit der Formel von Ryan Jones

Wie Ralph Vince und ich wollte auch Ryan die explosiven Phänomene umgehen, die die Kelly-Formel beinhaltete. Seine Lösung ist die Abkehr von dem Ansatz der festen Verhältnisse, also dass man X Kontrakte für jede Y Dollar auf dem Konto kauft.

Seine Überlegungen beruhen weitgehend auf seiner Abneigung gegen die allzu schnelle Erhöhung der Anzahl von Kontrakten. Stellen Sie sich ein Depot mit 100.000 US-Dollar vor, das pro 10.000 US-Dollar einen Kontrakt handelt. Man fängt also mit zehn Kontrakten oder Einheiten an. Nehmen wir an, der durchschnittliche Gewinn pro Trade beträgt 250 US-Dollar. Dann verdienen wir 2.500 US-Dollar (zehn Kontrakte mal 250 US-Dollar) und brauchen vier Trades, damit wir die Anzahl der Kontrakte auf elf erhöhen können. Das funktioniert gut, und wir verdienen Geld, bis wir irgendwann bei 50.000 Plus und einem Nettoguthaben von 150.000 US-Dollar stehen. Das bedeutet, dass wir jetzt 15 Kontrakte haben und pro Gewinn-Trade 3.750 US-Dollar bekommen. Also erhöht sich die Zahl der Kontrakte schon nach drei Trades. Ab einem Gewinn von 200.000 US-Dollar verdienen wir 5.000 US-Dollar pro Trade und brauchen nur noch zwei Gewinner, um einen Kontrakt mehr zu nehmen. Ryan verlangt also einen festen Satz, der verdient werden muss, damit ein weiterer Kontrakt hinzukommt. Wenn 5.000 US-Dollar nötig sind, um von einem auf zwei Kontrakte hochzurutschen, dann braucht man bei einem 100.000-Dollar-Depot einen Gewinn von 50.000 US-Dollar, damit man von zehn auf elf Kontrakte aufstocken kann. Das feste Verhältnis besteht darin, dass man – wenn man einmal 15 Trades gebraucht hat, um von einem auf zwei Trades aufzustocken – im Durchschnitt immer 15 Trades braucht, um eine Stufe höher zu kommen. Das ist ein anderes festes Verhältnis als bei Ralph. Bei ihm braucht man ja weniger Trades, um weiter aufzusteigen.

Ryan erreicht dies, indem er als Teiler für den größten Rückschlag einen variablen Wert verwendet. Am liebsten teilt er den größten Verlust durch zwei. Betrachten wir nun das gleiche Trading-System für den Anleihenmarkt wie eben, diesmal aber mit der Formel von Ryan Jones (siehe Tabelle 12.2).

Wie Sie sehen, schafft auch dieser Ansatz Vermögen und lässt das Depot exponentiell anwachsen. Aber wenn man die gleiche Zuwachsrate wie mit den anderen Formeln erreichen will, muss man bei jedem Trade einen größeren Anteil seiner Mittel einsetzen. Wie Sie gleich sehen werden, kann dies aber zur Vernichtung des Vermögens führen, es sei denn, Sie setzen nur einen sehr kleinen Prozentsatz Ihrer Mittel ein – das garantiert allerdings wieder einen weniger schnellen Vermögenszuwachs.

Meine Lösung

In den Gesprächen mit Ralph und Ryan wurde mir bewusst, dass die Ursache der wilden Auf- und Abschwünge weder die prozentuale Treffsicherheit des Systems noch das Gewinn-Verlust-Verhältnis oder der Verlust war. Die heftigen Ausschläge beruhten auf dem größten einzelnen Verlustgeschäft. Lassen Sie mich das näher erklären, denn das ist sehr wichtig.

Bei der Entwicklung eines Systems können wir uns leicht selbst betrügen, indem wir ein System mit einer Zielsicherheit von 90 Prozent schaffen. Damit scheffeln wir zwar Geld, ruinieren uns aber am Ende doch noch. Das klingt nicht so, als wäre es wirklich möglich, oder? Aber es ist möglich, und zwar folgendermaßen: Unser 90-Prozent-System bringt bei jedem Gewinnertrade 1.000 US-Dollar und gewinnt neunmal hintereinander, so dass wir mit neun hübschen Riesen dastehen. Dann kommt ein Verlustgeschäft von 2.000 US-Dollar, so dass uns noch 7.000 bleiben, und das ist nicht schlecht. Dann kommen noch einmal neun Gewinner, und wir sitzen auf unseren schönen 16.000 US-Dollar Gewinn, bis wir einen weiteren Verlust erleiden, aber diesmal einen Verlust von 10.000 US-Dollar, den größten, den das System zulässt. Und dann sitzen wir auf unseren vier Buchstaben da und haben nur noch 6.000 Dollar in der Tasche. Oder?

Nein, denn nach unseren Gewinnen haben wir den Spieleinsatz erhöht. Wir hatten zwei Kontrakte und haben somit 20.000 US-Dollar verloren. In Wirklichkeit stehen wir also trotz der Treffsicherheit von 90 Prozent mit 4.000 US-Dollar im Minus. Ich habe Ihnen ja gesagt, dass Geldverwaltung wichtig ist.

Was uns das Fell über die Ohren gezogen hat, war der große Verlierertrade. Das ist der Teufel, gegen den wir uns schützen müssen und den wir in unserem Geldverwaltungsplan berücksichtigen müssen.

Systembericht	11. 09. 98	15:00:45 Uhr

System Nummer: 387 Beschreibung: Anleihen 7/98 keine Fremdhaftung

Systemregeln:

Markt: Testzeitraum 01. 01. 90 bis 16. 07. 98

Trades:	310	Anfangsguthaben:	$30.000
GV-Verhältnis:	1,4	Endguthaben:	$582.930,624
Kapitalverlust absolut:	($3.988)	Spitzenkapital:	$582.930,624
Kapitalverlust prozentual:	-29,7%	Ertrag:	1.943.002,1%

Gewinntrades:		Verlusttrades:	
Anzahl Gewinne:	230	Anzahl Verluste:	80
Prozent der Trades:	74,2 %	Prozent der Trades:	25,8 %
Durchschnittlicher Gewinn:	$1.350,68	Durchschnittlicher Verlust:	$985,55
Größter Gewinn:	$10.137,50	Größter Verlust:	($1.956, 25)
Längste Gewinnfolge:	31	Längste Verlustfolge:	6
Durchschnittliche Gewinnfolge:	4,11	Durchschnittliche Verlustfolge:	1,45

Anzahl der Trades für die Erreichung der Höchstzahl gehandelter Einheiten: 223
Anzahl der Tage für die Erreichung der Höchstzahl gehandelter Einheiten: 2.152

Regeln zur Berechnung der Basiseinheiten:

BASISEINHEITEN = Guthaben * 0,15/größten Verlust

TABELLE 12.3

System
Anfangsguthaben $0,00

Endguthaben in $	Hoch-Tief-Differenz in %	Risiko in %	Höchstzahl der Einheiten	Wiederholung in %	Mindestgewinn	Trading-Stil	Verlustausgleich	Preis
845.429,594	-66,9	40	5000	100	0,00	All trades	No	3.000,00
844.881,388	-77,1	50	5000	100	0,00	All trades	No	3.000,00
842.428,863	-72,2	50	5000	100	0,00	All trades	No	3.000,00
835.954,544	-61,5	50	5000	100	0,00	All trades	No	3.000,00
802.829,038	-54,4	50	5000	100	0,00	All trades	No	3.000,00
795.721,131	-46,6	50	5000	100	0,00	All trades	No	3.000,00
686.869,688	-38,2	50	5000	100	0,00	All trades	No	3.000,00
560.344,731	28,4	50	5000	100	0,00	All trades	No	3.000,00
18,606	-7,0	50	5000	100	0,00	All trades	No	3.000,00

TABELLE 12.4
Die neun besten Optimierungsergebnisse
Quelle: Genesis Financial Data.

Ich tue das, indem ich zuerst festlege, wie viel von meinem Geld ich höchstens bei irgendeinem Trade riskieren will. Ich liebe das Risiko, und aus Gründen der größeren Anschaulichkeit sagen wir einmal, ich bin bereit, mit einem einzelnen Trade 40 Prozent meines Guthabens zu riskieren.
Bei einem Guthaben von 100.000 US-Dollar bedeutet das, dass ich 40.000 US-Dollar zur Verfügung habe.
Und da ich weiß, dass ich maximal 5.000 US-Dollar verlieren kann, teile ich die 40.000 durch 5.000 und stelle fest, dass ich acht Kontrakte traden kann. Aber wenn ich zwei große Verlierer hintereinander habe, stehe ich vor einem Problem, denn dann habe ich ein Minus von 80 Prozent. Somit ist klar, dass 40 Prozent Risiko zu viel ist. Viel zu viel.
Im Allgemeinen wird man zwischen sechs und zwölf Prozent seines

Guthabens nehmen und den entsprechenden Betrag durch den größten Verlust dividieren, den man zulassen will. Daraus ergibt sich dann die Anzahl der Aktien, die man kaufen kann. Ein sehr risikobereiter Trader setzt bei einem Trade vielleicht bis zu 20 Prozent seines Depots ein, aber vergessen Sie nicht, dass man dann mit drei Maximalverlusten hintereinander schon 60 Prozent seines Geldes verliert.

Als Nächstes zeige ich das gleiche System, das ich bisher in diesem Kapitel verwendet habe, diesmal mit verschiedenen prozentualen Risiken dividiert durch den größtmöglichen Verlust des Systems. Dieser wird durch einen Stop-Loss auf 1.600 US-Dollar beschränkt. Wie Sie sehen, verdienen Sie mit zunehmendem Risiko mehr, und umso größer wird auch Ihre Verlustspanne (siehe Tabelle 12.3).

Danach stelle ich das Wachstum des Guthabens dar, und direkt dahinter das Wachstum der Verlustspanne. Wie Sie sehen, gibt es einen Punkt, ab dem der Gewinn schneller steigt als die Verlustspanne. Aber mit weiter steigendem Risiko wächst der Verlust schneller als der Gewinn auf Ihrem Konto. Das passiert gewöhnlich zwischen 14 und 21 Prozent. In den meisten Systemen bringt ein Risiko über 25 Prozent zwar mehr Geld, lässt jedoch den möglichen Verlust steil ansteigen (siehe Tabelle 12.4).

Hier also meine Geldverwaltungsformel:

(Depotguthaben X Risiko in Prozent)/Größten Verlust =
Anzahl der zu kaufenden Kontrakte oder Aktien.

Wahrscheinlich gibt es bessere und ausgefeiltere Ansätze, aber für uns als Durchschnittsinvestoren, die nicht mit tieferen Kenntnissen der Mathematik gesegnet sind, ist das der beste, den ich kenne. Das Schöne daran ist, dass Sie ihn an Ihr persönliches Chance-Risiko-Verhältnis anpassen können. Wenn Sie Stefan Schüchtern sind, dann nehmen Sie fünf Prozent Ihres Guthabens. Wenn Sie sich für Norbert Normal halten, dann nehmen Sie zehn bis zwölf Prozent. Heißen Sie Hebel-Hans, dann nehmen Sie 15 bis 18 Prozent. Wenn Sie Paul Prahlhans oder der Gefahren-Georg sind, nehmen Sie mehr als 20 Prozent Ihres Depots – und gehen Sie bitte regelmäßig in die Kirche.

Ich habe mit diesem Ansatz Millionen verdient. Was könnte ich Ihnen noch sagen? Soeben haben Sie die Schlüssel zum Königreich des Spekulationswohlstands erhalten.

Alle Berechnungen und Geldverwaltungs-Ausdrucke in diesem Kapitel wurden mit Ultimanager erstellt, einer bemerkenswerten Software, mit der man für jedes System eine breite Vielfalt von Geldverwaltungs- und Auswahlmethoden testen kann. Dieses Programm erklärt Ihnen Ihr System oder Ihre Methode. Hier ein paar Beispiele: Es sagt Ihnen, ob Sie noch mehr Kontrakte kaufen sollten, nachdem X Kontrakte gewonnen oder verloren haben. Es sagt Ihnen, ob Sie nach einem großen Gewinn beziehungsweise Verlust Kontrakte hinzufügen oder wegnehmen sollten. Es sagt Ihnen, was Sie tun müssen, wenn Sie ein 70-prozentig genaues System haben, das bei den letzten X Trades eine Quote von 30 Prozent erreicht hat, und so weiter und so fort. Wenn diese Software die Performance Ihres Systems nicht verbessern kann, dann ist eine Verbesserung nicht möglich. Entwickelt wurde sie von Mark Thorn, kaufen kann man sie bei Genesis Data (Tel. 800-808-3282) und man kann damit vollständige Portfolioanalysen vornehmen.

13. KAPITEL

Schlussgedanken: Gar nicht zufällige Gedanken über einen zufälligen Markt

DU BEKOMMST VOM LEBEN NUR DAS, WAS DU IN DAS LEBEN INVESTIERST ...
-R. S. WILLIAMS - MEIN VATER

Eine präzise Voraussage der Auf- und Abwärtsbewegungen in den nächsten zwei bis 20 Jahren ist unmöglich. Trotzdem möchte ich mich in diesem Kapitel ein wenig aus dem Fenster lehnen und generelle Aussagen treffen, die für kurzfristig wie auch für langfristig orientierte Investoren von Wert sein dürften.

Die Historie der Aktienmarktbewegungen der letzten 200 Jahre sagt Folgendes aus: Auch wenn sich der Markt immer wieder auf und ab bewegt, befindet er sich grundsätzlich auf dem Weg nach oben, immer weiter nach oben. Vergessen Sie das niemals. Sie können damit rechnen, dass es unterwegs erhebliche Korrekturen und Einbrüche geben wird. Das sind die Kaufgelegenheiten. Im Allgemeinen vollführen die meisten Baissen einen Rückgang von etwa 20 Prozent. Manchmal haben wir Glück und kaufen genau am Ende des Niedergangs.

Zu anderen Zeiten dagegen gibt es einfach keinen Niedergang. Der Markt hat sich vielleicht eine Weile seitwärts bewegt und startet plötzlich in wilder Raserei nach oben durch. Die Preise sind vor dem Durchstarten nicht gefallen, sondern haben sich nur schleppend bewegt. In solchen Fällen ist die 20-Prozent-Regel also keine Hilfe. Vielleicht weist der Stimmungsindex der Anlageberater nicht einmal einen extrem negativen Wert auf. Das, was die Aussichten auf eine bevorstehende Hausse am wahrscheinlichsten anzeigt, sind die eingangs besprochenen zyklischen Zeitfaktoren. Ich glaube, dass wir diesen Zeitzonen große Aufmerksamkeit schenken sollten. Zu dem Vierjahresphänomen habe ich festgestellt, dass der Boden, wenn er vor vier Jahren im Mai erreicht wurde, auch in diesem Jahr wahrscheinlich im Mai erreicht wird.

Ich habe bei einzelnen Aktien noch ein anderes Muster bemerkt, das den Weg aus bedeutenden Bodenbildungen heraus weist. Wenn bedeutende Kaufgelegenheiten näher rücken, bewegen sich Aktien und Indizes stufenweise nach unten. Damit meine ich, dass jede Aktie bis zu einem bestimmten Wert fällt, sich wieder erholt und dann auf einen noch tieferen Wert fällt. Am Ende ist der Tiefpunkt der Baisse erreicht, und die Kurse erholen sich wieder.

Und hier nun das Geheimnis, welche Aktien man zu Beginn eines Kaufmarktes für den Kauf auswählen sollte: Aktien, die nicht auf ein neues Tief fallen, wenn die Indizes auf neue Tiefs fallen, sind beim Aufstieg höchstwahrscheinlich führend. Das klingt logisch. Eine solche Aktie ist in wirklich festen Händen. Sie hat dem Abstieg des Gesamtmarktes wi-

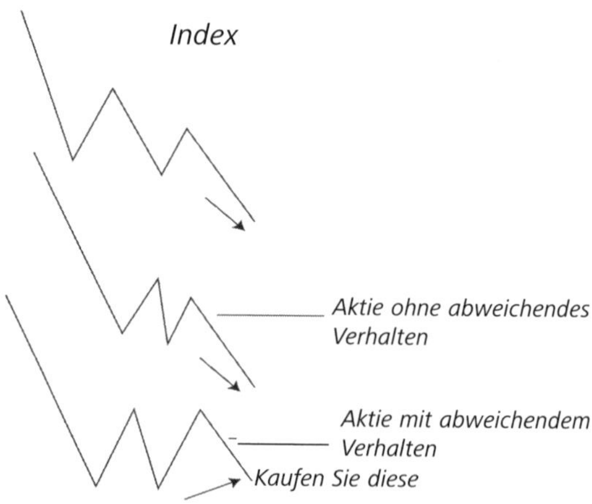

ABB. 13.1
Treppenformation

derstanden, der die Preise auf neue Tiefs herabgezogen hat. Ihr Widerstreben gegen den Abstieg sagt uns, dass die Besitzer der Aktie sie nicht einmal im Eifer des leidenschaftlichen Gefechts negativer Einflüsse abstoßen wollen, die den Rest des Marktes beeinträchtigen.
Abbildung 13.1 zeigt, wie dieses Muster aussieht. Wenn die Börsenindizes ein neues Tief markiert haben, während unsere Aktie sich erholt und sich mit dem nächsten fallenden Abschnitt über dem letzten Tief halten kann, dann kann man sagen, dass die Aktie vergleichsweise stärker ist als der Index. Somit hat die Aktie auf vergleichender Basis (aber vielleicht nicht auf relativer Basis) die meisten anderen Aktien überholt. Diese Aktie wollen wir kaufen – keine, die zusammen mit den Indizes neue Tiefen erreicht. Die Divergenz zeigt uns, dass sich die Aktie in guten Händen befindet. Entsprechend würde ich damit rechnen, dass sie sich schneller erholt als die anderen Aktien.
Eine Warnung jedoch: Man sollte keine Aktien kaufen, die sich antizyklisch zu den Aktienindizes verhalten.

Börsengänge

Viele Investoren haben die ungeheuren Preisanstiege von Aktien gesehen, die zum ersten Mal an der Börse angeboten werden (Initial Public Offering, IPO). In vielen Fällen haben sich die Aktienkurse innerhalb kürzester Zeit verdoppelt oder verdreifacht. Aber im Endeffekt passiert hier das Gleiche wie am Gesamtmarkt. Manchmal entwickeln sich IPOs gut, aber in weniger guten Zeiten ergeht es auch den IPOs schlechter. In den Jahren 2000 und 2001 blieben sie in dramatischem Ausmaß hinter der gesamten Börsenentwicklung zurück.
Als der S & P 500 mit 14 Prozent im Minus stand, hatte der Index der Erstemissionen erschreckende 79 Prozent verloren. Das war noch schlechter als die Nasdaq, die um 60 Prozent gefallen war. An der Wall Street gibt es eben nichts umsonst! Die Investition in IPOs kann positiv oder negativ sein.
Warum? Erstens geht es dabei um relativ neue Unternehmen, die den Kampfplatz der „großen Jungs“ gerade erst betreten haben. Einige dieser Aktien und Unternehmen werden sich künftig gut entwickeln, aber

andere basieren auf Übertreibungen und Träumen. Gegen Ende von Haussen gibt es mehr Übertreibungen und Träume als zum Anfang von Haussen. Wenn man glaubt, dass gerade eine Hausse begonnen hat, kann man vielleicht Positionen in ausgewählten Erstemissionen zeichnen, aber in den späteren Spielphasen will ich mit dieser Art Aktien nichts zu tun haben.

IPOs haben kaum eine Vorgeschichte. Manche Unternehmen existieren erst seit drei Jahren, und der Dreijahresbericht ist ein Knüller. Doch vielleicht haben sie ihre bestmögliche Marktposition bereits erreicht, oder es sind „hippe Aktien", die zu einem bald schwindenden Trend gehören und die Anleger mit leeren Händen zurücklassen. Solche Aktien sind „Konzeptaktien", und da Konzepte Erfindungen der menschlichen Fantasie sind, können sie sich auch schnell ändern.

Ein Blick in meine Kristallkugel

Niemand an der Wall Street hat eine Kristallkugel, die klare Bilder zeigt. Die Zukunft ist verschleiert. Wenn wir einen Moment innehalten und nachdenken, kommen wir trotzdem auf ganz gute Ideen, was in den nächsten paar Jahren wahrscheinlich mit der Wirtschaft passieren wird. Ich möchte ein paar Gedanken darüber mit Ihnen teilen, was in den nächsten Jahren im amerikanischen Wirtschaftssystem passieren wird. Zunächst einmal sehe ich grundsätzlich, dass wir weiterhin eine verbrauchergesteuerte Volkswirtschaft bleiben.

Wir haben so viele Menschen, die so viel Geld haben, dass es einfach nichts gibt, was den gesamten Fortschritt der Menschheit und unseres Wirtschaftssystems auf Dauer aufhalten könnte. Der Mittelpunkt der Geschäftswelt sind jetzt die Menschen – sie bedient sie, sie pflegt sie und unterhält sie. Auf allen Ebenen gibt es enorme Chancen. Diese „Menschen-Unternehmen" werden genauso erfolgreich und spektakulär sein wie irgendein Hightech-Unternehmen.

Zwar konzentriert sich immer noch vieles auf hochtechnologische und wissenschaftliche Dreamteams, die die Antwort auf alle medizinischen Leiden und körperlichen Annehmlichkeiten haben, aber ich glaube, dass diese nicht annähernd so sichere Spekulationen sind wie Unternehmen, die Dinge verkaufen, die man praktisch jeden Tag braucht. Besonders interessant finde ich den Energiebereich.

Ich beobachte ihn seit Jahren und habe den Aufschrei über die „Energiekrise“ gehört. Wenn man in der Geschichte zurückgeht, trifft man ihn zum ersten Mal in den 1920er-Jahren an, dann in den 1940er- und 1950er-Jahren und während der Präsidentschaft von Jimmy Carter, in der wir vielleicht den Höhepunkt der Energiekrise erreicht haben. Damals riefen die Kassandras, die Energievorräte würden nicht bis zum Ende des Jahrhunderts reichen.

Jetzt schreiben wir das Jahr 2001 und haben immer noch eine Menge Energie. Ja, sie kostet mehr als früher, aber was kostet nicht mehr als früher? Relativ betrachtet ist Benzin immer noch extrem preiswert. Eine Gallone Nyquill wird für etwa 98 US-Dollar verkauft. Vergleichen Sie das einmal mit dem Preis für ein Gallone Benzin.

Oder kaufen Sie einmal eine Gallone Evian. Als ich das letzte Mal nachgesehen habe, kostete sie etwa sechs US-Dollar. Für die Herstellung dieses Mineralwassers brauchte man nicht 2.000 bis 3.000 Meter tief in die Erdkruste zu bohren, es hochzupumpen und in eine Raffinerie zu transportieren, wo es unter unglaublichen Drücken und Temperaturen verarbeitet wird. Für Evian braucht man kein spezielles Tankwagen- und Rohrleitungssystem, mittels dessen man das fertige Produkt in spezielle Geschäfte befördert, in denen man es kaufen kann.

Man braucht dafür nichts weiter zu tun als Wasser aus einer Quelle zu holen, es in Flaschen abzufüllen und in Geschäfte in aller Welt zu transportieren – für sechs US-Dollar pro Gallone. Nun mag ich hohe Benzinpreise genauso wenig wie jeder andere, aber im Vergleich zu den meisten anderen Rohstoffen ist Benzin billig.

Ich gehe allerdings davon aus, dass die Energiepreise weiter steigen werden, denn es gibt immer weniger Flächen, die für die Exploration freigegeben sind. Wenn es nicht bald irgendwelche neuen Erkenntnisse gibt, die sich schnell durchsetzen oder die amerikanische Öffentlichkeit aufwecken und auf das Dilemma zwischen der Menschheit und den natürlichen Ressourcen (Tiere und Tundra) aufmerksam machen, bleiben wir in der Schlacht zwischen denjenigen stecken, die mehr Energiequellen erschließen wollen, und jenen, die diese Energiequellen nicht erschließen wollen. Wasserstoff-Brennstoffzellen sind sicher die Antwort darauf und die Rettung unserer Zukunft. Die besten Unternehmen in diesem neuen technologischen Bereich sind hervorragende Wachstumsaktien. Das ist ein perfektes Investment-Szenario. Man braucht keine Kristallkugel, um vorherzusehen, dass die Energiepreise steigen. Handeln Sie entsprechend. Ich nehme an, dass es den Energiegesellschaften künftig immer besser gehen wird, und dabei ging es ihnen ja schon in der Vergangenheit nicht schlecht.

Das große Thema sind momentan die Kosten für die medizinische Versorgung, und so weiter. Eines können wir über das Gesundheitswesen mit Sicherheit sagen, nämlich dass die Kosten nicht zurückgegangen, sondern gestiegen sind. Und das wird so weitergehen. Als Anleger glaube ich, dass zu den schlechtesten Investitionen, die die meisten Menschen tätigen, Versicherungen gehören, ob nun Lebensversicherungen oder Krankenversicherungen. Dieser Bemerkung werden viele Menschen sicher heftig widersprechen.

Ich will Ihnen sagen, warum ich Versicherungen für schlechte Investitionen halte. Wenn man für seine Gesundheit selbst verantwortlich ist und das Problem mitsamt den Rechnungen nicht einfach an eine Versicherungsgesellschaft abgibt, achtet man viel besser auf sich. Das Ziel von Versicherungen ist es nicht, gute Investitionen zu sein, sondern Geld zu verdienen. Wenn Sie krankenversichert sind, dann bezahlen Sie eine so genannte Prämie. Wenn Ihre Gesundheitskosten, die von der Versicherung getragen werden, Ihre Prämien übersteigen, verliert die Versicherung Geld. Und da Versicherungen kein Geld verlieren wollen, sind Sie im Allgemeinen besser bedient, wenn Sie sich selbst absichern und keine Prämien an Versicherungen bezahlen.

Mir ist klar geworden, dass es in diesem Bereich mildernde Umstände gibt. Einige von uns sind gesünder als andere. Manche haben mehr Gesundheitsprobleme als andere. Manche achten mehr auf ihre Gesundheit als andere. Das muss man für sich selbst entscheiden. Aber was die Versicherung betrifft, so würde ich das Geld lieber investieren und damit 20 Prozent pro Jahr verdienen, als den gleichen Betrag an die Versicherung oder die Krankenkasse zu verlieren.

Das ist genauso wie beim Auto-Leasing. Die Leasing-Gesellschaften bekommen für den geleasten Wagen pro Jahr 18 Prozent. Das ist eine tolle Ertragsrate, mehr als die meisten Investmentfonds am Aktienmarkt schaffen und mehr als viele Immobilienmakler mit ihren Investitionen erzielen. Sie sollten Ihr Geld lieber diese 18 Prozent verdienen lassen als die 18 Prozent an Banken, Leasingfirmen und Ähnliches zu bezahlen.

Erinnern Sie sich noch, wie ich über die ideale fundamentale Situation von Unternehmen gesprochen habe? Ich sprach davon, wie wichtig es ist, dass die Unternehmen gar keine oder nur wenige Schulden haben. Das gilt für unser Leben genauso. Je mehr Kreditkartenschulden, Leasingschulden und sogar Haus-Schulden man hat, desto weniger hat man die Chance, ein Portfolio aufzubauen oder einen Notgroschen für Investitionen anzusparen. Jetzt kaufen, jetzt Schulden machen und jetzt Geld ausgeben – dadurch bleibt am Ende weniger übrig, besonders für die Jahre des Ruhestands, wenn das alles wirklich wichtig wird.

Ein Blick auf die Rohstoffmärkte

Auch wenn Sie Gefallen an der Wall Street gefunden haben, sollten Sie Ihre Aufmerksamkeit vielleicht auch einmal auf die LaSalle Street richten. Das ist die Straße in Chicago, in der sich das Chicago Board of Trade befindet – der Futures-Markt, an dem Anleger und Trader mit realen Dingen spekulieren. Überlegen Sie doch einmal kurz: Kein Mensch braucht eine Aktie von Microsoft oder von IBM. Man kann sein Leben zu Ende leben, ohne eine Aktie zu besitzen.

Aber man kann nicht ohne Baumwolle, Kupfer, Weizen, Sojabohnen, Soja-Öl, Silber, Gold und viele andere Güter leben, die an solchen Börsen gehandelt werden. Daher sind die Angebots- und Nachfrage-Werte an diesen Märkten besser als an den Aktienmärkten. Wenn Sie die Geschichte der Futures und Rohstoffe betrachten, sehen Sie, dass sie in den letzten Jahren hauptsächlich abwärts tendiert haben. Diese Situation muss sich ab einem gewissen Punkt zwangsläufig ändern. Die Ackerbauer und Viehzüchter können Nahrungsmittel für die Nation und die Welt nur eine gewisse Zeit lang produzieren, ohne dass sie dabei viel verdienen. Die Waagschale kippt ab einem gewissen Punkt. Grund kann eine Trockenheit sein oder weil die Nachfrage das Angebot übersteigt. Auf jeden Fall muss sich das Ungleichgewicht irgendwann ändern. Und wenn das passiert, dann dürften diese natürlichen Rohstoffe wunderbare Haussen erleben.

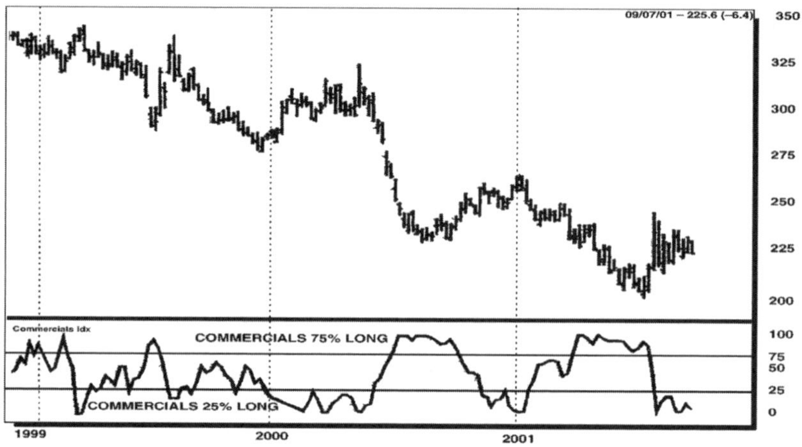

ABB. 13.2
Gegenüberstellung Mais und Commercials

Man muss nicht unbedingt die Güter an sich kaufen, wenn man davon profitieren will. Man kann auch Unternehmen beobachten, die von Rohstoffen abhängig sind, wie zum Beispiel Starbucks (Kaffee), die große Rohstoffgesellschaft ConAgra, Archer Daniels, Hershey's und General Mills – die Liste ließe sich noch verlängern.

Normalerweise gibt es zwei Möglichkeiten festzustellen, wann eine Rohstoffknappheit eintritt. Die erste und einfachste beruht auf den Zahlen, die die US-Regierung allwöchentlich bekannt gibt. Diese Wochenberichte zeigen, wie viele Käufe und Verkäufe verschiedene Angehörige der Investment-Community getätigt haben. Wir können jede Woche erfahren, ob und welche Rohstoffe die Commercials gekauft oder verkauft haben. Wenn ihre Position einem Extrem zuneigt, wenn sie zum Beispiel vorwiegend long sind, dann steigen die Märkte häufig. Umgekehrt gilt, dass sie meistens fallen, wenn die Commercials große Shortpositionen haben.

Abbildung 13.2 zum Mais-Preis ist ein Beispiel für diesen engen Zusammenhang. Zu Beginn des Jahres 2000 gingen die Commercials massiv short, und das war meiner Ansicht nach der Grund für den Preisverfall. Zur Jahresmitte bauten sie eine große Longposition auf, indem sie sich aggressiv in diesen Markt einkauften. Und siehe da, der Mais-Preis stieg bis zum Anfang des Jahres 2001 an, als die Commercials auf die Short-Seite zurückkehrten. Als das Jahr begann, waren nach meinen Kriterien nur 15 Prozent von ihnen long. Das heißt, dass 85 Prozent von ihnen short waren. Und raten Sie mal, was geschah: Der Preis für Mais ging bis zur Jahresmitte zurück, als die Getreidemärkte in einem kurzen Schub bullischer Aktivität nach oben schossen.

Wenn man die gleichen Zahlen für den Goldmarkt betrachtet, sieht man, welch enormen Einfluss die Commercials haben. Am Ende des ersten Quartals 2000 verzeichnete der Goldpreis einen kräftigen Anstieg, aber die Commercials wiesen eine Shortposition von 92 und eine Longposition von acht Prozent auf. Kein Wunder also, dass der Goldpreis dann bis zum Juni 2000 fiel, als die Commercials zu 58 Prozent long waren und eine Erholung starteten, die so lange anhielt, bis die Commercials wieder eine Netto-Shortposition von 86 Prozent eingenommen hatten. Im November 2000 erreichten sie wieder ein hohes Kaufniveau, und natürlich stieg der Goldpreis dann wieder.

Im Winter 2001 wurde mit 71 Prozent long ein sehr bullisches Niveau erreicht, und der Goldpreis begann einen richtig heißen und spritzigen Anstieg; danach bewegte er sich seitwärts, rutschte aber wieder ab, als die Commercials zu 98 Prozent short standen. Nur zwei Prozent von ihnen hatten Longpositionen! Ich kann mich an diese Zeit sehr gut erinnern. Meine Abonnenten, und unter ihnen vor allem das Lager der Goldkäfer, schrieen auf, dass der Goldpreis nach der langen Zeit doch endlich den enormen Anstieg beginnen müsste, auf den sie seit vielen Jahren warteten. Das wäre möglich gewesen, es hätte passieren können.

Aber das wäre unwahrscheinlich gewesen, denn meistens steigen die Preise, wenn die Commercials extrem long stehen. Und meistens fallen sie, wenn diese extrem short stehen. Die nachfolgende Abwärtsbewegung des Goldpreises kam für all jene, die meine Arbeiten der letzten 30 Jahre verfolgt hatten, kaum überraschend.

Das Transportproblem

Die höchst mobile Gesellschaft, in der wir leben, hat in der Transport- und Verkehrsbranche einige wundervolle Investment-Gelegenheiten hervorgebracht. Da die Eisenbahnen im Prinzip aussterben (meiner Meinung nach je früher, desto besser), haben die Fluggesellschaften eine wunderbare Gelegenheit, Geld zu verdienen, aber viele von ihnen tun es trotzdem nicht. Warum ist das so? Dafür gibt es unter anderem spezifische Gründe; zum Beispiel bringt in der nebligen Region San Francisco das schlechte Wetter vieles durcheinander und sorgt für verspätete Flüge und wütende Fluggäste.

Aber außerdem haben die Fluggesellschaften nicht auf die Bedürfnisse der Passagiere reagiert und sind hoch verschuldet. Fluggesellschaften wie Southwest blühen und machen Gewinn, und ihre Aktien steigen. Denjenigen, die nicht reagiert haben (dazu gehört zum Beispiel United Air Lines), ergeht es am Markt schlecht.

Eines ist sicher: Für Transport und Verkehr werden jedes Jahr enorme Geldsummen ausgegeben. Das Flugzeug hat die Welt schrumpfen lassen. Und deshalb gibt es für Transportunternehmen, die Güter und Menschen pünktlich und komfortabel „abliefern“, einen riesenhaften Markt. Sie können ihren Umsatz steigern, und das dürfte sich in den Ergebnisberichten als Gewinn niederschlagen. Das bedeutet sinkende Kurs-Umsatz-Verhältnisse, niedrige Kurs-Gewinn-Verhältnisse und höhere Dividendenausschüttungen – genau das, wonach wir suchen.

Die gesamte Welt des Verkehrs fasziniert mich, denn ich glaube nicht, dass die Welt langsamer wird. In Zukunft werden die Menschen mehr reisen als je zuvor. Und das Unternehmen, das dies auf die einfachste und passendste Weise ermöglicht, findet das Gold am Ende des Regenbogens.

Finanzdienstleister

Die Finanzbranche hat sich von einem Zirkel älterer Herren, in dem Geschäfte auf Gasthaustischdecken gemacht wurden, zu einem hochtechnisierten, durchorganisierten und computerisierten Industriezweig entwickelt.

Ich bin sicher, dass J. P. Morgan, Dean Witter oder irgendeiner der Gründer von Merrill Lynch über den derzeitigen Zustand dieser Organisationen gleichzeitig erstaunt und entsetzt wären.

Wenn ich mit meinem Gefühl Recht habe, dass es in Zukunft immer mehr Geld geben wird, dass kein großer Crash und keine Depression kommt, dann haben in Zukunft viele Menschen viel Geld. Leider bildet Geld nicht den Charakter und wird das auch niemals tun.

Manche Menschen verstecken ihr Geld unter einer Matratze. Manche tun es einfach auf das Sparbuch. Wird das die Mehrheit sein? Das glaube ich nicht. Ich glaube, die Mehrheit wird sich an Profis wenden, die ihr Geld anlegen sollen.

Es gibt nur eine Hand voll Menschen, die wie Sie, lieber Leser, die Initiative und die Intelligenz besitzen, die Welt des Investments selbst zu betreten. Die meisten Menschen sind träge, selbstzufrieden und glauben zu ihrem eigenen Schaden, die Profis könnten ihr Geld besser verwalten als sie selbst. Arme, irregeleitete Seelen!

Aber genau das ist unser Problem. Unser Problem oder vielmehr unsere Chance besteht darin, festzustellen, was diese Menschen mit all ihrem Geld anfangen werden. Viele werden ihre Dollar der örtlichen Bank oder einem Versicherungsvertreter geben, noch mehr werden ihr Geld bei Brokerhäusern und Investmentfonds unterbringen, und ganz wenige werden in Rohstoff-Fonds investieren.

Die Welt steht den Fondsmanagern und allen anderen Menschen offen, die die Verantwortung und die ungeheure Aufgabe übernehmen wollen, das Geld anderer Leute zu managen. Das dürfte eine Gelegenheit ergeben, die wir nicht auslassen wollen.

Das heißt, dass wir uns auf Investmentfonds und große Brokerhäuser konzentrieren sollten. Ihre Geschäfte können nur zunehmen. Die Großen unter ihnen werden am wahrscheinlichsten im Geschäft bleiben und weiter expandieren, und deshalb sollte man auf Charles Schwab, Merrill Lynch, Bear Stearns, Goldman Sachs und so weiter achten.

Je größer die Firma, desto größer wird meiner Meinung nach ihr Marktanteil sein. Dementsprechend sollten Sie diese bedeutende Branche auch wahrnehmen. Ihr fehlt der Reiz und der Sexappeal von Hightech, Pharma und Medizin, aber Geld ist genauso ein Teil des Lebens wie Krankheit. Wenn Sie dorthin wollen, wo das Geld ist, dann sind Sie hier an der richtigen Adresse.

Denken Sie einmal darüber nach! Wahrscheinlich werden mehr Menschen wegen des Geldes krank als wegen irgendetwas anderem.

Die Unterhaltungsindustrie

Konsumenten sind ein sehr berechenbarer Menschenschlag: Sie wachen am Morgen auf, gehen zur Arbeit, kommen nach Hause und suchen dann eine Beschäftigung. Leider ist das Leben der meisten eine Schinderei. Sie haben weder Begeisterung noch Leidenschaft, und sie fristen eine langweilige Existenz, ob im Büro oder in der Fabrik. Das Leben der meisten Menschen ist nicht besonders aufregend. Sie müssen fliehen und aus diesem Zustand austreten.

Das ist der Grund, weshalb Unterhaltung in Zukunft ein so großer Markt sein wird. Schon jetzt erleben wir, dass ein erschreckender Teil der Aufmerksamkeit auf Filme und Konzerte verwendet wird. Das ist meine persönliche Meinung, und ich sage: „Schaffen Sie sich ein Leben." Es gibt anderes zu tun und zu sehen als blödsinnige Filme, und inzwischen sind eben viele Filme nur noch blödsinnig. Muss man für 100 US-Dollar in ein Konzert gehen, nur um das Gleiche zu hören wie auf einer CD für zehn Dollar? Ich glaube nicht, aber das ist meine eigene Meinung. Ich gehöre nicht zur Masse. Ich beteilige mich nicht an Massenaktivitäten. Die Menschen brauchen Sturm und Aufregung in ihrem Leben, und das sollen ihnen Filme, Konzerte, Fernsehen und so weiter (auch Drogen) bieten. Beachten Sie das Wort „bieten". Diese Menschen sind derart daran gewöhnt, auf ihrem Sofa zu sitzen und sich unterhalten zu lassen, dass sie nie auf die Idee kommen, selbst etwas Unterhaltsames zu tun. Dann gibt es noch eine kleinere Gruppe von Menschen, die gerne zelten, wandern, reisen oder Sport treiben. Das sind Menschen, die am Leben teilnehmen, die im großen Theater des Lebens auf der Bühne stehen. Hier gibt es zwar Märkte, auf die man als Anleger achten sollte, aber sie sind nicht annähernd so groß wie der Markt, der den einfachen Couch Potatoes die Unterhaltung nach Hause liefert.

Investieren Sie in Couch Potatoes

In der Unterhaltungsbranche könnten sich alle möglichen Dinge ändern. Überlegen Sie sich einmal Folgendes: Derzeit werden im Fernsehen vielfach die Kinofilme von gestern gezeigt. Die Produktion eines

Films ist nicht gerade billig. Ein guter Film kostet inzwischen 50 Millionen US-Dollar. Aber überlegen Sie sich einmal die Möglichkeit, einen richtig guten Spielfilm mit großen Stars zu drehen und ihn als Premiere zu zeigen – nicht im Kino, sondern im Fernsehen. An wie viele Haushalte könnte man wohl einen Film mit Mel Gibson, Julia Roberts und Tom Hanks verkaufen, wenn er zwei Dollar kosten würde? Ich nehme an, dass man ihn im Nu an 25 Millionen Haushalte verkauft und an einem Abend seine Kosten eingefahren hätte.

Der Masse der Couch Potatoes würde das gefallen. Sie bräuchte nicht einmal mehr aus dem Haus zu gehen und sich den Film in der Videothek auszuleihen. Sie bekäme einfach einen neuen Film mit großen Stars, der nie zuvor gezeigt wurde, und das für zwei Dollar. Fünfzig Millionen Haushalte im ersten Monat ergibt 100 Millionen US-Dollar – nicht schlecht.

Das Schöne am Fernsehen ist, dass es so viel so preiswert an so viele Menschen liefern kann. Ich vermute, dass das Fernsehen einen Wandel durchmachen wird, weg von den traditionellen Nachrichten, Spielshows und Talkshows, und dass es den traditionellen Unterhaltungsformen immer ähnlicher wird – dass es die Rolle in unserem Leben übernimmt, die früher das Kino, die Bühne und das Konzert ausfüllten.

Gelegenheiten gibt es im Überfluss – das war schon immer so und wird auch immer so bleiben

Nur selten steigen die Märkte so geradlinig wie in den Jahren 1998 und 1999. Die kommenden Jahre werden wahrscheinlich von wilden Umschwüngen geprägt sein, mit wunderbaren Haussen, die in Niedergänge münden, welche dann wiederum einem weiteren Bullenmarkt Platz machen. Und so wird es bis an das Ende der Zeiten weitergehen. Die beste langfristige Wette ist die bullische Wette. Ich weiß nicht genau, wie sich das abspielen wird – niemand weiß das. Ich hoffe, Sie wissen jetzt, wann die wahrscheinlich besten Zeiten für Investitionen kommen und welche Fundamentaldaten am meisten Gewinn versprechen.

Die Zukunft wird Veränderungen bringen, die wir uns zum jetzigen Zeitpunkt nicht einmal vorstellen können, egal ob hinsichtlich der Unternehmensgewinne, des Cashflows, der Kurs-Buchwert-Verhältnisse oder der Kurs-Umsatz-Verhältnisse. Es wird Krieg und Zerstörung geben, schlechte Zeiten und gute Zeiten. Die Aufgabe des Spekulanten ist es, in diese Chancen ein- und wieder auszusteigen, persönliche Freiheit anzustreben (die gewöhnlich ungesetzlich ist) und reich zu werden.

Ich wünsche Ihnen alles Gute. Ich wünsche Ihnen Wohlstand. Die Zukunft ist da! Greifen Sie zu und werden Sie reich.

Mehr Treibstoff

Zum Schluss ein neuer Chart von Tom McClellan, der die Geldmenge M3 dividiert durch die Veränderungsrate des Dow Jones Industrial Average zeigt.

In dem Chart, der bis 1962 zurückreicht, ist leicht zu erkennen, dass eine hohe Veränderungsrate mit einem großen Geldumlauf einhergeht und dass man dann getrost Aktien kaufen kann. Die sehr treffende

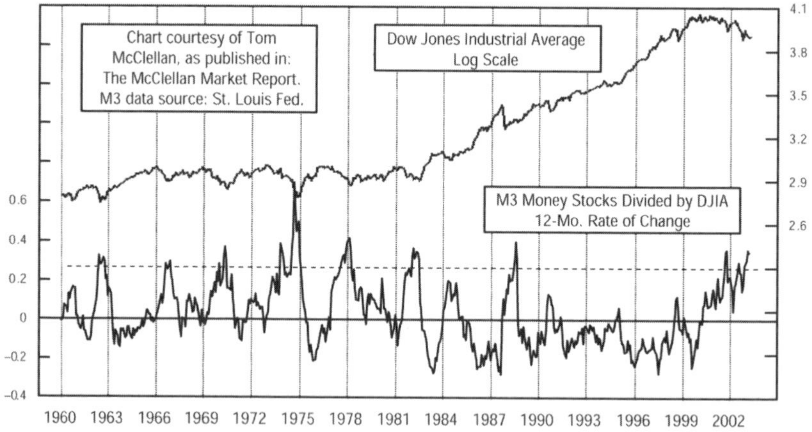

SCHLUSSCHART

Chart mit freundlicher Genehmigung von Tom McClellan, aus: The McClellan Market Report.

Quelle für M3-Zahlen: ST. Louis Fed

Kernaussage des Charts besteht darin, dass Wert allein für die Erzeugung einer Hausse nicht ausreicht – der Treibstoff der Kurszuwächse ist Geld. Im April 2003 ist eindeutig Geld – oder Treibstoff – für eine Hausse vorhanden.

James J. Cramer –
Bekenntnisse eines Wallstreet-Süchtigen

James J. Cramer kennt alle Facetten des Aktienmarktes. Er war bei Goldman Sachs, er war Vermögensverwalter und er war einer der erfolgreichsten Fondsmanager der 90er-Jahre. Seine Leser erhalten Einblick in die Mechanismen, nach denen „das große Geld" funktioniert und arbeitet. Sie erfahren, mit welchen Methoden Cramer dem Markt oftmals ein Stück voraus war.

285 Seiten / Hardcover / Bestellnr. 036-215 24,90 Euro

Michael Parness –
Beherrsche den Markt!

Der Karrierebeginn als Trader hätte für Michael Parness nicht schlechter ausfallen können: In kürzester Zeit verlor er fast sein ganzes Vermögen. Doch mit viel Disziplin und Arbeit machte er in nur 15 Monaten aus 33.000 Dollar die sagenhafte Summe von sieben Millionen Dollar. In seinem neuen Buch erzählt Parness nicht nur die Geschichte seines Erfolges. Viel wichtiger sind die Lehren, die er aus seinen anfänglichen Fehlern gezogen hat. „Beherrsche den Markt!" ist die perfekte Lektüre für Anleger, die mit Spaß und Erfolg an der Börse agieren wollen.

250 Seiten / geb. mit SU / Bestellnr. 036-090 24,90 Euro

Beckmann / Lenz – Nano-Stocks

Die Autoren erläutern die wissenschaftlichen Grundlagen der Nanotechnologie und präsentieren einen Querschnitt durch die Entwicklungsfelder und Einsatzgebiete. Im Anschluss an jedes Kapitel befinden sich Unternehmen aus dem soeben besprochenen Sektor. Die entsprechenden Portraits bilden gemeinsam mit den wichtigsten Basisinformationen eine umfangreiche Datenbank, in der Investoren auf der Suche nach interessanten Nano-Stocks in jedem Fall fündig werden.

350 Seiten / geb. mit SU / Bestellnr. 036-377 24,90 Euro

Harald Gabel – Erfolgreich Handeln mit Turbos und Optionsscheinen

Ein Schwerpunkt von „Erfolgreich Handeln mit Turbos und Optionsscheinen" sind die Grundlagen der Bewertung von Turbo-Zertifikaten sowie die Auswahl des geeigneten Scheins anhand konkreter Szenarien. Dieser praktische Teil macht das Buch einzigartig: Hier geht Autor Harald Gabel anhand verschiedener Szenarien und verschiedener realer Derivate der Frage nach: „Welcher Schein würde zu welchem Zeitpunkt in welchem Szenario die höchste Performance erzielen?"

140 Seiten / Paperback / Bestellnr. 036-248 19,90 Euro

Jenks / Eckett – Das Buch der Goldenen Investmentregeln

Im „Buch der goldenen Investmentregeln“ verraten 150 der renommiertesten Finanzexperten aus den verschiedensten Bereichen ihre Strategien und Erfahrungen. Die Experten stellen knapp und prägnant die wichtigsten Regeln und Gesetzmäßigkeiten vor, die in ihrem Fachgebiet zum Erfolg führen. Niemals zuvor wurde so viel hochklassige Beratung in ein einziges Buch gepackt. Ob Aktien aller denkbaren Branchen, Derivate, Rohstoffe, Fonds, Währungen oder Trading – absolute Top-Experten verraten ihre Geheimnisse.

816 Seiten / geb. mit SU / Bestellnr. 036-249 **34,90 Euro**

Hubert Roos – Gold-Boom. Gewinne und Sicherheit mit Gold

Neben einer Anlage in physischem Gold können Investoren auf diverse Alternativen zurückgreifen: Zertifikate auf Gold und Goldminenaktien, Goldkonten, Goldminenaktien und Goldfonds. Hubert Roos vermittelt umfangreiches Hintergrundwissen und stellt die Bausteine vor, mit denen jeder Anleger seine persönliche Strategie für Gold in die Praxis umsetzen kann.

140 Seiten / geb. mit SU / Bestellnr. 036-214 **19,90 Euro**

Laura Rich – Milliardär aus Zufall

In „Milliardär aus Zufall" enthüllt Laura Rich Vision und Persönlichkeit des Paul Allen. Sie folgt ihm von der Zeit als jugendlicher Computerfreak bis hin zur Gründung des weltgrößten Software-Unternehmens und seinem Flirt mit Hollywood. Paul Allen ist ein Mann mit vielseitigen Ineressen, aber nur wenige, wenn überhaupt jemand, kennen ihn wirklich. Dieses Buch ernthüllt zum ersten Mal die Motive einer Person, deren Bedeutung oft übersehen wird.

288 Seiten / geb. mit SU / Bestellnr. 036-251 **29,90 Euro**

Dr. Martin Weiss – Den Markt im Griff!

Dr. Martin Weiss zeigt praktische Strategien für eine erfolgreiche finanzielle Zukunft. Seine Leser erfahren von praktischen Methoden, ihr Einkommen abzusichern, Schulden abzubauen und etwas auf die hohe Kante zu legen. Mit dem richtigen Wissen gibt es keine Katastrophen mehr an den Märkten – nur gute Gelegenheiten. Die Botschaft von „Den Markt im Griff!" ist einfach zusammengefasst: Lernen Sie, wie man an den Investmentmärkten Geld verdient, während die meisten anderen verlieren!

360 Seiten / geb. mit SU / Bestellnr. 036-250 **29,90 Euro**

JA, ICH BESTELLE PER POST

☐ Visa oder Eurocard — Karten-Nr.

☐ Rechnung — Ablaufdatum

Kunden-Nr. — E-Mail

Name — Vorname

Straße

PLZ — Ort

Telefon — Telefax

Geburtsdatum

Datum — Unterschrift

Coupon einsenden oder faxen an: 0 92 21 / 6 79 53

Der Aktionär · Postfach 1449 · 95305 Kulmbach · Fon: 0 92 21 / 90 51 - 304 · Fax: 0 92 21 / 6 79 53
E-Mail: s.kaske @ boersenmedien.de

Ich wünsche folgende Artikel:

(Bitte deutlich in Blockbuchstaben ausfüllen)

Stück	Bestell-Nr.	Kurz-Titel	Preis / €

☐ Bitte informieren Sie mich über interessante Neuerscheinungen im Buchbereich

☐ Bitte schicken Sie mir Ihren aktuellen Buchkatalog per E-Mail zu

Hinweis: Bei Lieferung per Nachnahme zzgl. 6,70 € Nachnahmegebühr. Es gibt kein Rückgaberecht.
Lieferung ins Ausland: Porto auf Anfrage (nur gegen Vorauskasse).
Ab einem Bestellwert von 25,– € portofrei (nur im Inland, ansonsten 4,50 € Porto)
Alle Bücher nur solange Vorrat reicht.